Der Autor:
Roger Peter Frey lebt seit 2005 auf La Palma. Auf der Insel ist er in der Wintersaison als Gleitschirmfluglehrer tätig. Er publiziert auch Bücher zum Thema Gleitschirmfliegen und Wetter.

Die gesamte Vulkaneruption erlebte er hautnah, denn er wohnt in nur drei Kilometer Entfernung zum Vulkan. Während der Eruption, die vom 19. September 2021 bis zum 13. Dezember 2021 dauerte, informierte er in seinem Blog täglich mehrmals über die aktuelle Entwicklung. Zu Spitzenzeiten erreichte er damit über 4.000 Leser pro Tag.

Roger P. Frey

Vulkaneruption

auf der Insel La Palma

„Die Natur ist unerbittlich und unveränderlich, und es ist ihr gleichgültig, ob die verborgenen Gründe und Arten ihres Handelns dem Menschen verständlich sind oder nicht."

Galileo Galilei

Roger P. Frey

Vulkaneruption
Auf der Insel La Palma

ISBN 978-3-755-79237-6

2. Auflage; März 2022

Die vorliegende Publikation ist urheberrechtlich geschützt. Alle Rechte, auch das Übersetzen in andere Sprachen sind vorbehalten. Kein Teil dieses Buches darf ohne ausdrückliche, schriftliche Genehmigung des Verfassers in irgendeiner Form reproduziert, gespeichert oder übermittelt werden. Dies gilt einschließlich der Übernahme auf elektronische Datenträger, sowie Einspeicherung in elektronische Medien wie Internet usw., Nachdruck, auch einzelner Teile, ist verboten. Das Urheberrecht und sämtliche weiteren Rechte sind dem Herausgeber vorbehalten.

© 2022 Roger P. Frey (www.idafe.com)
Bern (Schweiz) und La Palma (Spanien)

Design: Roger P. Frey

Korrektorat: Susanne Broos

© Bilder: Roger P. Frey, Javier Gonzalez Taño, Peter Braunstein, IGN, IGME (CC BY 4.0), meteoexploration.com, Ogimet.com, RTVE, volcanodiscovery.com, Google Earth, mtu.edu, Ruben López IGN, Ayuntamiento El Paso, OpenStreetMap, flightradar.24, rtve, INVOLCAN, GEVolcan.
Bilder von mir unbekannten Autoren die häufig in sozialen Netzwerken geteilt wurden sind mit ◇ gekennzeichnet.

Umschlagbild: Der aktive Vulkan auf La Palma am 28. Oktober 2021. © Roger P. Frey

Satz: LaTeX

Herstellung und Verlag: BoD – Books on Demand, Norderstedt

Inhaltsverzeichnis

1. Vorwort — 11

I. Die Insel — 13

2. La Palma — 15
  2.1. Die Entstehung der Insel — 15
  2.2. Orographie — 16
  2.3. Vulkanismus — 16

II. Der Vulkan-Blog — 19

3. Blog: Der Anfang — 21
  3.1. - Vorwoche (13. - 19. September) — 21
    Sonntag 12. September — 21
    Montag 13. September — 22
    Dienstag 14. September — 24
    Mittwoch 15. September — 26
    Donnerstag 16. September — 29
    Freitag 17. September — 31
    Samstag 18. September — 32

4. Blog: September 2021 — 39
  4.1. - Der Tag Null — 39
    Sonntag 19. September — 39
  4.2. - Woche 1 (20. - 26. September) — 45
    Montag 20. September — 45
    Dienstag 21. September — 50
    Mittwoch 22. September — 53
    Donnerstag 23. September — 57
    Freitag 24. September — 60
    Samstag 25. September — 62
    Sonntag 26. September — 65
  4.3. - Woche 2 (27.9. - 3. Oktober) — 67
    Montag 27. September — 67
    Dienstag 28. September — 73
    Mittwoch 29. September, Tag 10 — 77

Inhaltsverzeichnis

    Donnerstag 30. September 80

5. Blog: Oktober 2021   **87**
    Freitag 1. Oktober 87
    Samstag 2. Oktober 92
    Sonntag 3. Oktober 96
  5.1. - Woche 3 (4. - 10. Oktober) 100
    Montag 4. Oktober 100
    Dienstag 5. Oktober 105
    Mittwoch 6. Oktober 109
    Donnerstag 7. Oktober 112
    Freitag 8. Oktober 115
    Samstag 9. Oktober, Tag 20 119
    Sonntag 10. Oktober 124
  5.2. - Woche 4 (11. - 17. Oktober) 126
    Montag 11. Oktober 126
    Dienstag 12. Oktober 128
    Mittwoch 13. Oktober 133
    Donnerstag 14. Oktober 136
    Freitag 15. Oktober 138
    Samstag 16. Oktober 143
    Sonntag 17. Oktober 146
  5.3. - Woche 5 (18. - 24. Oktober) 149
    Montag 18. Oktober 149
    Dienstag 19. Oktober, Tag 30 153
    Mittwoch 20. Oktober 158
    Donnerstag 21. Oktober 162
    Freitag 22. Oktober 167
    Samstag 23. Oktober 172
    Sonntag 24. Oktober 177
  5.4. - Woche 6 (25. - 31. Oktober) 178
    Montag 25. Oktober 178
    Dienstag 26. Oktober 182
    Mittwoch 27. Oktober 185
    Donnerstag 28. Oktober 191
    Freitag 29. Oktober, Tag 40 194
    Samstag 30. Oktober 198
    Sonntag 31. Oktober 203

6. Blog: November 2021   **207**
  6.1. - Woche 7 (1. - 7. November) 207
    Montag 1. November 207
    Dienstag 2. November 213
    Mittwoch 3. November 215
    Donnerstag 4. November 219
    Freitag 5. November 224
    Samstag 6. November 228
    Sonntag 7. November 230

- 6.2. - Woche 8 (8. - 14. November) 234
  - Montag 8. November, Tag 50 234
  - Dienstag 9. November 237
  - Mittwoch 10. November 239
  - Donnerstag 11. November 242
  - Freitag 12. November 247
  - Samstag 13. November 251
  - Sonntag 14. November 254
- 6.3. - Woche 9 (15. - 21. November) 258
  - Montag 15. November 258
  - Dienstag 16. November 261
  - Mittwoch 17. November 264
  - Donnerstag 18. November, Tag 60 268
  - Freitag 19. November, 2 Monate 271
  - Samstag 20. November 276
  - Sonntag 21. November 278
- 6.4. - Woche 10 (22. - 28. November) 281
  - Montag 22. November 281
  - Dienstag 23. November 287
  - Mittwoch 24. November 290
  - Donnerstag 25. November 292
  - Freitag 26. November 295
  - Samstag 27. November 297
  - Sonntag 28. November, Tag 70 300
- 6.5. - Woche 11 (29.11. - 5. Dezember) 303
  - Montag 29. November 303
  - Dienstag 30. November 304

7. Blog: Dezember 2021 **309**
- Mittwoch 1. Dezember 309
- Donnerstag 2. Dezember 310
- Freitag 3. Dezember 312
- Samstag 4. Dezember 313
- Sonntag 5. Dezember 315
- 7.1. - Woche 12 (6. - 12. Dezember) 317
  - Montag 6. Dezember 317
  - Dienstag 7. Dezember 321
  - Mittwoch 8. Dezember, Tag 80 323
  - Donnerstag 9. Dezember 324
  - Freitag 10. Dezember 326
  - Samstag 11. Dezember 327
  - Sonntag 12. Dezember 331
- 7.2. - Woche 13 (13. - 19. Dezember) 331
  - Montag 13. Dezember, Tag 85 331
  - Dienstag 14. Dezember 333
  - Mittwoch 15. Dezember 335
  - Donnerstag 16. Dezember 336

Inhaltsverzeichnis

    Freitag 17. Dezember 339
    Samstag 18. Dezember 341
    Sonntag 19. Dezember 342
  7.3. - Woche 14 (20. - 25. Dezember) 344
    Montag 20. Dezember 344
    Dienstag 21. Dezember 345
    Mittwoch 22. Dezember 347
    Donnerstag 23. Dezember 348
    Freitag 24. Dezember 349
    Samstag 25. Dezember 350
    Eruption als beendet erklärt 351

8. QR Codes   **354**

9. Stichwortverzeichnis   **359**

Inhaltsverzeichnis

Abb. 1. Foto: Javier González Taño

1. Vorwort

Während des 85 Tage dauernden Vulkanausbruchs wohnte ich deren 83 in 3 km Entfernung nordwestlich vom Biest. Zwei Nächte musste ich aufgrund extremer Explosionen mit der Gefahr, dass Vulkanbomben bis zu meinen Haus fliegen konnten evakuieren. Die unmittelbare Nähe zum Geschehen gab mir die Möglichkeit, die Beobachtungen aus erster Hand zu verfassen und die Vulkaneruption täglich zu dokumentieren.

„Die Insel La Palma ist eines der größten potenziellen Risiken auf dem vulkanischen Archipel der Kanaren", das schrieben José Fernández et al. in ihrer am 28. Januar 2021 in der Zeitschrift „Nature" veröffentlichten Publikation (QR-Code S.354). Die Wissenschaftler wussten aber nicht, dass sie noch im selben Jahr mit ihren Vermutungen Recht haben würden.

Am Sonntag, 19. September 2021, brach der Vulkan um 14:11 Uhr UTC im Gebiet Cabeza de Vaca / El Frontón unweit über der Ziegenstallung Tajogaite aus. An dem Tag wussten wir noch nicht, welche Zerstörung dieser Ausbruch während seiner 85 Tage dauernden Eruption über La Palma bringen würde.

(Später durch mich im Buch eingefügte Kommentare sind kursiv gedruckt).

Roger P. Frey

Abb. 1.1. Bezeichnung der Lavaflüsse

Teil I.
Die Insel

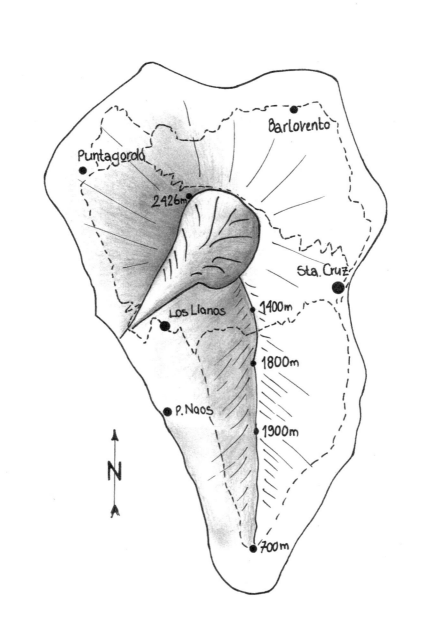

2. La Palma

2.1. Die Entstehung der Insel

La Palma befindet sich 28,4° N und 17,5° W im Atlantik und gehört mit El Hierro zu den jüngsten Kanarischen Inseln. Die Insel entstand vor rund 2 Millionen Jahren. Damit ist sie gegenüber ihren ältesten Schwesterinseln Fuerteventura und Lanzarote um 22 Millionen Jahre jünger.

Es werden verschiedene Hypothesen zur Entstehung der Kanarischen Inseln diskutiert. Die verbreitetste ist die Hot-Spot-Theorie, wonach die Inseln über einem Hot-Spot entstanden. Plattentektonische Verschiebungen ließen die Inseln nach und nach auf einer Linie in Richtung Südwesten wachsen. Die derzeitige Position des Hot-Spots sei durch die vulkanische Aktivität von La Palma und El Hierro gekennzeichnet. Die Atlas-Theorie verbindet die Kanarischen Inseln mit den dynamischen Phasen des nahen Atlasgebirges und die Instabilitäts-Hypothese wiederum hält die Hebung von Teilen der ozeanischen Kruste für die Ursache der Inselbildungen.[1]

Tausende Vulkanausbrüche, viele übereinander und kleine bis gigantische Erdrutsche haben in den letzten 4 Millionen Jahren letztendlich die Insel La Palma geformt, die mit einer maximalen Nord-Süd-Ausdehnung von 45 km, einer Ost-West von 26 km und einer maximalen Höhe von 2.426 m, bezogen auf die kleine Fläche von

---

[1] Olzem, R., Reisinger, T.: Geologischer Wanderführer La Palma: 9 - 19; RF Geologie Verlag (2014).

706 km² zu den steilsten Inseln der Welt gehört. Das Meer ist auf der Westseite 4.000 m tief. Somit ist der Vulkankomplex mit rund 6.400 m Höhe einer der höchsten der Erde.

2.2. Orographie

Orographisch kann man die Insel grob in zwei Gebilde einteilen. In den älteren Norden, der vom Vulkan Taburiente dominiert wurde, erodierte und nun den Nationalpark Caldera de Taburiente bildet und seit rund 560.000 Jahren vulkanologisch inaktiv scheint, sowie den jüngeren, aktiven Süden, exponiert von der Cumbre Vieja. Der Höchste Punkt der Insel ist der Roque de los Muchachos mit 2.426 m über Meer. Südlich der Caldera befindet sich ein wetterbestimmender, von Nord nach Süd verlaufende Grat. Zuerst die Cumbre Nueva mit dem Reventón und einer Höhe von 1.400 m, anschließend die Cumbre Vieja mit einer Höhe von bis 1.900 m (Abb. 14).

2.3. Vulkanismus

Der Vulkanismus auf La Palma ist vom Typ Stromboliano. Dieser Eruptionstyp ist durch eine Vielzahl kleinerer Explosionen gekennzeichnet, welche im Abstand von Sekunden bis Tagen erfolgen können. Gasblasen zerplatzen erst unmittelbar unter der Magmaoberfläche, weshalb deren Energie eher gering ist und Lavafetzen meist nur wenige hundert Meter in die Luft geschleudert werden. Namensgebend ist der Stromboli, ein Inselvulkan im Süden Italiens.

Der letzte Ausbruch eines Vulkans auf La Palma, der in diesem Buch beschrieben wird, fand vom 19. September 2021 bis zum 13. Dezember 2021 statt. Mit 85 Tagen war dies die am längsten andauernde Eruption seit der Geschichtsschreibung auf der Insel. Die vorletzte Eruption, die des Teneguía im Süden der Insel, fand im Jahr 1971 statt und dauerte dreieinhalb Wochen. Auf der Nachbarinsel El Hierro entstand im Jahr 2011 nach länger andauernden schwachen Schwarmbeben unter der Meeresoberfläche ein neuer Vulkan.

Name	Zeitpunkt
Birigoyo	> 6.000 Jahre ± 2.000
Fuego (Tigalate)	> 4.000 Jahre ± 2.000
La Fajana (Las Indias)	3.200 Jahre ± 100
Nambroque	1.040 Jahre ± 95 BP
San Antonio	> 3.200 Jahre (auch im Jahr 1677)
Montaña Quemada / Tacande	1480

Tab. 2.1. Prähistorische Eruptionen der Cumbre Vieja

Name	Dauer	Tage	Δ Jahre
Tajuya / Jedey	19.5. - 10.8.1585	83	–
Martín/Tigalate	2.10. - 21.12.1646	80	62
San Antonio	17.11.77 - 21.1.1678	65	31
El Charco	9.10. - 3.12.1712	55	34
San Juan	24.6. - 31.7.1949	37	237
Teneguía	26.10. - 19.11.1971	24	22
Cabeza Vaca / Tajogaite	19.9. - 13.12.2021	85	50

Tab. 2.2. Historische Eruptionen auf der Insel La Palma

Abb. 2.1. El Paraíso und Todoque am 15. September 2021 20:15 Uhr

Teil II.
Der Vulkan-Blog

Abb. 2.2. Das Eruptionsgebiet am 15. September 2021 20:15 Uhr

3. Blog: Der Anfang

3.1. - Vorwoche (13. - 19. September)

Sonntag 12. September

Es rumpelt wieder

La Palma schüttelt sich mal wieder leicht. Gestern wurde eines und heute bereits 5 schwache Erdbeben registriert. Das letzte mit mbLg 2 in einer Tiefe von 9 km direkt unter der Cumbre Vieja. Die anderen in Tiefen von 11 - 13 km ereigneten sich im Bereich von Mendo. Alle Beben so schwach, dass sie nur von den empfindlichen Messinstrumenten registriert werden konnten. „Business as usual" auf einer Vulkaninsel. Wir werden sehen, ob ein paar klickheischende Sensations-Journis gleich wieder den Weltuntergang daraus basteln, ich nicht.

(Diesen letzten Satz in Anspielung an die Tsunami-Theorie und das „Business as usual" werde ich noch bereuen, aber ich weiß noch nicht, dass genau eine Woche später ein Vulkan am Cabeza de Vaca ausbrechen wird).

Es rumpelt weiter

In der heutigen seismischen Krise hat es schon 60 kleinere Beben mit mbLg 1,5 - 2,8 (mbLg siehe S.33) gegeben. Alle in einer Tiefe von

3. Blog: Der Anfang

8 bis 14 km und keines wurde bislang von der Bevölkerung gespürt. Da scheint in der Tat Magma in Bewegung zu sein und wir hoffen, dass sich Mutter Vulkan nach dem Umbetten wieder beruhigt.

Montag 13. September

Seismische Krise

Die Bewegungen unter der Insel haben weiter an Fahrt aufgenommen. Es haben sich letzte Nacht nun einige Erdbeben ereignet deren Intensität über mbLg 3 war. Das ist auch insofern beachtlich, weil die Energie von einem mbLg 3 Beben 32 mal stärker ist als die eines mbLg 2 Bebens. Das bisher stärkste registrierte Beben war mbLg 3,4 in 9 km Tiefe. Von den unzähligen Erdbeben wurden drei von Teilen der Bevölkerung als leicht wahrgenommen. Das Nationale Geographische Institut hat dafür eine Skala von eins bis zehn (I-X). Darauf wurde zeitweise eine drei gemeldet. Die Meldungen kamen aus San Nicolas, El Paso und Los Llanos. Gegenüber der letzten seismischen Krise auf La Palma ist bemerkenswert, dass die Bewegungen in „nur" 10 km Tiefe stattfinden. Beim letzten Mal waren es um die 20 km.

Im Moment kein Grund zur Beunruhigung. Es wurde nicht festgestellt, dass sich die Bebenzentren nach oben verschoben haben. Wenn ich eine erste Einschätzung der Experten / Vulkanologen finde, werde ich die hier wieder publizieren.

PEVOLCA ändert Vulkanampel auf GELB

In den letzten Jahren hat der Vulkan Cumbre Vieja 10 seismische Schwärme erlebt, 1 in 2017, 1 in 2018, 5 in 2020 und 3 in 2021). Dieser letzte Erdbebenschwarm, der am 11. September 2021 um 04:18 Uhr (Lokalzeit) begann, umfasst derzeit mehr als 400 Erdbeben, die sich unter der Cumbre Vieja in einer Tiefe von etwa 12 km

3.1. - Vorwoche (13. - 19. September)

befinden, das in deutlichem Gegensatz zu den vorherigen seismischen Schwärmen, die sich zwischen 20 und 30 km tief ereigneten. Das geochemisches Überwachungsprogramm für den Vulkanismus auf La Palma hat den höchsten Helium-3-Wert der letzten 30 Jahre ermittelt, auch dies eine Veränderung, die auf eine Magmaintrusion schließen lässt. Helium-3 kommt im Erdmantel deutlich häufiger vor als in der Kruste.

Der derzeitige seismische Schwarm stellt demnach zweifellos eine bedeutende Veränderung in der Aktivität des Vulkans Cumbre Vieja dar und steht im Zusammenhang mit einem Prozess der magmatischen Intrusion in der inneren Kruste der Insel La Palma.

Aus den oben beschriebenen Gründen hat die PEVOLCA-Leitung empfohlen, die Vulkanampel für das Gebiet der Cumbre Vieja von GRÜN auf GELB zu ändern, und es ist nicht auszuschließen, dass sich die seismische Aktivität in den kommenden Tagen je nach Entwicklung noch verstärken könnte. Die gilt für die Gemeinden El Paso, Los Llanos, Fuencaliente und Mazo.

Gelber Alarm bedeutet, dass die Überwachung der Aktivitäten deutlich verstärkt und periodisch informiert wird. Die Bevölkerung soll sich laufend über die Entwicklungen informieren, aber das Leben wie gewohnt weiterführen.

Die Behörden empfehlen bei gelbem Alarm zusätzlich, sich Gedanken zu machen wie man bei einer allfälligen, nicht sehr wahrscheinlichen, Evakuierung vorgehen würde.

Weiter wird empfohlen die Grundausrüstung im Haus zu kontrollieren für den Fall, dass eine Notsituation die Lebensbedingungen verändert. Da sind Erste-Hilfe-Kasten mit den Medikamenten, die ein Familienmitglied normalerweise mit sich führt, sowie Lebensmittel- und Wasservorräte, Mobiltelefon mit Kontaktnummern, Radio, Taschenlampe, Kerzen, Ersatzbatterien, Feuerzeug und Streichhölzer, Dosenöffner, Hygieneartikel zu überprüfen.

Ich habe die Situation um 17:15 Uhr noch einmal angeschaut. Derzeit hat sich die gesamte Aktivität eher abgeschwächt. Ich werde weiter berichten.

Dienstag 14. September

Rock'n roll

Das Schütteln geht weiter. Auch in der letzten Nacht haben sich unzählige Beben ereignet, das Stärkste heute Morgen um genau 07:00 Uhr mit mbLg 3,9 im Gebiet Jedey. Dieses habe ich auch gespürt und zwar als sehr kurzen Schlag, als ob jemand einen großen Stein vor dem Haus hätte fallen lassen. Offizielle, weitere Informationen liegen noch nicht vor und der Server des IGN ist derzeit überlastet. Aber ich konnte kurz kontrollieren, ob Verformungen der Oberfläche der Insel registriert wurden. Das ist nicht der Fall, und dann habe ich noch eine Grafik anschauen können, auf welcher ersichtlich war, dass das Band der tiefen Schwingungsfrequenzen nicht angestiegen ist. Ein Ansteigen dieses Frequenzbandes hat bei der Eruption auf El Hierro seinerzeit das aufsteigende Magma signalisiert. Da scheint auch noch nichts in Richtung Eruption zu gehen. Doch auch so hebt sich diese seismische Krise von den Vorhergehenden ab. Und zwar durch die geringe Tiefe um die 10 km und die Intensität der Bewegungen.

Schnell wird vielerorts wieder die Tsunami-Theorie kolportiert. Die Theorie, dass große Teile der Cumbre Vieja abrutschen können und dann ein folgender Tsunami die Ostküste der USA verwüsten würde. Ich habe diese Publikation gelesen, sie ist zwar interessant, die Autoren haben aber eher ein „was wäre wenn Szenario" entwickelt, welches dann vom Boulevard dankbar angenommen wurde. Die Beschreibung von La Palma nimmt den kleineren Teil der Publikation in Anspruch. Ein bestehender Vulkanriss wurde als möglicher Ausgangspunkt beschrieben. Eine seriöse Untersuchung des Untergrundes wurde unterlassen, dafür hat man dann auf den folgenden Seiten ausführlich über mögliche Auswirkungen und Ausbreitung eines Tsunamis doziert. Das ist alles eher Science Fiction als Wissenschaft. Die technische Universität von Delft in den Niederlanden hat die Theorie des Abrutschens der Cumbre Vieja in einer Studie widerlegt. Nach deren Studie ist die Insel dort schlichtweg zu wenig hoch.

3.1. - Vorwoche (13. - 19. September)

Dann machen wir noch einen Blick zurück: Der letzte große Bergsturz erfolgte auf La Palma vor rund 560.000 Jahren, dazumal kollabierte der Vulkan über der dann neu geformten Cumbre Nueva. Seitdem gab es tausende Vulkanausbrüche, aber nie mehr wurde ein auch nur ähnlicher Bergsturz registriert. All die Daten sind beruhigend. Wer da immer noch in dieses Horn bläst, will einfach Panik verbreiten.

Erste Geländeanhebung

Das IGN, Instituto Geográfico Nacional, hat heute Nachmittag Daten vorgelegt, wonach sich die Erde im Bereich der Beben um rund 1,5 cm angehoben hat. Die Aktivität der Beben hat sich leicht in Richtung Westen verschoben und die Tiefe hat sich etwas verringert. Heute Nachmittag ist es etwas ruhiger. Nach dem Beben heute morgen um 7:00 Uhr, welches viele Leute in El Paso und Los Llanos spürten und das später von 3,9 auf 3,5 runter gestuft wurde, geht es mit maximal mbLg 2,5 wieder etwas „gemütlicher" zu und her. Seit Samstag wurden fast 3.000 Beben aufgezeichnet, 616 davon konnten lokalisiert werden.
Der Direktor des Vulkanologischen Institutes der Kanaren, Nemesio Pérez, räumte ein, dass die seismische Krise der letzten Tage eine signifikante Veränderung der Aktivität dieses Vulkans darstellt und betonte, „dass die Wahrscheinlichkeit, dass dieser Prozess zu einem Vulkanausbruch führt, bei etwa 20 % liegen könnte, was keine geringe Zahl ist, obwohl wir noch keinen eruptiven Prozess erleben". Damit hat sich mit der derzeitigen seismischen Krise die Wahrscheinlichkeit einer Eruption von 5 % auf 20 % erhöht!

Leben auf einem Vulkan. Das wird vielen erst jetzt wieder bewusst. Gerne verdrängt man diesen Umstand. La Palma gehört aber zu den aktivsten Vulkaninseln der Welt und dass es so viele Jahre ruhig war, das war das Außergewöhnliche. Man darf aber auch mit gutem Gewissen etwas beruhigen. Der Vulkanismus auf den Kanaren gehört zum Typ Stromboliano. Dabei bilden sich Schichtvulkane und Eruptionen sind wenig explosiv.

3. Blog: Der Anfang

Mittwoch 15. September

Seismische Krise geht weiter

Auch in der letzten Nacht haben sich unzählige kleinere Erdbeben ereignet. Das Magma, welches sich beim Inselsockel bewegt, hat sich etwas nach Nordwest verschoben. Damit auch die Erdbeben, welche nun in einer Linie Jedey - Charco Verde stattfinden. Ein Beben mit mbLg 3,1 wurde um 05:15 Uhr wieder von einem Teil der Bevölkerung registriert. Ich habe geschlafen.
Obschon sich die Wahrscheinlichkeit mit der seismischen Krise erhöht hat, dass das Magma bis zur Oberfläche aufsteigen kann, ist sie nach Angaben des IGN immer noch deutlich zugunsten dessen, dass das nicht passiert.

Die Journalisten versuchen derweil möglichst viele Klicks zu generieren. Da sind ihnen auch Meldungen wie „Erdbeben in 1 km Tiefe, das Magma streift die Oberfläche" nur recht. Das ist aber völlig irreführend. Wie ich gestern berichtet habe, hat sich die Oberfläche um 1,5 cm angehoben. Dies verursacht auch Spannungsrisse und Erdbeben in den oberen Schichten. Es gibt derzeit keine Anzeichen, dass das Magma soweit hoch gekommen ist. Auf El Hierro, wo sich 2011 ein Vulkanausbruch unter der Meeresoberfläche ereignete, bestätigten die Geologen, dass das aufsteigende Magma Schwingungen verursacht, die gemessen werden konnten. In den publizierten Spektrogrammen von heute sieht man diese Veränderungen nicht.

Warten wir besser wieder ab, bis sich die Experten und nicht der Boulevard heute zum Thema äußern.

Weitere leichte Verstärkung der Beben

Die IGN hat eine Karte veröffentlicht (Abb. 3.1; S.27), auf welcher ersichtlich ist, dass sich die Erdoberfläche im Bereich der Beben deutlich angehoben hat. Nach der Skala bis zu 6 cm. Das ist deutlich

3.1. - Vorwoche (13. - 19. September)

mehr als die gestern kommunizierten 1,5 cm. Man sieht darauf auch, dass auch im Gebiet nördlich von Tijarafe eine Anhebung stattfand und sich die Erde im Norden um Garafia eher absenkte. Das Gebiet El Paso und Los Llanos erscheint fast neutral.

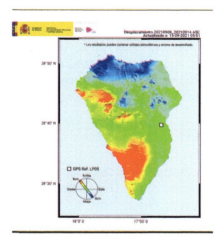 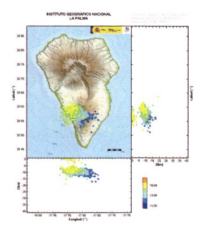

Abb. 3.1. Bodenverformung   **Abb. 3.2.** Bebenkarte 15.9.

(Später stellte ich fest, dass diese auf Satellitendaten basierende Karten auch Fehler durch meteorologische Ereignisse beinhalten können und deshalb mit großer Vorsicht interpretiert werden müssen. Die Bodenstationen sind einfacher zu lesen.)

Das Cabildo teilt nach einer Sitzung mit Experten mit, dass sich der Prozess intensiviert hat und sich kurzfristig rasch weiterentwickeln könnte, fügt jedoch hinzu, dass es keine eindeutigen Hinweise auf einen bevorstehenden Ausbruch gibt.

Das ist so ein bisschen Wischiwaschi, so wie man eine Wetterprognose formulieren kann um alle Möglichkeiten offen zu halten. Die Sprachwahl lässt mich aber doch leicht aufhorchen und zeigt, dass sich die Wahrscheinlichkeit von einer Eruption von den vorgestern kommunizierten 20 % sicher weiter erhöht hat.

3. Blog: Der Anfang

Was kann man tun? Eigentlich nicht viel mehr, als die Situation periodisch zu beobachten, sich auf die Informationen der Behörden zu verlassen und nicht auf die Personen, welche nun innerhalb drei Tagen vom Immunologen zum Vulkanologen mutierten.

Man kann eine gleiche Checkliste wie bei einem Feuer aufstellen. Bei einem Feuer hat man kaum Zeit, alles geht schnell. Hier haben wir noch wunderbar Zeit uns vorzubereiten und darüber nachzudenken, was wir mitnehmen, wenn wir evakuieren müssten. Die Wahrscheinlichkeit, dass sich alles wieder im Sand verläuft, ist offensichtlich immer noch größer, vorbereiten kostet und schadet aber nichts.

Wanderweg der seismischen Aktivität

In der Abb. 3.2 (S.27) vom IGN ist der langsame Weg der seismischen Aktivitäten in Richtung Nordwest ersichtlich. Die Farbskala ist von Samstag blau zu heute Mittwoch gelb. Wir sehen im unteren Bereich auch, dass sich die heutigen rund 20 Beben weniger als - 5 km deutlich von der Hauptaktivität bei -5 km bis -12 km abheben. Ein Indiz, dass meine Annahme korrekt ist und sich diese Beben aufgrund der Anhebung des Geländes und nicht aufgrund von Magma in diesem Bereich ereigneten. Auch die Frequenzanalysen zeigen bis jetzt kein aufsteigendes Magma an. Diese führt meist zu einem vulkanischen Tremor, einem feststellbaren Schwingen mit niedriger Frequenz.

Wikipedia sagt dazu: „Ein Eruptionsprozess wird zunächst vom Aufstieg des Magmas eingeleitet. Wenn das Magma auf vorgezeichneten oder neuen Bruchlinien, Spalten oder Rissen zur Erdoberfläche emporsteigt, entstehen durch Spannungen im Umgebungsgestein und durch Entgasungsprozesse des Magmas charakteristische seismische Signale. Gestein zerbricht dabei und Risse beginnen zu vibrieren. Die Zerstörung von Gestein löst Erdbeben mit hoher Frequenz aus, die Bewegung der Risse dagegen führt zu niedrig frequenten Beben, dem sogenannten vulkanischen Tremor."

3.1. - Vorwoche (13. - 19. September)

(Ich sollte mit dieser Aussage noch eines Besseren belehrt werden, der vulkanische Tremor setzte erst bei Eruptionsbeginn ein und die Beben waren in der Tat schon Anzeichen von aufsteigendem Magma!).

Donnerstag 16. September

Seismische Krise Update

Politiker, darunter auch der Gemeindepräsident von El Paso, wollten gestern Präsenz zeigen und die Leute beruhigen. Sie haben sich nach Las Manchas begeben, gingen von Tür zu Tür, haben mit den Leuten gesprochen und ihnen auch gesagt, dass es gut sei, wenn sie einen kleinen Koffer parat machen würden, falls doch evakuiert werden müsste. Was als Beruhigung gedacht war, mündete in einem Feuerwerk auf sozialen Medien die Schlagzeilen wie „Las Manchas wird sofort evakuiert" hervorbrachten. Die Haut ist bei einigen dünn, deshalb ich möchte nochmal klarstellen: Die Wahrscheinlichkeit, dass alles wieder im Sand verläuft, ist immer noch größer. Teilen Sie besser nichts, was nicht offiziell ist und geprüft wurde.

Die Situation heute morgen 9 Uhr ist folgende: Die Nacht war die ruhigste seit Samstag. Es haben sich nur gerade 4 Erdbeben ereignet, alle sehr schwach mit mbLg < 2,0. Daraus kann man aber noch keine weitere Prognose basteln. Die Vulkanologen des IGN und der PEVOLCA waren sich gestern in einer Sitzung nicht einig und hätten heftig gestritten, habe ich gehört. Also nehmen wir das, was in etwa sein könnte: eine Wahrscheinlichkeit von 1:5, dass eine vergleichbare seismische Krise zu einem Ausbruch führt. Das heißt, wir brauchen theoretisch 5 solche Anlässe und Aufregungen für einen Vulkanausbruch. Dann auch zur Repetition: Schichtvulkane sind nicht sehr explosiv. Wenn es zu einem Ausbruch kommen würde, intensivieren sich zwar die Beben, es entsteht aber kein Mount St. Helens. Für mich heißt das immer noch Ruhe bewahren.

Das vom Kanarischen Vulkanologischen Institut (INVOLCAN) betrie-

3. Blog: Der Anfang

bene Überwachungsnetz hat in den letzten Tagen erhebliche Bodenverformungen vulkanischen Ursprungs festgestellt die mit bis zu 6 cm angegeben wurden. Die Abb. 3.3 (S.33) zeigt die horizontale (rote Pfeile) und vertikale (schwarze Pfeile) Verschiebung bei einigen GNSS-Stationen, die Teil des Netzes sind. Dieses Deformationsmuster kann als Auswirkung des Druckaufbaus eines kleinen magmatischen Reservoirs mit einem Volumen von etwa 11 Millionen Kubikmetern interpretiert werden, das sich im Inneren der Cumbre Vieja in einer Tiefe von etwa 6 - 7 km befindet, in demselben Gebiet, in dem auch die meisten Erdbeben der letzten Tage auftraten.

(Kleines magmatisches Reservoir von 11 Millionen Kubikmetern, das sagte die IN-VOLCAN. Der Vulkankonus alleine sollte später mit 34 Millionen Kubikmetern beziffert werden und das Gesamtvolumen an ausgeworfenem Material wird über 200 Millionen Kubikmeter sein).

Falls sich was Grundlegendes ändert, melde ich mich wieder. Zeitnahe Information wie immer auf Twitter.

Seismische Krise Update 5

16:45 Nach einer ruhigen Nacht hat der Rhythmus der Beben wieder zugenommen und es ereignete sich im Bereich Plaza Glorietta auch eines mit mbLg 3,1, welches als leicht von der Bevölkerung verspürt wurde. Ich war zu der Zeit in rund 3 km Luftlinie am Cabeza de Vaca spazieren und habe gar nichts gemerkt.

(Ja, ich war ahnungslos spazieren am Cabeza de Vaca, genau dort, wo zwei Tage später ein Vulkan ausbrechen würde).

Trotz der relativ geringen Tiefe von 5 - 10 km gibt es nach wie vor keine Zeichen von aufsteigendem Magma. Es scheint, als ob uns dieses auf und ab auch noch ein paar Tage begleiten wird.

3.1. - Vorwoche (13. - 19. September)

Freitag 17. September

Seismische Krise Update 6

09:15 Die Nacht war einmal mehr ruhig. Es ereigneten sich nur 5 Beben mit einer mbLg >1,5, das Stärkste war mit mbLg 2,2 auch schwach. Keines wurde von der Bevölkerung verspürt. Einmal mehr sei erinnert: Ein Beben von mbLg 3 ist 32 mal stärker als eines mit mbLg 2. Die Tiefe der Beben hat sich auch nicht verändert, diese finden nach wie vor in rund 8 km statt und es gibt derzeit keine Anzeichen für weiter aufsteigendes Magma.

An der Klippe südlich von Puerto Naos haben sich gestern ein paar Steinschläge ereignet. Das passiert immer wieder, auch ohne Beben, aber mit Erschütterungen natürlich vermehrt. Zusätzlich hat sich das von den Erschütterungen betroffene Gebiet um bis zu 10 cm angehoben. Insofern wäre ein Tipp, dass man beim Wandern die Nähe von Steilhängen im Moment eher meiden sollte. Andere unmittelbare Gefahren sehen wir derzeit nicht.

Die Vulkanologen sind sehr aktiv und führen an verschiedensten Orten zusätzliche Messungen durch. Sie publizieren am frühen Nachmittag normalerweise eine Information und ich werde mich nach deren Lektüre wieder melden.

Seismische Krise Update 7

Das IGN hat heute Mittag keine Pressemitteilung abgegeben. Es scheint, dass die schon frühzeitig ins Wochenende gegangen sind.

Die vorliegenden Daten zeigen aber, dass sich die seismische Krise im Moment stark beruhigt hat. Sowohl Kadenz als auch Intensität der Beben haben deutlich nachgegeben. Das heißt noch nicht, dass es vorbei ist, aber es heißt, dass sich alles vorerst beruhigt.

3. Blog: Der Anfang

In den sozialen Medien geistern bereits wieder Meldungen umher, dass das Magma nun auf 1 km Tiefe hochgestiegen sei. Mit wenig Analyse kann man das gleich entkräften. Gestern war von >5 km Tiefe die Rede. Heute gab es kaum Erdbeben. Das Magma soll nun also über die Hintertüre 4 km hochgestiegen sein ohne sich bemerkbar zu machen? 4 km bedeutet fast die doppelte Höhe der Insel. Das ist einfach als Falschmeldung zu entlarven.

(Woher die Gerüchte in den sozialen Medien herkamen, weiß ich immer noch nicht. Sie müssen aber auf nicht öffentlichen Daten beruht haben und waren richtig).

Wir beobachten die Situation weiter und ich werde berichten, wenn sich etwas verschlechtern würde.

Auch geistert in vielen Boulevardblättern einmal mehr die Mega-Tsunami-Theorie herum.

Wenn die Möglichkeit eines Erdrutsches auf La Palma, der im mageren 4-seitigen „Geophysical Research Letter" von Ward et al. 2001 beschrieben wurde, als Ereignis mit einer geringen Wahrscheinlichkeit von < 1 in 100.000 Jahren beschrieben wird, müssen wir das nicht bei jedem einzelnen seismischen Ereignis auf La Palma als Möglichkeit berücksichtigen, auch nicht diskutieren. Aber dieser Unsinn taucht leider immer wieder auf.

Samstag 18. September

Seismische Krise Update 8

09:30 Wellen haben es so an sich: Ein Kommen und gehen. Heute morgen sieht die Statistik wieder etwas anders aus. Die Anzahl Beben hat die von gestern bereits überstiegen. Ein Beben von mbLg 3,2 in Puerto Naos, dessen Tiefe noch nicht publiziert ist, wurde von der Bevölkerung als leicht (Mercalli III) verspürt.

3.1. - Vorwoche (13. - 19. September)

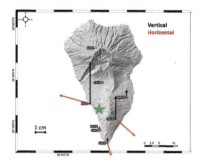

Abb. 3.3. Verformung

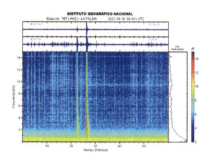

Abb. 3.4. Beben Puerto Naos

In der Abb. 3.4 (S.33), sieht man die entsprechende Stunde. Ein erstes Beben von nur mbLg 2,3 um 03:22 Uhr gefolgt von einem kurzen Schlag mit mbLg 3,2 um 03:26 Uhr. Interessant, wie sich das gesamte Frequenzband nach diesem Beben gleich wieder beruhigt. Genauso hatte ich das einzige Beben, welches ich verspürte, auch empfunden. Ein kurzer Schlag, nichts von Schwingungen, und gleich war es auch wieder vorbei.

Wie ich bereits geschrieben habe: Die verantwortlichen Vulkanologen haben gestern keine Pressemitteilung publiziert. Wahrscheinlich genießen sie das Wochenende auf der Insel. Diese Tiefenentspanntheit könnte auch als Zeichen der Beruhigung interpretiert werden. Im Gegensatz zu den Politikern müssen die Vulkanologen ja nicht auf Stimmenfang gehen.

(Auch hier lag ich völlig falsch. Die Vulkanologen hatten deutlich mehr Daten. Da war nichts von Tiefenentspanntheit. Es wurde nichts publiziert, weil sie zwar wussten, dass die Entwicklung in Richtung Eruption läuft, sie hatten aber keine Ahnung wo).

mbLg Magnitude

Die Magnitude mbLg orientiert sich an der Richterskala, der Magnitude aus der Amplitude der Lg-Phase, so, dass für einen Zeitraum von 1 Sekunde beide Skalen bei einer Bezugsentfernung von

100 Kilometern übereinstimmen. Es ist aber falsch, von der Richterskala zu sprechen. Die mbLg Magnitude wird in Spanien für Erdbeben verwendet, die sich ab März 2002 ereigneten.

Die Formel für die Experten unter euch:

mbLg(L) = log (A/T) + 1,17 log R + 0,0012R + 0,67

Für den Laien wie mich ist das nicht so wichtig. Was wichtiger erscheint, ist zu realisieren, dass die Skalen logarithmisch sind und eine Zunahme um +1 jeweils eine 32-fach höhere Energie bedeutet.

Informationsveranstaltung

12:15 Im Moment fliegt ein Helikopter über die Westseite. Sie machen mit der Wärmebildkamera, die bereits nach dem Feuer in Einsatz kam, Aufnahmen.

Das Cabildo de La Palma informiert über zwei Informationsveranstaltungen über die Risiken der seismischen Krise. Die Veranstaltung findet heute in der Halle Lucha Canaria Federico Simón statt:

18:00 für Einwohner von Jedey, Las Manchas de abajo, San Nicolás.

19:30 für die Einwohner von Puerto Naos, Bombilla, El Remo.

Es wird darum gebeten, pro Haushalt höchstens eine Person zu entsenden.

3.1. - Vorwoche (13. - 19. September)

Vorausschauende Planung

Im Moment bebt die Erde zwar wieder vermehrt, es sind aber keine Anzeichen eines weiteren Aufsteigens von Magma ersichtlich. In der letzten Information der Behörden fällt auf, dass die gewählte Sprache etwas hilflos erscheint. Man möchte auf keinen Fall die Situation überbewerten, trotzdem aber die Zeit der Ruhe nutzen, um die Bevölkerung auch auf den Fall partieller Evakuationen vorzubereiten. Das finde ich absolut sinnvoll und ich versuche deren Informationen hier zu ordnen.

Da man nichts ausschließen kann, sollten sich Personen im von den Beben betroffenen Gebiet im Bereich südlich den Coladas de San Juan bis zu den Coladas de Sta. Cecilia in Ruhe Gedanken machen, was sie bei einer Evakuation mitnehmen. Eine Liste aufzustellen und vielleicht einen kleinen Koffer zu packen ist unter Umständen sinnvoll. Eine solche Liste habe ich nach dem Feuer aufgestellt, um beim nächsten Mal besser vorbereitet zu sein und in plötzlicher aufkommender Hektik nichts zu vergessen. Diese Liste hilft mir nun auch um ein mögliches Vorgehen schon jetzt zu ordnen.

Es wurden 4 Zentren benannt, welche als Treffpunkte dienen würden und die jeder kennen sollte. Falls es zu Evakuierungen kommt, werden sind die Behörden dort bereithalten, weiter informieren und organisieren.

- Fußballplatz der Stadt Mazo.
- Fußballplatz in El Paso.
- Fußballplatz in Los LLanos de Aridane.
- Casa del Vulcán in Fuencaliente.

Direktübertragung

Die Informationsveranstaltung von heute 18 Uhr wird direkt übertragen (QR-Code S.354).

3. Blog: Der Anfang

Informationsveranstaltung

19:00 Leider wird die Übertragung immer wieder unterbrochen, trotzdem ist eine kleine Zusammenfassung schon jetzt möglich.

Nemesio von INVOLCAN hat mehrere Male klargestellt, dass sie Daten erheben und die Behörden laufend informieren aber dass Vulkanologie leider immer auch wieder Überraschungen bereit hält. Er sagte mehrmals, wir Experten können uns auch irren.

Die Information des Vertreters von IGN war nicht hörbar.

CECOPIN informiert über den Evakuationsplan. Es ist allen sehr wichtig, dass die Bevölkerung über das informiert ist, was die Behörden vorbereiten und dass alle die Treffpunkte kennen. Es wurde eine Broschüre erarbeitet, welche abgegeben wird. Sobald ich diese erhalte, werde ich sie hier publizieren.

Normalerweise werden Evakuationen erst in Alarmstufe Orange durchgeführt. Dann werden die ausgearbeiteten Notfallpläne angewandt.

Bei einer angeordneten Evakuation sollen sich Personen, die nicht über ein Fahrzeug verfügen, bei der Bodegón Tamanca (Bürger Gemeinde El Paso) oder der Plaza Glorietta (Bürger Gemeinde Los Llanos) einfinden. Personen mit Transportmöglichkeit sollen sich dann umgehend zum Treffpunkt ihrer Gemeinde begeben.

Nemesio von Involcan stellt noch einmal klar, dass im Fall einer angeordneten Evakuation nicht das ganze Gebiet evakuiert werden würde, sondern wahrscheinlich nur das betroffene in einem Radius von etwa 2 km zum entsprechenden Riss.
Wichtig: „Wir sind nicht am Evakuieren aber am Informieren, das soll klargestellt werden, weil laufend Gerüchte herumgegangen sind."

Fragen aus dem Publikum:

Frage: Kann ich bei einer Evakuation, wenn ich nicht im Haus bin, in meinem Haus meine Effekten holen?
Antwort: Ja, falls die Situation das erlaubt, sicher. Sie sollten aber jetzt die nötigen Sachen vorbereiten.

Frage: Wenn ein Gebiet evakuiert wird, wie stellen Sie die Sicherheit sicher?
Antwort: Der Zugang zu einem evakuierten Gebiet wird kontrolliert und keine Leute können mehr rein.

Frage: Hat es einen vulkanischen Tremor?
Antwort: Nein, wir stellen im Moment keinen Tremor fest.

Frage: Ich habe einen Hund, was mache ich?
Antwort: Einen Hund können Sie mitnehmen, aber es ist möglich, dass dieser später in einer Sammelstelle für Tiere abgegeben werden muss.

Frage: Wenn die Ampel auf orange geht, wie viel Zeit haben wir bis wir bei der Sammelstelle sein müssen? Wir haben Tiere im Gelände und müssen diese einsammeln.
Antwort: Ich denke nicht, dass es ein Problem sein sollte, Ihre vorbereiteten Sachen mitzunehmen und Sie entsprechend Zeit haben auch die Tiere zu versorgen. Wir denken an bis zu einer Stunde Zeit, die dann bleibt.

Hier habe ich die Direktübertragung verlassen.

3. Blog: Der Anfang

Abb. 3.5. 2 Minuten nach Ausbruch am 19.9. 15:13 Uhr

4. Blog: September 2021

4.1. - Der Tag Null

Sonntag 19. September

Seismische Krise update 10

08:20 Die Erdbeben gehen weiter. Die ganze Nacht bebte es schwach. Eine Bewegung in Richtung Nord sowie nach oben ist festzustellen. Heute morgen haben sich zwei Beben über mbLg 3 ereignet, beide wurden von der Bevölkerung gespürt. Letzteres mit mbLg 3,2 um 08:12 Uhr habe ich auch wahrgenommen als kurzen schwachen Schlag.

In einer ersten kurzen Analyse sehe ich im Moment eine zwar schwache, aber eher ungünstige Entwicklung, kann aber einige Daten nicht analysieren, da der Server der IGN wieder überlastet ist. Ich melde mich später noch einmal oder wie immer ganz aktuell auf Twitter @efadi_LP.

Wanderwegnetz

09:40 Während ein Flugzeug mit einer Wärmebildkamera schon lange über Las Manchas und Tacande fliegt, meldet das Cabildo de La Palma, dass das Wandernetzwerk in Fuencaliente, Tazacorte, Los Lla-

4. Blog: September 2021

nos de Aridane, El Paso und Villa de Mazo per sofort geschlossen wird. Die Kleintierjagd, welche am Sonntag und Donnerstag stattfindet, ist auch ausgesetzt worden.

(Die Jäger waren aber zu diesem Zeitpunkt alle schon unterwegs).

Die schwachen Erdbeben gehen weiter und bewegen sich im Moment immer noch von San Nicolas in Richtung El Paso, mit Zentrum um El Paraíso.

Der Server der IGN ist immer noch überlastet und so kann ich im Moment keine aufgearbeiteten, aktuellen Grafiken publizieren. In dem, was ich sehen konnte, ist aber kein vulkanischer Tremor ersichtlich, der auf aufsteigendes Magma hinweisen würde. Die oberflächlichen Erdbeben könnten auch durch Spannungsrisse provoziert werden. Es wurde in Jedey bisher ein Anheben der Erdoberfläche von 12 cm gemessen.

Gleitschirmfliegen

10:07 Das Gleitschirmfliegen über das betroffene Gebiet wurde im Moment verboten, dies hauptsächlich um nicht die Aufklärungsflugzeuge zu behindern. Das betrifft die Startplätze Campanarios und El Gallo. Das Fliegen an der Klippe ist im Moment noch erlaubt, man darf sich aber nicht mit Thermik nach hinten ins Gebiet Las Manchas versetzen lassen.

Beben mbLg 3,8

Das letzte Beben mit mbLg 3,8 um 11:16 h LT wurde von ganz vielen Personen auf La Palma registriert. Es ereignete sich im Gebiet von Cabeza de Vaca, etwas nordöstlich der Montaña Rajada, praktisch an der Oberfläche, wahrscheinlich ein Spannungsausgleich der sich durch das Anheben einer großen Fläche um Jedey (+12 cm) gebildet hat, denn ein Tremor ist nach wie vor nicht registriert worden. Bei mir hat sogar der Spiegel im Bad gewackelt. Im Gebiet des Bebens hat es einige kleine Steinschläge gegeben. Der von vielen festgestellte „Rauch" war aufsteigende trockene Erde.

Los Brecitos geschlossen / Orange?

12:30 Wegen möglicher Steinschlaggefahr wurde nun auch die Straße nach Los Brecitos in der Caldera geschlossen.

Es ist durchaus möglich, dass die Alarmstufe heute noch auf orange angehoben wird, das höre ich von zuverlässiger Seite. Das würde dann bedeuten, dass Evakuationen möglich würden. Beachten Sie: Immer noch im Konjunktiv, möglich würden.

Informieren Sie sich immer nur aus offiziellen Quellen. Es geistert viel Unsinn herum. Wenn ich eine Mitteilung der Behörden habe, werde ich sie publizieren.

Offizielle Information der IGN

12:58 Die untenstehende Mitteilung ist eine Übersetzung von der offiziellen Homepage der IGN von heute Mittag:

„Die seismische Aktivität in Cumbre Vieja, die am 11. Sept. um 3:18 Uhr (UTC) begann, hat sich in den letzten Stunden beschleunigt, mit intensiver Oberflächenseismizität zwischen 0 und 6 km und zahlreichen von der Bevölkerung gespürten Beben. Seit Beginn der Serie wurden 6.632 Erdbeben festgestellt, von denen 1.317 geortet wurden. Heute wurden 327 Erdbeben festgestellt, von denen 86 mit einer maximalen Magnitude von 3,8 mbLg für das Erdbeben um 10:16 Uhr (UTC), das auf der Insel weithin zu spüren war, und mit einer Tiefe von 2 km geortet wurden.

Die maximale akkumulierte vertikale Deformation hat sich in der Nähe der aktuellen Beben auf etwa 15 cm erhöht, und ihre Verteilung stimmt mit einem Druckzentrum in diesem Gebiet überein. Diese Verschiebungen wurden sowohl mit dem GNSS-Netz der Insel als auch mit InSAR-Daten (Sentinel-1) beobachtet."

Boletín oficial

13:10 Das offizielle Boletín „Riesgo Volcánico" ist nun publiziert. Die Stufe bleibt auf gelb. Da haben sich die gemäßigteren Stimmen durchgesetzt.

Die Sprache hat sich aber klar verschärft. Es heißt:

„Wir befinden uns in einer prä-eruptiven Phase mit einer großen Wahrscheinlichkeit, dass sich eine Eruption ereignet. Derzeit gibt es keine Anhaltspunkte, welche die Festlegung eines Zeitfensters ermöglichen. Es wird vorgeschlagen, die Bemühungen zu verstärken und Leute mit großem Risiko zu evakuieren. Seien Sie wachsam für weitere Informationen der Behörden und des Zivilschutzes."

Statement vom Inselpräsidenten

13:40 Der Präsident von La Palma, Mariano Hernández Zapata, hat heute um 13 Uhr eine Pressekonferenz abgehalten. Dabei wurde noch einmal bestätigt, dass die Alarmstufe im Moment auf gelb bleibt. Trotzdem hat man sich entschieden, Personen mit Behinderungen zu evakuieren. Gestern Nacht kamen ganze Betreuungskolonnen vom Roten Kreuz auf La Palma an und diese haben die Kaserne El Fuerte in Sta. Cruz dafür hergerichtet.

Evakuationen von behinderten Menschen werden heute in folgenden Gebieten vorgenommen:

4.1. - Der Tag Null

El Charco, Fuencaliente, La Bombilla, El Remo, Puerto Naos, San Nicolás, Jedey, El Paraíso.

(Drei Ereignisse haben mich zum Glück daran gehindert, wie jeden Tag so auch an diesem schönen Sonntag mit meinen Hunden im Gebiet von Cabeza de Vaca wandern zu gehen. Das Erste war eine Information eines Freundes, wonach man den Inselpräsidenten am frühen Morgen in hohem Tempo nach Sta. Cruz fahren sah. Das Zweite, die Information einer sehr verlässlichen Quelle, wonach die Ampel auf orange gehen sollte und als diese dann auf gelb blieb, der Umstand, dass sich die Sprache im Boletín sehr verschärfte. Es sollte eine gute Entscheidung werden).

Ausbruch

15:11 Der Vulkan ist im Gebiet von Cabeza de Vaca mit einem Knall ausgebrochen. Abb. 3.5 (S.38). Falls Sie sich im Gebiet darunter, also Paraíso und Todoque befinden, beobachten Sie alles genau. Falls Sie wegfahren müssen, gehen Sie nach Norden. Sammelstellen Fußballplatz Los Llanos und El Paso.

Verlauf der Lava

17:04 Die Lava ist über die Straße El Paso - San Nicolas gelaufen und fließt nun weiter die Alcalá Straße hinunter in Richtung Todoque Süd (Abb. 4.1; S.44). Wenn Sie evakuieren müssen, dann fahren Sie nach Norden nach El Paso oder Los Llanos. Es ist gut möglich, dass weitere Straßen verschüttet werden und der Süden dann abgeschnitten werden könnte.

Das Cabildo informiert auch über seine Seite auf Facebook.

Aktuelle Information

18:25 Neben dem Informieren muss ich mich auch noch um mein Haus kümmern. Ich bin knapp 3 km nördlich des Lavaflusses und

4. Blog: September 2021

Abb. 4.1. 19. Sept. 16:30 Uhr El Paraíso (Bild: Peter Braunstein)

musste mal alles soweit vorbereiten, dass bei einem Feuer ums Haus so gut wie möglich aufgeräumt ist.

Der Vulkan ist weiter aktiv, der Lärm ist beeindruckend. Spürbare Beben haben im Bereich Tacande keine mehr stattgefunden.

Die Lava fließt weiter in Richtung Todoque und ich habe vor ein paar Minuten gehört, dass dort nun aus Sicherheitsgründen auch evakuiert wird. Falls die Lava weiter in Richtung Meer fließt, wird Puerto Naos unter Umständen vom Verkehr in Richtung Nord getrennt. Ein Weg beim Tennisplatz in Richtung Secadero und den Süden scheint aber offen zu bleiben, da die Lava im Moment nördlich von den Coladas de San Juan fließt. Der Alarm wurde nun auf Stufe Rot angehoben. Das interessiert aber im Moment wohl kaum noch jemanden. Das Ding ist ja nun da und präsent.

4.2. - Woche 1 (20. - 26. September)

Abb. 4.2. 19. Sept. 22 Uhr (Bild: Peter Braunstein)

4.2. - Woche 1 (20. - 26. September)

Montag 20. September

Aktuelle Information Montag

09:22 Es wurden 5.000 Menschen evakuiert. Das lief offensichtlich reibungslos ab. Mehr Evakuationen soll es laut Behörden nicht geben. Das ist natürlich nur so, wenn sich die Situation nicht noch verändert. Ich konnte in meinem Haus bleiben. Es ist 2,8 km vom Vulkan entfernt. Wir haben alle Vorkehrungen getroffen, um das Haus so gut wie möglich vor allfälligen Feuern zu schützen. Mehr kann man im Moment nicht tun.

Der Vulkan hat in der Nacht pulsiert. Mal wurde er etwas ruhiger,

4. Blog: September 2021

mal wieder lauter. Die Lava floss zuerst nördlich von der Montaña Rajada herunter. Bilder von ElApurón von heute Morgen zeigen, dass nun ein weiterer Lavastrom auf der Südseite der Rajada runterfließt. Auch dort ist ein Gebiet mit vielen Häusern!

Welches Gebiet genau betroffen ist, kann ich im Moment nicht beurteilen. Heute Morgen um 4 Uhr war der Lavafluss noch nicht in Todoque. Da aber alles evakuiert ist, bekomme ich auch nur noch spärlich Informationen. Weil heute Morgen bereits wieder ein Helikopter und ein Flugzeug herumflogen, gibt es eventuell im Tagesverlauf Luftaufnahmen.

Es ist indessen wahrscheinlich, dass die Lava einen Weg bis zum Meer sucht und dieses auch erreichen kann. Wenn das Tempo so weiter geht, wird das spätestens Mitte Woche der Fall sein. Das würde aber dann auch bedeuten, dass der südliche Teil von Las Manchas und Puerto Naos bis zum Ende des Ausbruchs und dem Einrichten von Notstraßen nur noch über den Süden erreichbar wären.

Es hat etwas Brisa eingesetzt und eine thermische Inversion auf etwa 1.500 m verhindert in Teilen, dass die Gase nach oben entweichen können. Neben dem Umstand, dass man die Rettungskräfte, die versuchen Feuer zu verhindern, nicht stören sollte, ist es auch durchaus möglich, dass im evakuierten Gebiet Gase vom Vulkan die Gesundheit beeinträchtigen können. Auch wenn es einigen schwer fallen wird: Sehen Sie im Moment davon ab, ohne Erlaubnis der Behörden ins betroffene Gebiet zu fahren!

10:45 Die Lava fließt weiter in Richtung Todoque und hat vor kurzem einen Masten der Stromleitung im Bereich Camino Pastelero umgelegt. Unsere Kameras am Startplatz in Puerto Naos funktionieren noch, was bedeutet, dass Puerto Naos keinen Stromausfall hat. Das ist eine wichtige Information für die Restaurantbetreiber.

Derweil geht der Ausbruch weiter. Manchmal beruhigt sich der Vulkan und man atmet auf, dann merkt man gleich wieder, dass es nur ein Zyklus war und er umso heftiger wieder Lava ausspuckt. Ob all dem Unheil ist es erstaunlich, das praktisch keine Feuer ausgebrochen sind und sich die Feuer auf den Bereich des Lavaflusses beschränken. Bei dieser wurde übrigens gestern eine Temperatur von >1.050 °C gemessen.

Falschmeldungen

11:20 Das Cabildo de La Palma informiert, dass weiter Falschmeldungen kursieren und bittet die Bevölkerung nur von offiziellen Stellen Informationen entgegen zu nehmen. Die letzte Falschmeldung ist die, dass Wasser im betroffenen Gebiet vergiftet sei und nicht mehr verwendet werden könne. Das ist eine Falschmeldung. Die Techniker des Cabildo testen die Wasserqualität laufend.

Eine gute Quelle ist die Facebookseite vom Cabildo (www.facebook.com/cabildo.delapalma).

Evakuation von Touristen

11:30 Der Tourismusdirektor Raúl Camacho gibt bekannt, dass sie während der Nacht bei den Treffpunkten 354 Touristen identifizieren konnten, die La Palma verlassen wollten. Die Tourismusbehörde hat mit Fred Olsen zusammen gearbeitet und ermöglicht, dass diese Personen bereits heute nach Teneriffa ausreisen konnten.

Lavafluss

12:16 Madre mia, es fällt mir zunehmend schwer objektiv über das alles zu berichten. Es ist grauenhaft, wie viele Häuser bereits vernichtet wurden, und der Lavafluss wird mit jedem Meter, mit welchem er nach Westen fließt, breiter. In einem Video sah ich, dass die Spitze geschätzt 500 m breit ist und schätzungsweise noch einen Kilometer östlich der Hauptstraße Todoque - Las Manchas. Weil das

Gelände nirgendwo eine Schlucht aufweist, wird das wahrscheinlich kaum besser und betrifft dann noch mehr Häuser. Alles ist eine absolute Katastrophe für tausende Menschen, die auf La Palma leben und hier eine Existenz aufgebaut haben!

Video

16:48 Auf Youtube werden verschiedene Videos von Drohnen publiziert. Das Video, welches Sie über QR-Code auf S.354 anschauen können, veranschaulicht, wie die Lava sich ihren Weg weiter nach Westen pflügt und dabei nichts, aber auch gar nichts stehen lässt. Das Video scheint vor ein paar Stunden aufgenommen worden zu sein. Die Lava ist schon deutlich weiter nach West geflossen und bedroht das Dorf Todoque. In der Zwischenzeit ist auch der Vulkan stetig gewachsen und hat nun bereits eine deutliche Kegelform. In Richtung Süd scheinen sich weitere kleinere Vulkane gebildet zu haben und aus diesen fließt Lava südlich der Montaña Rajada runter.

Private Mails

Seien Sie mir nicht böse, aber ich erhalte unzählige private e-Mails mit Anfragen, die ich in der derzeitigen angespannten Lage nicht alle beantworten kann. Ich werde weiterhin hier im Blog und auf Twitter über die Situation berichten, kann aber leider unmöglich auf jedes einzelne Problem eingehen. Es tut mir leid.

Vulkankonus

17:00 Der Vulkan wächst stündlich in die Höhe und von der Seite sieht man deutlich den neu entstandenen Konus. Dieser hat in der Zwischenzeit eine Höhe von mindestens 50 m erreicht. Die Foto in Abb. 4.3 (S.51) habe ich vor einer halben Stunde in der Nähe der Shell El Paso geschossen.

Spendenkonto Los Llanos

Das Rathaus von Los Llanos de Aridane hat ein Bankkonto eingerichtet, um Spenden von Privatpersonen, Unternehmen oder anderen Organisationen zu sammeln, die den Betroffenen des Vulkans helfen wollen.
Zahlreiche Personen, Unternehmen und Verbände haben sich an die örtliche Körperschaft gewandt, sodass das Rathaus ein Bankkonto zur Verfügung stellt, das ausschließlich für die Beseitigung der durch den Vulkan verursachten Schäden verwendet wird.

Die Kontonummer lautet wie folgt:
IBAN ES06 2100 1921 1902 0014 1752

Die folgenden Angaben müssen gemacht werden:
- Name des Absenders.
- Konzept: „Donación volcán La Palma".
- Adressat: Ayuntamiento de Los Llanos de Aridane.

Dies ist eine sehr schwierige Zeit für alle Palmeras und Palmeros, deshalb danken wir allen Menschen, Unternehmen und Institutionen für ihre Bereitschaft und Großzügigkeit, allen Familien zu helfen, die vom Ausbruch des Vulkans betroffen sind.

Fake Evakuation

23:30 Ich habe mich nicht mehr gemeldet, weil ich nach Los Llanos fuhr, um endlich etwas weg von diesem zermürbenden Lärm des Vulkans zu sein. Bei der Rückfahrt war im im größten Stau, den La Palma je gesehen hat, und ich bin zurückhaltend im Superlativ. Endlich in Tacande angekommen, wurde mitgeteilt, dass Tacande evakuiert wird. Weil meine Nachbarn nichts wussten, habe ich die 112 angerufen. Die gaben mir die Nummer von CECOPIN 922 43 76 50, ein netter Herr bestätigte die Evakuation. Ich fragte noch nach „ganz Tacande, arriba abajo einfach alles?" Er bestätigte nett. Nachdem wir alles gepackt hatten, fuhren wir los in Richtung Fußballzentrum El Paso. Bei der ersten Polizeikontrolle habe ich noch einmal nachgefragt und siehe da: Eine Fake mini Evakuation. Meine Straße sei noch nicht evakuiert. Also für alle: Tacande ist evakuiert worden, aber nur ab der Echedey in Richtung Süd. Alle Teile des Barrios, die nördlich liegen und inklusive Calle Echedey, sind derzeit nicht zu evakuieren.

Warum das: Es erfolgten weitere Beben und es hat sich unterhalb des Vulkankegels ein neuer Riss aufgetan. Aus diesem entweicht im Moment deutlich explosivere Lava. Diese fließt nach meinen letzten Informationen im Gebiet von Callejón de La Gata runter, also dem Industriezentrum, in welchem sich auch der Punto Limpio befindet.

Dienstag 21. September

Vulkan Update

Wie bereits berichtet: Unterhalb des Vulkankegels hat sich gestern ein neuer Schlund aufgetan, aus welchem Lava fließt und die sich gemäß einem Artikel in ElTime mit 5 km pro Stunde vorwärts bewegen soll. Diese Information kann nicht stimmen. Die Distanz vom neuen Schlund zum Meer sind ja nur 5 km und die Lava hat das Meer noch lange nicht erreicht. Aber sie fließt deutlich schneller als die nun etwas südlich gelegene, welche sich auf Todoque zu bewegt, aber nun fast zum Stillstand gekommen sei.
Gemäß dem Luftbild auf ElTime befindet sich dieser neue Lavafluss leicht südlich des Callejón de La Gata, dem Industriegebiet.

15:00 Die Aktivität des Vulkans ist heute mehr pulsierend. Ruhigere Phasen gefolgt von lauten Explosionen. Es hat sich leider eine weitere, relativ starke Deformation von bis zu 30 cm gebildet. Diese ist in der Abb. 4.4 (S. 51) ersichtlich. Solche Deformationen entstehen, wenn in die Magmakammer mehr Material rein fließt als raus fließen kann. Das bedeutet, dass sich der bestehende Vulkan entweder ver-

4.2. - Woche 1 (20. - 26. September)

stärkt oder sich die Lava einen weiteren Ausgang sucht und einen zweiten Vulkan entstehen lässt. Beides sind keine guten Entwicklungen. Die Unsicherheit ist derzeit groß, das Touristenzentrum Puerto Naos evakuiert und die Lava ist sehr nahe am Ortskern von Todoque. Ich mache es ungern, aber ich muss für die nächsten Tage vor Reisen auf die Südwestseite von La Palma abraten! Der Norden und der Osten sind nicht betroffen, der Flughafen offen. Die Gesamtschau der Entwicklungen lässt noch nicht aufatmen.

Abb. 4.3. Vulkankonus nach 24 h

Abb. 4.4. Geländeanhebung

Information der Behörden

16:30 Das Cabildo zusammen mit der Regierung der Kanaren und Spanien informierte heute in einer Pressekonferenz über die Situation.

Nach wie vor kann keine genaue Aussage über den weiteren Verlauf des Ausbruchs gemacht werden. Die Vulkanologen gehen aber davon aus, dass dieser Wochen dauern könnte. Weil gestern unzählige Schaulustige nach Sonnenuntergang den gesamten Verkehr von Los Llanos nach El Paso lahmgelegt haben, bittet das Cabildo die Leute davon abzusehen und die Straßen für Evakuierungen und Rettungsaktionen frei zu halten. Es wird auch darauf hingewiesen, dass der Moment an dem die Lava ins Meer fließt, äußerst gefährlich sein kann. Dann bilden sich zusammen mit dem Wasser gefährliche Gase, die bei zu geringem Abstand tödlich sein können.

Der spanische Ministerpräsident bleibt noch auf der Insel und morgen wird sogar König Felipe VI auf La Palma erwartet. Die Aufmerksamkeit ist insofern gut, als dass das Geld für den Wiederaufbau von diesen Gremien bestimmt wird. Und Geld werden wir viel brauchen, sehr viel.

Vulkaninformation Dienstagnachmittag

17:15 Die Lava fließt langsam weiter in Richtung Todoque. Sie ist jetzt rund 200 m vom Dorfkern entfernt. Die Straßen in Todoque sind im Moment noch frei.

Derweil hat der Vulkan den Tonfall gegenüber gestern verändert. Gestern simulierte er ein Kampfflugzeug, heute eher Feuerwerk oder ein Gewitter, aber kräftig. Phasen von kurzer Ruhe werden mit einer Explosion beendet und diese Zyklen halten an.

Sozialdienst El Paso

Das Rathaus von El Paso hat Telefonleitungen eingerichtet, um die Hilfe für die vom Vulkanausbruch Betroffenen zu koordinieren.

Personen und Einrichtungen, die bei der Unterbringung von betroffenen Familien mitwirken können, werden gebeten, sich an die Nummer 689542688 zu wenden.

Für Sachspenden und logistische Unterstützung steht die Telefonnummer 680443551 zur Verfügung.

4.2. - Woche 1 (20. - 26. September)

Wenn Sie sich dem Team von Freiwilligen anschließen möchten, um bei der sozialen Betreuung der Opfer zu helfen, können Sie sich unter der Nummer 638780770 melden.

Die Nummern sind von 09:00 Uhr bis 13:00 Uhr bedient.

Mittwoch 22. September

Vulkanupdate Mittwochmorgen

09:25 Guten Morgen. Gestern Abend war der Vulkan sehr explosiv und hat in kurzen Abständen heftige Explosionen produziert die Fensterscheiben erschüttern ließen. Die Lava flog nicht sehr hoch und fiel dann noch glühend auf den Vulkankegel. Heute morgen früh ein anderes Bild. Die Geschwindigkeit, mit welcher die Lava aus dem Schlund schoss, hat sich deutlich erhöht. Diese flog so hoch, dass sie sich beim Runterfallen soweit abkühlte, dass kaum mehr Glut auszumachen war. Vergleichen Sie Bild und Video auf Twitter (QR-Code S.354).

Nun hat der Drache sein Verhalten erneut verändert und stellt sich im Moment als Mischung beider Arten dar. Etwa alle 5 - 10 Minuten knallt es im Moment.

Auch heute sind die Windverhältnisse für die nicht evakuierten Gebiete gut. Die Asche und die Gase werden mehrheitlich nach Südosten auf das Meer geblasen. Das ist insofern auch wichtig, als dass es am Nachmittag vielleicht etwas Niederschlag geben kann. Dieser kann beim Vermischen mit glühender Lava giftige Gase produzieren.

In der Zwischenzeit hat die Lava den Kreisverkehr von Todoque erreicht. Sie fließt nun sehr langsam mit einer Geschwindigkeit von geschätzt 300 m pro Tag. In der Presse melden sie deutlich höhere Geschwindigkeiten, aber es wird einmal mehr offensichtlich abgeschrieben ohne eine Plausibilitätsprüfung zu machen. Es wurden Geschwindigkeiten bis 5 km/h gemeldet. Wäre das so, hätte die Lava ja schon längst das Meer erreicht!

Information der Behörden

Am Kreisverkehr von Todoque kämpfen einige Helden mit einem Schaufelbagger gegen die unaufhörlichen Gluten. Diese sind neben beim Restaurant Altamira in den frühen Morgenstunden bis zur Straße gelangt.

Leider werden wir auch in den nächsten Tagen weitere Schicksale erleben müssen. Der Vulkan ist nicht gnädig und zerstört alles, was ihm in den Weg kommt.

Erreicht die Lava das Meer?

Im Moment ist dieses Szenario wieder etwas in den Hintergrund gerückt. Die äußerste Schicht der Lava hat sich auf dem 3,6 km langen Weg nach Todoque so stark abgekühlt, dass sie extrem dickflüssig geworden ist. Das führt dazu, dass sich die Vorwärtsgeschwindigkeit weiter vermindert. Da aber immer noch viel Material nachfließt wird der Lavastrom nun höher und breiter. Das bringt keine Entwarnung für Todoque, die Lava dringt auch nach West, aber deutlich langsamer.

Haus zu vermieten?

Mein Geschäftspartner Javier musste aus Todoque evakuieren und sucht nun ein Haus oder Apartment in Los Llanos oder El Paso. Es muss für drei Personen und rollstuhlgängig sein. Wenn Sie was frei haben, melden Sie sich bitte bei ihm info@palmaclub.com

4.2. - Woche 1 (20. - 26. September)

Vulkaninformation Mittwochnachmittag

16:55 Gerüchte, wonach sich ein weiterer Lavaschlund eröffnet hat, machten heute schnell die Runde. Ein Video von einem Palmero wurde geteilt, der aus dem fahrenden Auto diese Information übermittelte. Dies mündete in Gerüchte bis dahin, dass in Jedey ein weiterer Vulkan ausgebrochen sei. Das alles ist nicht korrekt und entspricht nicht dem derzeitigen Stand der Entwicklung.

Einmal mehr muss ich aufrufen, dass keine ungeprüften Informationen geteilt werden. Audios auf WhatsApp, wo nicht klar ist, wer spricht und wann die Aufnahme gemacht wurde, sollte man auch nicht teilen. Auch keine Videos ohne Ort und Zeitangabe. Die Nerven liegen bei vielen nun definitiv blank und es ist unfair, mitzuhelfen die Gerüchteküche noch weiter anzufachen.

Der Vulkan ist wieder zu seinen Explosionen von gestern zurück gekehrt. Es knallt in Abständen von 5 bis 10 Minuten sehr heftig. Informationen von der Lavazunge habe ich keine mehr erhalten. Heute Morgen wurde auch das Restaurant Altamira in Todoque von der Lava zerstört. Die Lava dringt im Moment mit einer Geschwindigkeit von 4 m / Stunde vor (Information 1-1-2 Canarias) während der letzten Nacht waren es „nur" 15 m.

Von meinem Haus aus kann ich immer noch die Kirchturmspitze von Todoque sehen, aber das reicht nicht für eine Einschätzung der Lage. Heute ist es zudem stark bewölkt, ab und zu setzt Nieselregen ein und der Vulkan ist kaum zu fotografieren. Die einzelnen Explosionen sind aber sehr stark, deutlich stärker als gestern. Was das genau zu bedeuten hat, müssten Vulkanologen beurteilen. Sicher eine andere Zusammensetzung des Materials.

Gute Nachrichten in Bezug auf die beobachtete Anhebung des Geländes um Puerto Naos und Todoque von 30 cm. Diese hat sich heute gelegt, was bedeutet, dass nicht mehr Magma nachfließt als auch aus dem Vulkan ausfließt. Der Druckaufbau hat nachgelassen.

4. Blog: September 2021

Weiter führt der Vulkan zu einem Ascheregen. Ganz feiner Sand, wie am Strand von Puerto Naos, wird überallhin getragen. Er erreicht in einigen Gebieten bereits eine Höhe von 20 - 30 cm. Auch Bananenplantagen wurden mit Sand eingedeckt. Die unschönen Plastikabdeckungen erweisen sich nun als Falle. Der Sand legt sich darauf nieder. Verfinstert die ganze Plantage und wenn das Plastik reißt, fallen kiloweise Sand runter und zerstören die Pflanzen.

Vulkaninformation Mittwochabend

21:10 Letzte Info für heute hoffe ich. Der Vulkan hat wieder einen anderen Rhythmus angenommen. Das Magma ist wieder flüssiger, die Explosionen sind weniger. Eine gewisse Ästhetik kann man dem Kegel mit seiner laufend ausgestoßenen Lava nicht absprechen. Aber die Erinnerung an das viele Leid, welches er schon verursachte, lässt diesen Gedanken gleich wieder verblassen.

Heute Nachmittag hat sich die Dynamik einmal mehr verändert. Es sieht so aus, dass nun vermehrt Lava über die Südseite der Montaña Rajada vor dem Fußballfeld Las Manchas runterfließt. Der Abfluss von Lava auf der Nordseite der Montaña Rajada hat sich deutlich verlangsamt. Das könnten gute Nachrichten für Todoque sein. Der Lavastrom stoppte praktisch wie in Abb. 4.6 (S.57) ersichtlich an der Hauptstraße. Das Restaurant Altamira und dessen Außenbereich sind aber zerstört worden. Wenn sich diese Lavazunge nicht mehr weiter bewegt, könnte sie sich auskühlen, was die Rettung für den Dorfkern und die Kirche bedeuten könnte. Schlechte Nachrichten aber für den Bereich südlich der Montaña Rajada, den Friedhof Las Manchas, die Solaranlage und weitere Häuser in diesem Bereich.

4.2. - Woche 1 (20. - 26. September)

Abb. 4.5. Rest. Altamira ◊   **Abb. 4.6.** Zentrum Todoque 22.9. ◊

Donnerstag 23. September

Vulkaninformation Donnerstagmorgen

09:10 In der letzten Nacht war der Vulkan etwas ruhiger. Er schleudert wieder Material sehr weit in die Höhe, die Explosionen waren deutlich schwächer. Gestern Abend gab es einen Rumpser, welcher sogar in Los Llanos Fensterscheiben erzittern ließ. Der Vulkan könnte den Namen „Tajogaite" erhalten, nach dem alten Flurnahmen der Benahoaritas dieses Gebietes. Anderer Name im Spiel ist. „Cabeza de Vaca"

Die Abb. 4.7 (S.59) von OpenStreetMap ist offensichtlich sehr aktuell. Der Vulkan und die zwei Lavafelder sind eingetragen und entsprechen den Meldungen, die ich gestern erhalten habe.

In El Paso ging in der letzten Nacht auch viel Asche runter. Alles ist mit feinem schwarzem Sand bedeckt, der in Tacande 1-2 mm dick ist. In Las Manchas wurden gestern bereits gebietsweise Höhen von über 30 cm gemeldet.

Die Straße von Tazacorte nach Puerto Naos ist nicht verschüttet. Gewerbetreibende können heute mit Polizeibegleitung persönliche Dinge abholen. Es wird ein Aufenthalt von 15 Minuten gewährt. Wer nach Puerto Naos muss, soll sich beim Fußballplatz in Tazacorte einfinden. Mehrere Fahrzeuge werden zusammengefasst und begleitet. Derzeit gibt es schon einen Stau.

Luftraumsperrung

13:15 Per sofort wird der gesamte Luftraum von La Palma für Gleitschirmpiloten und Drohnen gesperrt. Bei ersteren mache ich mir keine Sorgen. Das Hauptfluggebiet ist im Moment eh gesperrt, aber bei den Drohnenpiloten bin ich mir nicht ganz sicher, ob die das Verbot einhalten. Vorgestern Nacht ist sogar eine Drohne neben meinem Haus abgestürzt. Heute sind die Teile verbreitet und die Ausbildung zum Teil nicht vorhanden oder sehr lückenhaft.

Vor paar Minuten ist der spanische König Felipe VI in einem Superpuma vorbeigeflogen, um sich ein Bild der Lage zu machen.

Ob die Sperrung für Drohnen einen Zusammenhang mit dem Besuch hat, weiß ich nicht. Wahrscheinlich nicht, sonst wäre die Sperrung gestern bekanntgegeben worden, nicht heute.

Wohnmöglichkeit

Ein super hilfsbereites Paar hat einige leerstehende Wohnungen in Tijarafe und Tazacorte der Gemeindeverwaltung von Tijarafe gemeldet. Falls Sie das Haus verloren haben und eine Unterkunft suchen, melden Sie sich dort.

Telefon oder WhatsApp 605 96 45 06.

4.2. - Woche 1 (20. - 26. September)

Vulkaninformation Donnerstagnachmittag

15:41 Die Lava fließt mehrheitlich südlich der Montaña Rajada und dann nördlich um die Montaña Cogote herum, Abb. 4.8 (S.59). Die große Solaranlage und die westlich davon gelegenen Häuser hat sie verschont. Die Lava vom neuen Fluss #2 fließt gemäß ElTime mit rund 4 m pro Stunde und ist noch 1,48 km von Todoque entfernt. Das würde aber bedeuten, dass sie zum Erreichen von Todoque 15 Tage braucht. Da scheint was nicht aufzugehen, denn sie wird von Beobachtern als deutlich schneller als der Lavafluss #1 bezeichnet.

Wenn sich die zwei treffen, könnte das erneut eine große Gefahr für den Dorfkern von Todoque darstellen.

Der Vulkan macht auch heute andere Geräusche. Deutlich weniger explosiv, aber er stößt Unmengen von Asche aus. Dazu sieht man, dass sehr große Lavateile mit unglaublicher Geschwindigkeit in die Luft geschleudert werden. Vulkanologen haben heute von Überschallgeschwindigkeit gesprochen. Das Biest hat bisher 350 Häuser zerstört.

(Den Namen Biest, den ich hier zum ersten Mal verwendete, werde ich noch viele Male gebrauchen).

Abb. 4.7. Karte 22.9.   **Abb. 4.8.** Lavaflüsse 23.9.◊

Freitag 24. September

Vulkaninformation Freitagmorgen

11:20 Der Vulkan ist immer noch aktiv. Die letzte Nacht war er etwas ruhiger, die Aschewolke ist aber sehr hoch. Der Wind in der Höhe weht schwach aus NW und ein Teil der Asche wird nun in Richtung La Gomera verfrachtet. Es scheint, dass sich die Eruptionszone verbreitert hat und so etwas Druck vom System genommen wird. Die Verformung der Oberfläche ist seit gestern stabil. Es fließt offensichtlich gleich viel Magma ein, wie als Lava und Asche ausfließen kann. Zwischendurch gibt es aber wieder starke Explosionen. Dazu habe ich zwei Erklärungen erhalten: Erstens kann es sein, dass visköseres Material einfließt, was zu einem Rückstau führt, der sich dann explosionsartig auflöst, oder zweitens es kann sein, dass ab und zu unterirdisch Wasser in das Magma gelangt, welches sich dann explosionsartig ausdehnt und die Lava schlagartig ausstößt.

Der gesamte Luftraum wurde für private Drohnen gesperrt. Ich kann deshalb ab sofort auf deutlich weniger Bildmaterial zurückgreifen, um laufend Lageberichte zu erstellen. Ein Drohnenpilot, welcher gutes Bildmaterial lieferte, wurde gebüßt, die Drohne konfisziert.

Ein Hausbesitzer aus Todoque hat heute morgen gemeldet, dass sich der zweite Lavastrom verlangsamt hat.

Ein weiteres Problem, was auf uns zukommt, ist der Vulkantourismus. Personen die kurzfristig anreisen, vielfach im Mietauto übernachten und kaum Geld hier lassen. Ich habe gelesen, dass am Wochenende mindestens 1.500 Personen anreisen werden, die dann wahrscheinlich einmal mehr die Straßen verstopfen. Für Personen an der Evakuationsfront wie zum Beispiel der Echedey ist es vielleicht besser, den Einkauf heute zu erledigen. Ja, das hat uns leider auch noch gerade gefehlt!

4.2. - Woche 1 (20. - 26. September)

Vulkaninformation Freitagmittag

14:00 Das neue Boletín ist publiziert worden. Was wir bereits hören, dass die Eruptionen anhalten und stark sind, wird darin noch einmal geschildert. Es könne nicht ausgeschlossen werden, dass im Umkreis von 3 km Fensterscheiben zerstört werden. Saurer Niederschlag wird für die nächsten 24 h ausgeschlossen. Weil die Vulkanasche sehr fein ist, sollten die Atemwege geschützt werden. Die Behörden empfehlen FFP2 Masken. Die Asche ist nicht giftig. Die Aschewolke steigt bis auf 6 km Höhe und der Wind trägt sie bis nach La Gomera. Auch dort wurden Masken empfohlen, chirurgische.

Weiter schreiben die Vulkanologen, dass sich der erste Lavafluss nur noch sehr langsam bewegt, mit 1 m pro Stunde. Der zweite leicht südlich gelegene Lavafluss bewegt sich mit 13 m/h und soll sich im Tagesverlauf auf 12 m/h verlangsamen. Die Deformationen der Oberfläche haben sich stabilisiert.

Aufgrund der Höhe der Lavaflüsse muss an deren Spitze damit gerechnet werden, dass sich große Brocken lösen können und unvermittelt wegrollen. Der Aufenthalt in einem Umkreis von 2,5 km sollte vermieden werden. Für letzteres sorgen ja die Evakuationen. Wenn Sie auf La Palma sind, bleiben Sie wachsam und befolgen Sie die Anweisungen der Behörden.

Der Flughafen ist seit heute morgen 8 Uhr nicht mehr angeflogen worden. Binter teilt mit, dass im Moment alle Flüge sistiert sind. Das ist insofern gut, als dass wir über das Wochenende nicht noch mehr Gaffer bekommen.

Tacanade wird evakuiert

15:20 Ich kann leider im Moment nicht mehr weiter berichten, Tacande und Tajuya werden evakuiert. Bitte befolgen Sie die Mitteilungen der Behörden.

4. Blog: September 2021

Evakuation

21:50 Wir sind in Puntagorda bei Freunden in Sicherheit. Angenehme Ruhe, eine Nacht ohne Explosionen :-) Heute Nachmittag gab es ein kleines Chaos bei den Behörden, weil zuerst ein „Confinamiento" also ein Einschließen (Lock-Down) angeordnet wurde, was soviel bedeutet wie im Haus bleiben. Aber nur Minuten später musste die Evakuation befohlen werden. Beide Pressemitteilungen kamen praktisch gleichzeitig raus, was dann Unsicherheit bewirkte. Die Explosionen im Krater haben einen weiteren Schlund am Vulkansockel geöffnet, aus welchem plötzlich schnell und viel Lava ausfloss. Weil die Entwicklungen so dynamisch waren und die Explosionen extrem heftig, konnte nicht mehr ausgeschlossen werden, dass Lavabrocken auch über die festgelegten 2,5 km fliegen und damit war die Evakuation notwendig. Das Ganze kam sehr schnell. Die Polizei hat uns gerade 5 Minuten gegeben, um das Haus zu räumen. Zum Glück waren wir vorbereitet.

Ich habe nun das „Feldbüro" eingerichtet, bin aber natürlich nicht mehr nah dran und muss mich in Bezug auf die weitere Berichterstattung wieder einlesen. Wenn heute Abend nicht noch was spezielles passiert, belasse ich es dann mit diesem Bericht.

Samstag 25. September

Vulkaninformation Samstagmorgen

08:26 Die Explosionen von gestern haben dazu geführt, dass sich das eine Loch westlich des Vulkans mit dem oberen Schlund verbunden hat. Die Lava fließt nun aus diesem erneut nach Westen, zuerst über den ersten Lavafluss und nun eventuell etwas nördlich von diesem. Hier bin ich mir noch nicht ganz sicher, da diese Information aus dritter Hand kommt. Die Lava ist aber südlich des Callejón de La Gata, dem Industriequartier.

4.2. - Woche 1 (20. - 26. September)

Das Problem im Moment ist die hohe Geschwindigkeit der Lava die damit erneut Todoque bedroht. Ab und zu hören wir die Eruptionen sogar in Puntagorda. Das „Ding" zeigt am Tag 6 noch nicht die leisesten Zeichen von Altersschwäche.

PEVOLCA hat angekündigt, dass die gestern evakuierten Personen von Teilen aus Tacande erst wieder nach Hause dürfen, wenn es sicher sei. Das heißt, wir wissen noch gar nichts.

Die Evakuation verlief rasch und die meisten der 200 Evakuierten fanden wie wir private Unterkünfte. Ein paar Gehbehinderte und betagte Personen hat man in die Kaserne El Fuerte in Sta. Cruz gebracht. Wenige weitere in ein Hotel in Fuencaliente. In der Kaserne ist die Betreuung durch das Rote Kreuz sichergestellt.

Die Bilanz ist bereits jetzt verheerend: 420 Häuser und 191 ha Land wurden schon zerstört.

Vulkaninformation Samstagmittag

13:25 Westlich vom ursprünglichen Krater hat sich ein weiterer Vulkan gebildet. Gemäß einem Bericht von RTE soll die Montaña Rajada ausgebrochen sein. Die Information scheint mir plausibel, ist aber eine weitere schlechte Nachricht für den Dorfkern von Todoque. Die ausfließende Lava hat sich offensichtlich kaum verlangsamt. Wo sie derzeit genau steht, kann ich noch nicht sagen.

(Später stellte sich heraus, dass es sich um eine Falschmeldung handelte und die Montaña Rajada nicht ausgebrochen war).

PEVOLCA hat sich noch nicht gemeldet. Sie wollten ein weiteres Boletín erarbeiten und mitteilen, ob die gestern in Tacande evakuierten Personen wieder zurück in ihr Haus können, oder zumindest kurz nach dem Rechten schauen dürfen. Man vergisst trotz Checkliste doch einiges wenn man in 5 Minuten das Haus verlassen muss.

4. Blog: September 2021

Die evakuierten Gebiete sind derzeit abgeriegelt. Überall Polizeikontrollen und wenn Gebiete kurzfristig zugänglich gemacht werden, muss eine Residencia vorgezeigt werden.

Pressekonferenz

Heute um 13:30 Uhr wurde eine Pressekonferenz abgehalten. Die Zusammenfassung:
Evakuierte Menschen können heute nicht zurückkehren. Morgen gibt es eine neue Beurteilung. Neue Lava floss in 12 Stunden 1 km weit, verlangsamt sich aber dramatisch auf ca. 30 m/h. Der erste Lavastrom ist vollständig zum Stillstand gekommen. Die Seismizität ist geringer als zu Beginn. Die Luftqualität ist gut. Entgegen Gerüchten im Netz schließen die Experten sauren Regen kategorisch aus.

Der Niederschlag in Form von feinem Sand (Pyroklasten) ist nicht giftig, kann aber Lungen und Augen irritieren. Es wird erneut darauf hingewiesen, dass bei Arbeiten mit dem Sand unbedingt FFP2 Maske und Schutzbrille getragen werden sollen.

Vulkaninformation Samstagabend

21:20 Der vulkanische Tremor hat sich heute Nachmittag stark verringert. Das ist die gute Nachricht, denn damit sind auch die Explosionen plötzlich deutlich weniger geworden. Aber nun um 21:10 Uhr kommen bereits wieder Meldungen rein, dass sich was verändert hat. Es ist durchaus möglich, dass im Moment wieder ein Teil des Kraters eingestürzt ist, oder sich ein neuer Schlund aufmachte. Wir werden die Situation weiterhin beobachten müssen, es ist alles extrem dynamisch.

Derweil habe ich gesehen, dass sich die Lava am Camino Vinagrera, auf dessen Südseite, über die Straße gewälzt hat. Das ist derzeit die nördliche Begrenzung der verschiedenen Lavaströme und alles kommt schon sehr nah an die Industriezone. Ich kenne das Gebiet gut, konnte aber in einer ersten Analyse das Bild nicht mehr einordnen, so stark hat sich die Gegend verändert.

Die Vulkanologen erklären indessen, dass das alles normal sei für eine Vulkanausbruch vom Typ Stromboliano. Wenn man die Bevölkerung fragt, findet das gerade keiner normal, nicht einer, und etwas mehr Sensibilität in der Sprache würde auch in der Wissenschaft manchmal nicht schaden.

Sonntag 26. September

Vulkaninformation Sonntagmorgen

09:25 Die Explosionen von gestern Abend haben in der Nacht nachgelassen. Aber wir wissen bereits, dem Biest ist nicht zu trauen. Immer noch fließt viel Material raus. Die Veränderungen der Landschaft sind dramatisch. Gestern wurde mir ein Bild unserer Meteo-Club-Bodega zugestellt. Es dauerte einen Moment, bis ich begriffen habe, dass das wirklich der Camino Vinagrera ist. Die Bodega steht noch, auf der Straße südlich davon befindet sich ein Lavaberg von rund 10 m Höhe.

Mir fehlt durch die Distanz und durch den verbotenen Drohnenflug ein Teil des Materials, um genauere Aussagen zur Lage der Lavaflüsse zu machen. Wenn ich im Tagesverlauf mehr Informationen aufarbeiten kann, werde ich natürlich berichten.

Wir nehmen an, dass heute eine weitere Sitzung stattfindet und wir im Verlauf des frühen Nachmittags wissen, ob wir zurück in unsere Haus fahren können.

Derweil sind fast alle Straßen mit feinem Lavasand bedeckt. Es ist empfehlenswert mehr Sicherheitsabstand einzuhalten, denn dieser Sand kann bisweilen rutschig werden.

4. Blog: September 2021

Vulkaninformation Sonntagabend

Ich bin um 13:30 Uhr wieder bei mir zuhause angekommen. Die rund 200 Personen aus Tajuya und Tacande, welche am Freitag evakuiert wurden, durften zurück. Nun bin also wieder in der unfreiwilligen ersten Linie und noch am Einrichten. Die Explosionen sind weniger stark wie am Freitag, als wir evakuieren mussten.

Der Vulkan hat einen Seitenkrater gebildet, aus welchem extrem flüssige Lava fließt. Diese hat sich einen neuen Weg nördlich des Lavastroms #1 gebahnt und die Situation in Todoque selber schnell und dramatisch verschlechtert. Leider muss ich berichten, dass vor kurzer Zeit auch die Kirche von Todoque eingestürzt ist (QR-Code S.354). Es ist unglücklicherweise mit dieser Entwicklung damit zu rechnen, dass ein beachtlicher Teil von Todoque zerstört wird.

Das muss ich nun einfach so stehen lassen. Es fällt zunehmend schwer, permanent schlechte Nachrichten zu überbringen.

Danke

Hier ein Dankeschön für die vielen Mitteilungen, die ich auch per Mail erhalten habe. Ich lese zwar alle, kann aber im Moment unmöglich alle beantworten. Täglich wird der Blog von 2.000 - 3.000 Leuten gelesen und mein Fokus wird weiterhin dahin gehen, Informationen zu beschaffen, aufzuarbeiten, zu prüfen und wenn möglich realistisch und ehrlich zu liefern. Im Moment ist es mir aber nicht mehr möglich alle Mitteilungen zu beantworten. Ich bitte um Verständnis. Besten Dank dafür. Es ist gut zu spüren, dass man in der Katastrophe nicht alleine ist.

Es gibt aber auch ein Danach, ein Wiederaufbau. Wir wissen noch nicht, wann das ist, es wird aber kommen. Dann brauchen wir die La- Palma-Fans. Dann brauchen wir dich! Sobald die Situation sicher ist, die Infrastruktur wieder funktioniert, dann brauchen wir die

Besucher! Kommt dann wieder nach La Palma in den Urlaub. Alle kleinen Geschäfte haben extrem gelitten. Ein Ausbleiben dieser Unterstützung würde uns noch härter treffen. Ab wann das ist, werdet ihr natürlich auch hier erfahren.

Weitere Häuser zerstört

22:10 Erbarmungslos hat der dritte Lavafluss eingesetzt und wie gemeldet die Kirche von Todoque vernichtet. Die Lava fließt mit recht großer Geschwindigkeit weiter in Todoque runter und wird auf ihren schrecklichen Weg noch weitere unzählige Häuser zerstören. Der Horrorfilm geht weiter, jeden Tag neues Leid.

Auch unser geliebtes Restaurant, die Bar Timaba auf dem Kirchplatz in Todoque, wurde dem Erdboden gleichgemacht. Die Wirte haben alles verloren und suchen dringend ein Haus oder Apartment für drei Personen mit Hund. Wenn ihr meine Nachrichten schätzt, ist das der Moment etwas zurückgeben zu können:

Aktiviert eurer Netzwerk! Wenn ihr was habt, sendet mir eine Information und ich übermittle euch die Telefonnummer von Manuela!

4.3. - Woche 2 (27.9. - 3. Oktober)

Montag 27. September

Vulkaninformation Montagmorgen

07:57 Guten Morgen. Auf La Palma wird es langsam hell. Nachdem der Vulkan gestern Abend sehr aktiv war und extrem heiße (ca. 1.200°C) flüssige Lava ausfloss, hat er sich nach Mitternacht deutlich beruhigt. Ich traue dem Biest aber nicht. Das wird wahrscheinlich eine Siesta sein, bevor er wieder erwacht.

4. Blog: September 2021

Bereits überall mitgeteilt, trotzdem noch einmal: Es ist möglich, dass die Lava das Meer erreicht. Es ist sehr viel, sehr flüssiges Material ausgeflossen und immer noch auf dem Weg nach unten. Auch wenn es sich oben beruhigt, das Material fließt weiter über mehrere Kilometer nach unten. Wenn die Lava mit dem Meerwasser in Kontakt kommt, dann können sich toxische Gase bilden. Deshalb haben die Behörden einen Lock-Down für folgende Gebiete in Tazacorte angeordnet: San Borondón, Marina Alta, Marina Baja und La Condensa. Diese Maßnahme gilt bis auf Widerruf.

Spenden

Es sind verschiedene Spendenaufrufe publiziert worden, auch private. Diese Spendenaufrufe sind gutgemeinte Initiativen, der Initiant muss sich aber bewusst sein, dass dies schnell auch steuerliche Probleme für die Privatperson mit sich bringen kann. Wenn die Buchhaltung nicht lückenlos und lege artis geführt wird, werden plötzlich Steuern auf bereits verteiltes Geld fällig. Ich überlasse das den Profis und das beste ist, diese Spenden zu zentralisieren, bei den Gemeinden und offiziell angemeldeten Vereinen wie dem Tierschutz.

Ich werde mich heute unter anderem diesem Thema widmen und dann offizielle Kontoinformationen publizieren.

Spenden für Tierschutzorganisationen

Die Kontonummern für Spenden an die Gemeinden, welche dann den Direktbetroffenen zugute kommen, muss ich noch recherchieren. Hier die Kontonummern verschiedener Tierschutzorganisationen auf La Palma:

UPA La Palma:
Bizum 654 344 916
Konto: ES05 0073 0100 5805 0610 7955

Benaware:
Bizum: 699 627 943
Konto: ES96 2100 7104 0002 0005 0887

Aanipal:
Bizum: 670 696 329
Konto: ES35 2038 7294 0460 0014 2897

Erneut leichte Beben

08:45 Immer noch ist relative Ruhe am Vulkan, aber nicht in der Erde. Die leichten Erdbeben haben sich wieder nach Süden verzogen und finden nun konzentriert im Bereich oberhalb der Eremita Sta. Cecilia, an der Montaña Negra statt. Die Tiefen liegen bei praktisch allen Beben bei 10 - 14 km, also weit unter dem Sockel der Insel, Abb. 4.9 (S.71).

Weitere Spendenkonten

Cabildo de La Palma:
Bizum 03747
ES47 2100 9169 0122 0017 9456
BIC/Swift: CAIXESBBXXX
Concepto: Donación volcán
Destinatario: Cabildo de la Palma

Ayuntamiento de El Paso:
CAIXA: ES26 2100 7109 3122 0015 5652
Cajasiete: ES57 3076 0480 6710 0761 6723
Angabe der NIE, Name Vorname. Concepto Aportación Erupción Volcánica

4. Blog: September 2021

Ayuntamiento de Los Llanos de Aridane:
Bizum: 03749
ES06 2100 1921 1902 0014 1752
CAIXESBBXXX
Concepto: Donación vulcán La Palma
Destinatario: Ayuntamiento de Los Llanos de Aridane

Vulkaninformation
Was wir heute morgen schon gesehen haben, wird auch von den Messungen bestätigt. Die Vulkanaktivität ist auf einen Schlag drastisch zurück gegangen. Es haben sich aber wie schon geschrieben weitere Erdbeben ereignet. Die Vulkanologen gehen davon aus, dass diese Beben durch das Wiederaufladen der Magmakammer zustande kommen. Die Ruhe wird deshalb höchstwahrscheinlich nur von kurzer Dauer sein.

Vulkaninformation Montagmittag

11:10 Wie zu erwarten war, hat sich der Vulkan wieder mit einer hohen schwarzen Aschewolke aus der kurzen Siesta zurückgemeldet. In Tacande riecht es im Moment stark nach Schwefel, stärker als an anderen Tagen. Das liegt auch daran, dass der Wind fast eingeschlafen ist.

In Abb. 4.10 (S. 71) habe ich die Karte von Open Street Map kopiert. Sie entspricht genau dem Bild, was eine Drohne heute morgen gemacht hat. Jemand ist offensichtlich aktuell am Geschehen dran und aktualisiert die Karte laufend. Sie ist damit aktueller als offizielle Satelliteninformationen von Sentinel, die 12 bis 24 h Verzögerung aufweisen.

4.3. - Woche 2 (27.9. - 3. Oktober)

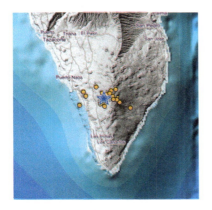

Abb. 4.9. Bebenkarte 27.9.

Abb. 4.10. OpenStreetMap 27.9.

Binter

Binter hat heute Morgen informiert, dass sie ab 13 Uhr den Flugplan nach La Palma wieder aufnehmen. Wenn sich die Situation nicht verschlechtert, wollen sie zum normalen Flugplan zurückkehren. Laut dem Wetterbericht vom Flughafen (METAR) wird immer noch Vulkanasche (VA) gemessen:

GCLA 271100Z 02011KT 360V060 9999 VA BKN026 26/20 Q1022

Übersetzung:

La Palma, 27. des Monats 11h UTC, Wind 20° 11 kn, variabel aus 360° bis 60°, Vulkanasche, 5-7/8 bewölkt auf 2.600 ft Temperatur 26°C, Taupunkt 20°C, Luftdruck (QNH) 1.022 hPa

LP-3 für Reinigung zeitweise geschlossen

13:23 Die LP-3, welche Osten und Westen verbindet, wird zeitweise für Reinigungs- und Unterhaltsarbeiten geschlossen. Dauer unbestimmt. Planen Sie für die Fahrt in den Osten / Westen genügend Zeit ein.

4. Blog: September 2021

Drohnenvideo

15:30 Die Gemeinde Los Llanos hat um 14:10 Uhr ein Video eines Drohnenfluges über die Lavafelder publiziert, über das man sich einen Überblick beschaffen kann. Es ist über den QR-Code auf S. 354 abrufbar.

Vulkaninformation Montagabend

18:10 Seit heute Morgen um 07 Uhr haben sich keine nennenswerten Beben mehr ereignet. Auch hat sich der Bengel in unserem Garten wieder etwas beruhigt. Schon seit sicher zwei Stunden gibt er keinen Ton von sich. Nur etwas Rauch steigt auf. Auch die Seismizität hat sich stark verringert. Die Vulkanologen sind wie immer vorsichtig. Wenn ich in dieser Krise was gelernt habe ist es, dass Vulkanologen genau wissen, was passiert ist. Sie haben eine gute Idee von der Gegenwart, sind aber miserable Prognostiker. Wenn sie nach Morgen gefragt werden, lassen sie alles offen. Die Erdbeben können aber darauf hinweisen, dass sich eine geleerte Magmakammer wieder auffüllt. Wir werden sehen.

Teile von Tazacorte sind immer noch in einem Lock-Down. Diesen hat man meiner Ansicht nach etwas früh ausgesprochen. Es geht darum, dass die Leute, falls Lava mit Meerwasser in Berührung kommt, im Haus sind. Das ist der gefährlichste Moment, denn es bildet sich Salzsäure. Diese wird mit dem Wasserdampf aufsteigen und kann lokal zu saurem Regen führen. Dann ist es besser, man ist im Haus. Die Lava stand aber heute Mittag noch knapp 2 km vor der Küste. Wenn sie überhaupt die Küste erreicht, dann dauert das sicher noch bis morgen.

Es ging noch das Gerücht herum, dass nun auch die Casas El Charco an der Hauptstraße in den Süden evakuiert worden wären. Korrekt ist, sie waren schon seit dem letzten Montag evakuiert. Weil aber im Süden kaum Kontrollen durchgeführt wurden, gingen die Einwohner einfach wieder zurück. Somit musste dann ein zweites Mal aufgefordert werden, die Häuser zu verlassen. Also keine erste Evakuation.

Dienstag, 28. September

Aktuelle Informationen

11:10 Nach dem erneuten Ausbruch des Vulkans, ich nenne ihn nun Tajogaite, dem alten Flurnamen bei der Montaña Rajada, hat er nicht mehr aufgehört. Er hat drei Eruptionspunkte. Aus dem höchstgelegenen auf dem Vulkankonus wird erneut eine enorme Menge an Vulkanasche ausgestoßen. Aus dem tiefsten auf der Westseite, fließt seit gestern Abend ununterbrochen extrem viel, sehr heiße und damit flüssige Lava aus. Diese hat den Zerstörungsprozess in Todoque fortgesetzt. Leider fehlen durch das Verbot Drohnenbilder. Die Behörden haben private Drohnenflüge verboten, haben sich damit aber auch eine Informationsverantwortung aufgebürdet, welcher sie nun in keiner Art und Weise nachkommen. Die Palmeros sind zu Recht sauer.

Die Aschewolke hat enorme Größe angenommen und wird im obersten Teil im Moment leicht in Richtung Flughafen verblasen. Binter hat für heute 13 Uhr die Wiederaufnahme des Flugverkehrs angekündigt. Das könnte aber erneut verschoben werden. Die Voraussage der Höhenwinde ist etwas günstiger. Sie sollen im Tagesverlauf die Asche dann nach SW also in Richtung El Hierro blasen.

Leider hat sich auf rund 500 m eine starke thermische Inversion gebildet. Eine Luftschicht, in welcher die Temperatur mit zunehmender Höhe wieder zunimmt. Der Rauch, welcher sich in Todoque durch die Lavaflüsse bildet, kann nicht nach oben entweichen und verteilt sich deshalb unterhalb 600 m im ganzen Aridanetal. Auch in Tacande roch es plötzlich nach Feuer. Am besten Fenster und Türen geschlossen lassen.

4. Blog: September 2021

Ich habe Anfragen aus Deutschland erhalten, wie man nach einer Spende eine Spendenbescheinigung erhalten kann, die vom deutschen Finanzamt akzeptiert wird. Ich werde die Angelegenheit heute mit Steuerberatern in Deutschland und im Anschluss daran auf der Gemeinde abklären und hier wieder berichten.

Vulkaninformation Todoque

11:35 Ich konnte ein Drohnenvideo von heute Morgen auswerten und habe in Abb. 4.12 (S.74) den ungefähren Stand der zwei Lavaflüsse in Todoque eingezeichnet. Die Situation ist nach wie vor sehr dynamisch und die Lava fließt rasch weiter.

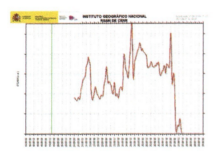

Abb. 4.11. Seismizitaet 27.September

Abb. 4.12. Lava in Todoque am 28. September

Großfeuer in Todoque

12:10 Im südlichen Teil von Todoque ist ein großes Feuer ausgebrochen. Wie bereits geschildert, verhindert die Inversion, dass der Rauch entweichen kann. Die Inversion ist im Moment auf rund 700 m. Wenn Sie im Westen unter 700 m wohnen, schließen Sie vorsichtshalber alle Fester und Türen dicht ab.

4.3. - Woche 2 (27.9. - 3. Oktober)

Open Street Map

12:30 Ein Link von Open Street Map finden Sie mit QR-Code auf S.354. Die Karten sind nicht ganz aktuell, kommen der Wirklichkeit aber extrem nahe. Erstaunlich, wenn man an unsere derzeitige große Dynamik denkt. Herzlichen Dank an das Team, welches sicher in freiwilliger Arbeit alle Informationsquellen auswertet!

Pressekonferenz

15:20 Die Pressekonferenz hat nichts ergeben, was wir nicht schon wussten. Der Direktor der PEVOLCA wird nicht müde von guter Luftqualität zu sprechen, räumt aber nach Nachfragen von Journalisten ein, dass das von mir gemeldete Feuer mindestens Ammoniak freigesetzt hat. Wahrscheinlich ist ein Düngerlager in Brand geraten. Dies würde das große Feuer und den Ammoniak erklären. Ich glaube, das beste ist die eigene Nase. Wenn es draußen stinkt, dann schließen Sie Türen und Fenster. Im Moment ist die Luft in El Paso wieder deutlich sauberer. Für die Bürger, welche in einigen Barrios in Tazacorte zu Hause bleiben müssen, hat sich nichts verändert. Die Begründung seit zwei Tagen ist die, dass lokal beschränkt giftige Gase (Salzsäure) entstehen könne, wenn die Lava mit Salzwasser in Berührung kommt. Auf die Frage, ob und wenn ja wann die Lava am Meer sei, konnte er nicht antworten, es gebe keine wissenschaftliche Grundlage und Daten, um diese Frage zu beantworten.

Ich persönlich erachte diese „Confinamiento"-Geschichte von Tazacorte als übertrieben. Klar ist San Borondón nur 1,7 km von einer möglichen Wasserberührung entfernt, man kann die Menschen aber sensibilisieren und im Notfall ins Haus bitten. Die Lava fließt im Moment mit 300 m pro Stunde, das lässt für eine Information der Bevölkerung, wenn es denn gefährlich werden würde, genügend Zeit.

Die Lava hat nun auch die Südflanke der Montaña Todoque erreicht und war um 14 Uhr gemäß Pressekonferenz am Camino Pampillo.

4. Blog: September 2021

Alle Regionen im Umkreis von 2,5 km zum Vulkan bleiben evakuiert. In einem Umkreis von 5 km muss man damit rechnen, dass bei Explosionen Fenster kaputt gehen könnten. 5 km bedeuten vom Vulkan bis Montaña La Laguna, das Wasserbecken Dos Pinos und ganz El Paso.

Spenden

Die Spendenkonten habe ich Ihnen ja bereits mitgeteilt. Bleibt noch die Frage nach der Spendenbescheinigung.

Die Antwort muss leider folgendermaßen zusammen gefasst werden:

„Die Zahlungen an das Cabildo oder an ein Ayuntamiento sind in Deutschland steuerlich nicht abziehbar."

Für kleinere Spenden wird das keine Rolle spielen. Sie werden wohl kaum € 50 oder 100 dem Finanzamt vorlegen. Für größere Spenden könnte der deutsche Bürger in Deutschland eine Stiftung finden, die das Projekt auf La Palma unterstützt und das satzungsgemäß auch darf. Wir klären solche Möglichkeiten weiter ab. Falls ein Leser eine solche Stiftung kennt, soll er sich doch bitte bei mir melden.

Vulkaninformation Dienstagabend

22:30 Die Lava hat auf ihrem zerstörerischen Weg noch mal an Geschwindigkeit zugelegt und sich einen neuen Weg gesucht. Sie floss heute schneller auf der Südseite der Montaña Todoque runter und hat kurz nach Sonnenuntergang die 5. und letzte Verbindungsstraße in den Süden abgeschnitten. Puerto Naos wird für längere Zeit nur noch über Fuencaliente erreichbar sein. Es ist sehr gut möglich, dass die Lava im Bereich der Playa Nueva noch in dieser Nacht das Meer erreichen kann.

Puerto Naos hat nach wie vor Elektrizität, aber um 16:32 Uhr wurde offensichtlich die neue Glasfaserlinie getrennt. Unsere Wetterstation und Kameras liefern seit diesem Zeitpunkt keine Informationen mehr. Auf HD-Meteo sehen wir, dass alle Stationen im Einflussbereich des Vulkans nicht mehr funktionieren. Auch dieses vormals dichte Netzwerk ist eliminiert worden!

Mittwoch 29 September, Tag 10

Vulkaninformation Mittwochmorgen

08:30 Wie angenommen hat die Lava noch gestern die Küste erreicht und fließt nun in den Atlantik. Die groß angekündigten Explosionen und Giftgaswolken und was der Geier noch im Internet die Runde machte, sind ausgeblieben. Der Vulkan liefert immer noch sehr dünnflüssige Lava, die hauptsächlich aus dem Westschlund fließt. Es hoffen alle, dass mit dem Abfluss zum Meer die anderen Lavawalzen zum Stillstand kommen.
Es hat ein starker Passatwind eingesetzt, der die Asche nun in Richtung SW über evakuiertes Gebiet trägt. Das ist eine gute Nachricht für den Flughafen, der wahrscheinlich nun wieder angeflogen wird.

Mit dem Erreichen des Meeres hat die Lava nun auch die 5. und letzte Verbindung vom Valle in den Süden des Lavastroms unterbrochen. Es gibt nur noch die Alternative über Fuencaliente und die Polizei richtet nach letzten Informationen bereits ein Einbahnsystem ein. Irgendwas von beim Tennisclub runter und beim Mariposa hoch. Das Gebiet ist aber immer noch Sperrzone und kann nur ab und zu und sehr unregelmäßig mit Polizeibegleitung besucht werden.

In Puerto Naos ist die Wetterstation ausgefallen. Wir sind am Abklären, ob es in einem Teil des Ortes keine Elektrizität hat oder ob - was wahrscheinlicher ist - das neu verlegte Glasfaserkabel zerstört wurde. Die Station wurde eine Woche vor dem Vulkanausbruch an dieses kürzlich verlegte, moderne Netz angeschlossen. Auch in Puerto

Naos haben sich offensichtlich noch zwei letzte dort ausharrende Ausländer irgendwo verschanzt. Diese wurden gestern von der Polizei abgeführt.

(Sie kamen ihnen offensichtlich aufgrund von Fußspuren im Lavasand auf die Schliche).

Vulkanname

Die Presse schreibt meist der Vulkan Cumbre Vieja sei ausgebrochen. Manchmal wird auch noch der Name Cabeza de Vaca genannt.

Die Cumbre Vieja ist - wie jeder La-Palma-Kundige weiß - der Name des gesamten Vulkankomplexes vom Birigoyo bis Fuencaliente und Cabeza de Vaca ist auch ein Flurname und auch der Name der Piste, die durch das Gebiet des neuen Vulkans führt. Der alte Flurname des Gebietes östlich der Rajada ist indessen Tajogaite. So heißt auch der Ziegenkäse, welcher am Cabeza de Vaca produziert wird. Die meisten Palmeros, welche ich gefragt habe, sagen, der Vulkan müsse Tajogaite heißen, und ich werde diesen Namen benutzen, bis ein offizieller, eventuell anderer vergeben ist.

Wind

In der Nacht hat in El Paso bereits die Brisa eingesetzt. Diese ist stark und weht in Tacande mit bis zu 50 km/h. Sie hat sich jetzt bis auf Meereshöhe durchgearbeitet und fällt im Bereich vor La Laguna auf das Meer runter. Damit wird auch die Wasserdampfwolke der in den Atlantik fließenden Lava nach Westen auf das Meer getragen. Laut Prognose bleibt der Passat bis morgen früh noch stark.

4.3. - Woche 2 (27.9. - 3. Oktober)

Vulkaninformation Mittwochnachmittag

17:30 Die Lava fließt weiter in Richtung Meer. Der Vulkan hört nicht auf und Nachschub hat es gemäß den Vulkanologen noch genug. In kurzer Zeit hat die Lava nördlich der Playa Nueva ein neues Delta erschaffen. Wächst dieses noch weiter, bekommt die Playa Nueva vielleicht einen natürlichen Schutz gegen die Winterstürme, wo sich dann in einem Gebiet auch im Winter der Sand halten kann. Es ist aber auch möglich, dass der Strand durch tagelange Zufuhr von Lava verschüttet wird, das Meer ist in diesem Bereich nicht sehr tief.

Auf ihrem vernichtenden Weg hat die Lava 744 Gebäude zerstört, darin sind Wohnhäuser, Gewerbebauten, aber auch Ställe enthalten. Sie hat auch 476 ha Land unter sich begraben und nun alle 5 Straßenverbindungen in den Süden abgeschnitten. Die Küstenstraße ist im Moment nur rund 250 m breit verschüttet.

Gestern wurden auf La Palma an 6 verschiedenen Stellen weitere Messstationen für die Luftqualität installiert. Mit dabei seien Jedey, Los Llanos und El Paso. Ob man deren Daten live findet, muss ich noch in Erfahrung bringen.

Die Windverhältnisse sind gut, der Flughafen wird heute wieder angeflogen. Die erste Maschine der Binter landete um 13:30 Uhr. Maschinen mit Strahltriebwerken wurden immer noch nach Gran Canaria und Teneriffa umgeleitet. Am Flughafen wird Regen bei 25°C gemeldet.

Die Anordnung eines Lock-Downs für ein paar Gebiete südlich von Tazacorte hat international hohe Wellen geworfen. Heute musste ich in einer Live-Schaltung von „Die Welt" das Auftreten einer toxischen Wolke relativieren. „Die Welt" interviewte auch eine Pneumologin, die sagte, wie schädlich Salzsäure für die Lunge sei. Das ist so. Salzsäure ist schädlich für die Lunge. Nur diese entsteht nicht einfach bei Kontakt von heißer Lava mit Meerwasser. Salzsäure wird mit Schwefelsäure hergestellt. Um wiederum Schwefelsäure zu bilden, braucht es als Ausgangsstoff Schwefeldioxid. Dieses Gas kommt bei Vulkanausbrüchen häufig vor, wird aber auf dem langen Weg der Lava zum Meer auch in die Luft abgegeben. Messdaten müssen das noch belegen, aber ich erachte die so entstehenden Mengen mit dem Verdünnungseffekt der Luft (Borondón ist 3 km entfernt) als gering. Auch hier gilt: Wenn es stinkt Fenster, schließen und drin bleiben. Aber keine Panik verbreiten. Heute besteht eh keine Gefahr. Der Passat fließt bis zum Meer runter und bläst alles auf das Meer.

(Nachträglich habe ich gelernt, dass durch die große Hitze der Lava beim Kontakt mit Wasser in der Tat auch direkt geringe Mengen an Salzsäure entstehen können).

Der Passat wird noch die ganze Nacht über blasen. Die Windstärken werden sich morgen früh reduzieren. Eine Wetterprognose erarbeite ich später.

Drohnenbilder haben wir heute wegen dem starken Wind keine. OpenStreetMap hat die Karte mit den im Moment zur Verfügung stehenden Informationen nachgetragen.

Donnerstag 30. September

Vulkaninformation Donnerstagmorgen

09:30 Guten Morgen. Zuerst zur Lage: Der Vulkan ist nach wie vor sehr aktiv, der Lärm anhaltend. Heute Morgen eine Mischung aus Gewitterdonner und einem Düsenflugzeug. In der Dunkelheit konnte ich gestern Abend 4 Schlote ausmachen, heute morgen waren es noch drei. Der oberste Schlot stößt nach wie vor Vulkanasche aus. Der unterste, westliche Schlot, immer noch sehr flüssige Lava, die offenbar immer noch den gleichen Weg ins Meer nimmt. Nördlich der Playa Nueva hat sich ein Delta von mindestens 500 m Länge gebildet. In der Presse wird das Wort Delta verwendet, die Bezeichnung der Palmeros dafür ist aber „Fajana". Diese Fajana wächst im Moment in Richtung Playa Nueva, also in Richtung Süd.

4.3. - Woche 2 (27.9. - 3. Oktober)

Die seit vorgestern registrierten Beben im Bereich der Montaña Negra, (oberhalb Kirche Sta. Cecilia) halten an. Daraus resultieren wieder Spekulationen von einer möglichen Eruption in diesem Bereich. Ich erachte das im Moment als Science Fiction. Die Beben finden alle in einer Tiefe von 10-15 Kilometer statt, in einer Tiefe die 5 bis 7 Mal der Höhe von La Palma entspricht. Der Vulkanausbruch vom Tajogaite hat sich auch genau dort angekündigt. Wie wir wissen, sind die Beben dann langsam hochgestiegen und wanderten nach Nord, dorthin, wo sich jetzt der Vulkan befindet. Bei den Beben von einem neuen System zu sprechen, erachte ich deshalb als sehr gewagt. Dazu kommt: In der gestrigen Pressekonferenz wurde gesagt, dass sich die Verformungen stabilisiert haben. Das kann dahingehend gedeutet werden, dass sich Zu- und Abfluss des Systems in einem Equilibrium befinden und kein Druck für einen weiteren Vulkan aufgebaut wird. Wir beobachten deshalb weiter, ob diese Beben hochsteigen.

Gestern gab ich in „Die Welt" ein Live-Interview (QR-Code S.354). Die Presse stürzt sich auf den Vulkan und lässt in einer Endlosschleife Bilder vom Vulkanausbruch, von der Tsunami-Theorie und von möglichen Gasen über den Bildschirm laufen. Als ich auf die Frage nach den „giftigen Gase" beruhigend antwortete, dass der Wind stark aus Nordost bläst und damit im Moment der Rauch, der fast nur aus Wasserdampf bestehe auf das Meer getragen wird, sagte die Moderatorin: „...sagt Roger Frey", als ob die festgestellte Windrichtung eine Meinung wäre. Es zeigt aber: Viele wollen gar keine sachliche Information. Sie hätten lieber einen panisch schreienden, kurzatmigen und schwitzenden Typen in Schutzkleidung, die einer Atomexplosion entspricht, interviewt.

Der uneingeweihte Betrachter meint nicht zuletzt auch deswegen, La Palma würde gänzlich untergehen. Ohne das Leid der vielen Menschen, die ihr Heim verloren haben - man hat bis gestern 855 zerstörte Häuser gezählt - und den Umstand, dass alle leiden und im Moment in einer großen Unsicherheit leben, relativieren zu wollen, muss man auch ins Ausland kommunizieren, dass die große zerstörte Fläche von 476 ha bei einer Größe der Insel von 708,3 km^2 einen Gesamtanteil von 0,67 % ausmacht.

4. Blog: September 2021

Das Letzte was La Palma noch brauchen kann, ist ein langes Ausbleiben des Tourismus, nachdem der Vulkan erloschen ist und die Infrastruktur einigermaßen wieder läuft. Die Arbeit am Wiederaufbau beginnt eben jetzt schon mit angemessener, sachlicher und korrekter Information, auch wenn das dem Boulevard nicht so passt.

Wetterprognose

10:20 Im Moment ist der Wind noch günstig und weht aus NO, in El Paso als Brisa, die frische Luft zuführt. Im Verlauf des Nachmittags soll der Höhenwind ab 1.500 m langsam in Richtung SO drehen. Dies ist für das Valle eine ungünstige Windrichtung und es kann sein, dass die Asche dann wieder bis Los Llanos getragen wird. Wichtig wird dabei sein, ab welcher Höhe der Wind dreht. Die Prognosen geben genau 1.500 m an, die Höhe ist ausschlaggebend. Bläst der Passat auf dieser Höhe noch, dann wird das Tal über die Cumbre Nueva teilweise mit frischer Luft versorgt. Dreht die Windrichtung auch dort auf SO, dann eben nicht. Auch für heute: Selber beobachten, was abgeht. Wenn es zu stinken beginnt, ins Haus und Türen und Fenster schließen. Wie bereits mehrfach erwähnt: Die Asche ist nicht toxisch, die Kristalle sind aber sehr klein und trotzdem scharfkantig. Deshalb sollten Haut, Atemwege und Augen geschützt werden.
So, ich gehe mal mit den Hunden raus. Die brauchen wie ich Bewegung!

Urlaub auf La Palma

Eine viel gestellte Frage ist die nach Urlaub auf der Insel. Ob man den kommen soll, ob man gebuchten Urlaub verschieben soll und wie das die Palmeros sehen.

Während der Phase des aktiven Vulkans: Wenn Sie Urlaub im Norden oder Osten der Insel gebucht haben, können Sie diesen Urlaub auch antreten. Mit Ausnahme des evakuierten Gebietes, das

4.3. - Woche 2 (27.9. - 3. Oktober)

aber den Touristenort Puerto Naos einschließt, sind lokal kaum Einschränkungen zu erwarten. Sie müssen sich aber darauf einstellen, dass sich die Situation dynamisch verändern kann. Das heißt auch, dass die Anreise schwieriger werden kann, dass man unter Umständen nur mit dem Schiff aus Teneriffa an- und wieder wegreisen kann. Dazu kommt, dass man den Vulkan zeitweise auch im Norden als fernes, aber dann konstantes Donnergrollen wahrnehmen kann. Diese permanente Beschallung kann psychologisch herausfordernd werden.

Nach dem Vulkanausbruch: Sie sind herzlich willkommen. Das Schlimmste, was La Palma noch passieren kann, ist ein Wegbleiben der Touristen. Wenn Sie eine Unterkunft reservieren können, dann nehmen Sie keinem Palmero ein Bett weg. Erkundigen Sie sich aber vor Antritt einer Reise über den Zustand der Infrastruktur. Gibt es in dem Haus oder Apartment, wo Sie hinfahren, Strom und Wasser, wie sind die Zufahrtswege geregelt?

Derzeit, ich habe es geschrieben, sind alle 5 Verbindungsstraßen von Los Llanos in den Teil südlich des Lavaflusses unterbrochen. Puerto Naos ist nur über Fuencaliente erreichbar. Wie lange es dauert, mindestens eine Straße provisorisch wieder herzustellen, kann ich im Moment nicht beurteilen. Das wird aber dann ein zentrales Projekt sein.

Also lassen Sie bitte La Palma auf ihrer Urlaubsliste! Wenn sich die Lage beruhigt und stabilisiert hat, werden alle lokalen Geschäfte, Vermieter, Restaurants usw. alles geben, um ihren Urlaub so schön wie möglich zu gestalten! La Palma braucht dich!

Pressekonferenz

15:06 Hier die Zusammenfassung der PEVOLCA Pressekonferenz:

- Im Meer bildete sich ein 24 m tiefes, marines Lavadelta.

4. Blog: September 2021

- Bildung einer Wolke aus Wasserdampf und anderen (giftigen) Gasen im Kontaktbereich zwischen Lava und Meer.
- Ein Feld von Fumarolen wird beobachtet.
- Der aktive Lavastrom ist derjenige, der das Meer erreicht hat, Die anderen sind fast zum Stillstand gekommen.
- Möglicher Anstieg der explosiven Aktivität im Krater (strombolianische Phase).
- Die lokale Seismizität hält in dem Gebiet vom 11. September in einer Tiefe von mehr als 10 km an. Einige Erdbeben mit einer Stärke von mehr als 3,3 in den letzten Stunden.
- Tremor auf mittlerem Niveau. Gleichbleibend.
- Einige Stationen in der Nähe des Lavadeltas registrieren einen hochfrequenten Tremor, der mit dem Lavadelta zusammenhängt.
- Die Verformung zeigt ein stabiles Muster.
- Die SO_2-Emission sind hoch.
- Die Luftqualität ist eher schlecht. Die stündlichen Grenzwerte werden nicht überschritten.
- Hohe SO_2-Werte in Tazacorte.
- Der Geruch nach faulen Eiern und SO_2 ist auf die Gasfahne aus dem Lavadelta zurückzuführen.
- Die Rauchwolke stellt keine Gefahr dar. Sie wird überwacht.
- Im Umkreis von 1 km um die Gaswolke Gasmasken tragen.
- Achten Sie auf die Vorhersage der Entwicklung. Wenn die Rauchfahne über bewohntem Gebiet ist, bleiben Sie im Haus und schließen Sie Fenster und Türen.
- Wenn in Ihrem Gebiet Asche fällt, benutzen Sie im Freien eine FFP2 Maske und Augenschutz.

Ich habe die Windprognosen noch einmal angeschaut und es bleibt bei der heute Morgen gemachten Prognose. Die Luftsituation in Valle wird sich erst morgen Abend langsam verbessern.

4.3. - Woche 2 (27.9. - 3. Oktober)

Fehlerhafter Artikel in El Time

Der neueste Artikel in „ElTime", in welchem auf den Geruch von faulen Eiern hingewiesen wird, weist fundamentale Fehler auf. (Danke für den Hinweis Leser B.L. aus Tijarafe).

Dass die Masken FFP2 und nicht FPP2 heißen, fällt nicht besonders auf, aber seit Corona kennen wir die korrekte Bezeichnung.

Absolut wichtig: Diese FFP2 Masken schützen **nicht** vor den genannten Gasen. Das ist im Artikel völlig falsch dargestellt. Dazu brauchen Sie eine Gasmaske. Die FFP2 Masken schützen gut vor Staubteilchen der vulkanischen Asche.

Kleine Repetition der Chemie: Der Geruch nach faulen Eiern weist nicht auf SO_2 hin, sondern auf Schwefelwasserstoff H_2S.

Wer sich gegen die oben genannten Gase schützen muss, sollte folgende Filtermasken verwenden:

Schwefeldioxid: Filtertyp E (Farbkennung gelb)
Schwefelwasserstoff: Filtertyp B (Farbkennung grau)

Da es sich hier nicht um kleine Fehler handelt, weil sich Bürger plötzlich bei Gasentwicklung mit einer FFP2 Maske in falscher Sicherheit wiegen können, habe ich die Redaktion angeschrieben und um sofortige Korrektur gebeten.

Verhalten an Vulkanen

Die „ESKP" hat einen interessanten Artikel zum Thema „Umgang mit Naturgewalten - Verhalten an aktiven Vulkanen" publiziert. Der QR-Code dazu befindet sich auf S.355.

4. Blog: September 2021

Abb. 4.13. 30. Sept. 07:30 Uhr

5. Blog: Oktober 2021

Freitag 1. Oktober

Vulkaninformation Freitagmorgen

Gestern Nacht hat sich zuerst ein großer neuer Lavastrom kurz unterhalb des Gipfels gebildet. Morgens um 3 Uhr hat sich leider eine weitere Öffnung aufgetan. Diese liegt deutlich tiefer und weiter nördlich auf nur rund 760 m AMSL. Die Lagekarte seht ihr auf Twitter. Diese habe ich heute Morgen mittels eines mir zugesandten Videos ermittelt. Das ist keine gute Nachricht, denn es ist unklar, welchen Verlauf dieser neue Lavafluss nimmt. Das Industriegebiet Callejón de La Gata wird ihn nördlich begrenzen. Darunter ist ein Teil weniger besiedeltes Gebiet, bevor dann zwischen Todoque und La Laguna wieder deutlich mehr Häuser stehen. Die Lage bleibt dynamisch. Weil die neue Öffnung nun nur noch 2,5 km von meinem Haus entfernt ist, muss ich damit rechnen wieder - und vielleicht wie viele auch - für länger evakuieren zu müssen. Je nach dem, gibt es dann wieder weniger Nachrichten, Twitter ist wie immer am aktuellsten.

Falls jemand ein Haus im Norden, egal ob Ost oder West, zur Miete hat, zwei SZ zwei Hunde bitte PM, würde eines für paar Monate mieten, dann ist der Spuk sicher vorbei :-) Danke.

5. Blog: Oktober 2021

Privater Kontakt

Hallo liebe Leser,
ich möchte noch einmal darauf hinweisen, dass ich keine Zeit für private Mails betreffend Vulkan habe. Falls Sie mich auf Fehler in der Berichterstattung hinweisen, dann jederzeit. Auch wie gestern auf Fehler in lokalen Zeitungen, die zu korrigieren sind. Aber senden Sie mir bitte nicht weitere Informationen und verstopfen meine e-Mail. Ich analysiere alles vor Ort und wenn ich was nicht erwähne, heißt das nicht, dass ich das nicht weiß, sondern nur, dass ich es in der Fülle der Informationen nicht als so wichtig erachte, es im Blog zu schreiben.

Auch ist es nicht notwendig, mir seitenlange Abhandlungen in anorganischer Chemie zu senden. Ich bin zwar Gleitschirmfluglehrer, habe aber einen Abschluss in analytischer Chemie. Und die Tippfehler passieren, weil ich in der Fülle der Information einfach keine Zeit habe, alles nochmal Korrektur zu lesen.[1] Die Besserwisserei aus dem fernen Sofa in Sicherheit getippt ist vielleicht gut gemeint, beginnt mich aber echt zu nerven. Wenn das nicht aufhört, dann höre ich auf. Ganz einfach.
Claro da draußen? OK super, danke. :-)

Pressekonferenz

Die Pressekonferenz ist vorbei. Der technische Direktor der PEVOLCA ist leider nicht sattelfest. Er sprach von 10 %, vielleicht 8 % der Inselfläche, die betroffen sei. Dann hat er diese Zahlen wieder etwas relativiert und davon gesprochen, dass das Leben im Rest der Insel weiter geht. Bis auf die Zahlen ist das korrekt.

La Palma ist 708,3 km² groß. Gestern Donnerstag waren 476 ha betroffen.

---

[1] Im Buch sind die meisten Tippfehler korrigiert worden.

1 km² sind eine Million m²
1 ha sind 10.000 m²
476 ha = 4,76 km²

Daraus resultiert, dass 0,7 % der Insel betroffen sind. Ich will das nicht relativieren, es ist schlimm genug, aber einen Fehler um Faktor 10 sollte man in einer Pressekonferenz nicht machen.

In der Tat haben sich heute morgen um 2:30 Uhr zwei weitere Öffnungen aufgemacht, mit Distanz von 15 m zueinander, die rund 600 m weg vom ursprünglichen Vulkankonus sind. Sie befinden sich auf rund 760 m über Meer. Wer den Cabeza de Vaca kennt: unterhalb der großen Ziegenstallungen, die sich beim Hochfahren rechts der Straße befinden. Die Lava fließt extrem schnell und flüssig aus diesen zwei Schlünden und ist bereits in das Gebiet mit noch unversehrten Häusern eingedrungen. Der Fluss befindet sich nahe beim ersten Lavafeld, ob er sich mit ihm verbindet oder schon verband, kann ich nicht sagen. Mit dem Eröffnen des neuen Schlundes hat sich auch der vulkanische Tremor erhöht. Es seien bis jetzt 80 Millionen m³ Lava ausgeflossen.
Das neue Delta, welches sich nördlich der Playa Nueva im Meer bildete, ist bereits 450 m lang und soll eine Fläche von 27,7 ha aufweisen.

Die Gesundheitsbehörden bitten die Bevölkerung dringend, die Schutzmaßnahmen gegen Covid angesichts der Vulkankatastrophe nicht zu vernachlässigen. Es wurden über 5.000 Menschen evakuiert. Viele leben nun in engeren Verhältnissen mit deutlich mehr Personen zusammen und es wäre fatal, wenn uns mit dem Vulkan nochmal eine Covid-Welle treffen würde.

Dankeschön

Dankeschön. Meine klaren Worte heute morgen wurden aufgenommen, ich kann meine geschäftlichen Mails wieder finden und beantworten. Die Anfrage-Informationsflut ist weg. Der Blog wird im Moment pro Tag von über 3.000 Personen gelesen und auch wenn ich euch alle mag, es muss deshalb eine Einbahn-Geschichte bleiben. Alles andere ist nicht bewältigbar.

Also Merci vielmal ;-)

Wetterprognose

16:00 Eine hartnäckige, tiefe thermische Inversion hält sich auf La Palma. Der Austausch mit frischer Luft bleibt unter 500 m auch bis morgen reduziert. Der Wind über 1.500 m dreht gegen den Abend von SO auf NO und bläst damit die Gase und die Asche vom Vulkan wieder über evakuiertes Gebiet und nicht mehr über Los Llanos. Es kann sein, dass in den oberen Gebieten von El Paso ab ca. 600 m etwas Brisa einsetzt und dort die schlechte Luft gegen Sonnenuntergang auf das Meer bläst. Mit Ausnahme der besseren Windrichtung bleibt die Situation am Samstag ähnlich wie heute. Inwieweit der sehr heiße Vulkan und die Lavaströme die Windrichtung lokal beeinflussen, ist mir noch nicht ganz klar. Physikalisch sollten sie die Windrichtung immer in Richtung Ost ablenken. Ein Südwind in wird dann zum Südost und ein Nordwind zum Nordwest. Am Sonntag kann sich in der untersten Schicht etwas Passat bemerkbar machen. Die Inversion wird leicht angehoben und es ist gut möglich, dass sich dann wieder lokale Windsysteme einstellen. In Puerto Naos eher Nordwind und in Tazacorte ist eher Südwind wahrscheinlich. Am Montagmorgen erreicht uns aus NW eine schwache Regenfront, die auf der Ostseite und im Norden zu etwas Niederschlag führen wird. Im Westen kann sie sich durch tiefe Wolken mit Basis um die 700-800 m bemerkbar machen und den Vulkan so einhüllen. Ab Dienstag stellt sich für die Jahreszeit typisches Wetter ein. Bildung von einer Wolkenschicht auf rund 1.000 m im Tagesverlauf. Etwas Brisa im oberen Bereich von El Paso. In Puerto Naos tendenziell Nordwind, in Tazacorte eher Süd. Leider könnte ab Mittwoch wieder eine südliche Höhenströmung einsetzten, was dann die Wolke des Vulkans wieder in Richtung Los Llanos und El Paso tragen würde.

Vulkaninformation Freitagabend

19:10 Die Drohnenbilder vom neuen Lavafluss zeigen, dass sich dieser im Moment ein paar hundert Meter nördlich des bestehenden ersten Lavaflusses hält. Die Vulkanologen haben heute gesagt, dass sich dieser wahrscheinlich mit dem bestehenden verbindet. Mir fehlen leider die entsprechenden Werkzeuge, um das zu analysieren. Mit QR-Code (S.358) ein Video von heute Nachmittag. Dort sieht man, dass sich der neue Fluss sogar teilt und wieder verbindet.

Abb. 5.1. Panoramabild vom Vulkan 1. Oktober

Beschreibung von Abb. 5.1 (S.91): Der Vulkan pulsiert, das ist an der runden Form der hohen Wolken zu sehen. Und der warme Wasserdampf aus dem Meer bildet im Bereich Todoque eine Cumuluswolke. Die horizontale Linie bildet die Inversion ab.

Im Moment scheint die Aktivität etwas abgenommen zu haben. Aber wir wissen ja bereits, dem Biest ist nicht zu trauen. Kommt dazu, dass immer noch Beben in einer Tiefe von 10 - 14 km gemessen werden. Davon heute 4 mit mbLg über 3,0. Zwei wurden von der Bevölkerung gespürt. Ich habe keines gespürt. Die thermische Inversion befindet sich auf gut 500 m. Darunter noch schlechte Luft, darüber hat in Tacande bereits leichter Ostwind eingesetzt, welcher frische Luft bringt.

5. Blog: Oktober 2021

Samstag 2. Oktober

Vulkaninformation Samstagmorgen

08:58 Guten Morgen. In der Nacht hat sich der Vulkan, den ich, bis er einen offiziellen Namen hat, immer noch Tajogaite nenne, etwas milder verhalten. Er spuckt zwar nach wie vor Unmengen an sehr flüssiger Lava aus, aber dies ohne Explosionen, was einen etwas besser schlafen lässt. Heute Morgen früh habe ich ein Video auf Twitter gestellt. Man sieht, dass sich keine weiteren Schlote aufmachten (QR-Code S.355). Der Wind hat auf NO gedreht, bringt bereits im oberen Teil von El Paso bis Tacande frischere Luft und bläst die Asche wieder weg vom besiedelten Gebiet.
Gestern am späteren Abend wurde ein weiterer Lock-Down im Gebiet El Paso / Celta / Tazacorte verfügt, über welchen ich auf Twitter noch informiert habe. Grund war die schlechte Luftqualität. Heute Morgen wurde ich informiert, dass die Polizei am Kreisverkehr vom Sombrero steht, die Autos aber nicht kontrolliert.

Abb. 5.2. Morgen 2.10.

Abb. 5.3. Situation 2.10.

Aus dem sich gestern neu gebildeten, deutlich tiefer gelegenen Lavaschlund fließt immer noch Lava aus. Nach Analyse des Bildmaterials von heute Morgen habe ich die Abb. 5.3 (S.92) gezeichnet. Dabei handelt es sich um eine Übersicht. Klarheit über den genauen Verlauf der Lava kann nur eine Drohne liefern. Fest steht, nachdem sich der Fluss gestern mit dem ersten verband, hat die Lava nun wieder einen neuen Weg (blau) gefunden und fließt im Moment dort runter.

Das Cabildo hat rasch weitere 6 Stationen zum Messen der Luftqualität installiert. Diese sind nun am Netz und können über das Cabildo aufgerufen werden. Nach deren Information ist nur das Kohlenmonoxid leicht erhöht. Schwefeldioxid hingegen wird im ganzen Tal als sehr tief angegeben. Dann sollte der Lock-Down ja schnell aufgehoben werden. Bis jetzt hat aber das Cabildo nichts publiziert.

Achtung Waldbrandgefahr

Als ob der Vulkan nicht schon genug wäre, haben wir ein weiteres Problem. Wetterwerte in El Paso:

- Lufttemperatur 34 °C
- 12 % rel Luftfeuchtigkeit
- 37 km/h Windböen

–> Sehr hohe Waldbrandgefahr!

Vulkaninformation Samstagmittag

13:30 Heute morgen hat der Vulkan an der Nordseite einen weiteren Schlot aufgemacht, aus welchem viel Asche in die Luft abgegeben wurde. Dieser ist bereits fast wieder inaktiv.

Das Gesamtbild der andauernden Eruption ist eher etwas schwächer und weniger laut als an vorhergehenden Tagen. Der Wind kommt aus NO und bläst Rauch und Asche in Richtung SW, also Las Manchas.

Die Bewässerungsleitung, welche die Bananenplantagen in Puerto Naos bis El Remo versorgt, ist heute morgen, nachdem sie die Hitze und Drucktortur lange überstand, zerstört worden. Das ganze Gebiet, eines der produktivsten der ganzen Kanaren, ist ohne Wasser. Man will eine mobile Entsalzungsanlage einsetzen, bis diese aber operativ sind, vergehen wahrscheinlich Wochen. Die Plantagen würden das wahrscheinlich nicht überleben.

Auch letzte Nacht gab es immer wieder Erdbeben. Die lokalen Behörden möchten sich gar nicht richtig darüber äußern, weil es nicht so gute Nachrichten sind. Solange die Erde bebt, muss damit gerechnet werden, dass weiteres Magma in das System gedrückt wird, hat mir ein Vulkanologe gesagt. Heute ereigneten sich bereits 20 Beben über mbLg 2,0, das letzte mit 3,2 vor 20 Minuten wurde von Teilen der Bevölkerung verspürt. Es kann sein, dass die automatisch gemessene Stärke noch korrigiert wird.

Die Luftqualität ist gemäß der vom Cabildo zusätzlich installierten Messgeräte gut. Der Wind aus Ost spricht auch dafür, dass dies stimmt. Weshalb der Lock-Down für Teile von El Paso abajo noch nicht aufgehoben wurde, ist nicht verständlich.

Das Cabildo teilt noch mit, dass keine Kleider und Essensspenden mehr gemacht werden sollten. Es sind genügend Kleider und Essen vorhanden. Wer Spenden möchte, soll dies doch auf das Spendenkonto des Cabildo Insular tun (S.69).

Ende des Lock-Down

13:45 Jetzt gerade habe ich das Boletín gesehen von heute 13 Uhr: Der Lock-Down ist für alle Gebiete, inklusive Tazacorte, beendet.

Pressekonferenz

14:25 Die Pressekonferenz wurde beendet. Folgende Informationen kann ich zusammenfassen:

- In Zukunft will man, wenn möglich, keine Lock-Downs mehr verfügen, sondern die Bevölkerung bei schlechter Luftqualität di-

rekt über Autos mit Lautsprechern informieren.
- Die Eruption geht weiter, Typ Stromboliano, und man muss auch immer mit plötzlichen Explosionen rechnen. (Eine vor 5 Minuten hat dies bestätigt).
- Der neue Lavastrom von gestern hat sich mit dem Lavastrom 1 verbunden. Es ist nicht klar, ob er im Moment weiter fließt oder zum Stillstand gekommen ist.
- Das Delta (Fajana) im Meer hat nun eine Tiefe von 35 m und eine Fläche von 27,7 ha. Es wächst auch in der Breite nach Nord und Süd.
- Die Aschesäule ist 4.500 m hoch.
- NO-Winde können die Asche heute bis nach El Hierro tragen.
- Weitere Erdbeben wurden registriert. In Tiefen um die 10 km, eines mbLg 3,6 wurde von der Bevölkerung mit III bis IV gespürt.
- An Steilhängen ist mit Erdrutschen und Steinschlag zu rechnen. Halten Sie entsprechenden Abstand.
- Die Deformationen gehen vertikal leicht zurück und sind horizontal stabil.
- Der SO_2-Ausstoß des Vulkans ist hoch und beträgt pro Tag 2.330 Tonnen. Der CO_2-Ausstoß liegt bei 1.870 Tonnen pro Tag.
- Die SO_2-Werte haben sich im bewohnten Gebiet auf +/- 20 $\mu g/m^3$ gesenkt.
- Gemessene Kleinstaubteilchen sind hoch. Ein Anteil dabei hat aber auch der Calima, Sand aus der Sahara.
- Draußen wird das Tragen einer FFP2 Maske und Augenschutz bei Ascheregen dringend empfohlen.

Vulkaninformation Samstagabend

19:34 Tajogaite hat sich heute Nachmittag wieder sehr bockig gezeigt. Eine Zeitlang explodierte er fast alle 10 Minuten. Als ob er sich schlafen legen möchte, ist er nun wieder etwas ruhiger geworden. Ein Video stelle ich gleich auf Twitter.

In Puerto Naos haben sich am Kreisverkehr kleinere Risse im Asphalt aufgemacht. Es wird vermutet, dass diese in Zusammenhang mit der durch den Vulkan bedingten Anhebung des Geländes stehen.

In El Paso hat das Restaurant Tapas & Trekking für unbestimmte Zeit geschlossen. Sie machen erst wieder auf, wenn sich die Lage stabilisiert hat, meinte die Wirtin. Ein weiterer Treffpunkt, der für die Pasense etwas Normalität in den Alltag brachte, ist nun auch weg.

Tiere verloren

Gestern wurde eine neue Internetseite aufgeschaltet, über welche man verlorene und gefundene Haustiere melden kann. Die Webseite ist derzeit nur auf Spanisch, aber einfach verständlich aufgebaut (QR-Code S.355).

Sonntag 3. Oktober

Vulkaninformation Sonntagmorgen

09:25 Guten Morgen, der Vulkan verhält sich nach wie vor wie ein trotziger ungezogener Bengel. Mal ruhig, dann wieder laut. Gestern Abend hat er sich etwas beruhigt, doch auch in der Nacht erfolgten einige Explosionen. Heute morgen wieder eher das Geräusch eines Kampfflugzeuges. Es scheint, dass das Material wieder mit höherem Druck ausgestoßen wird. Frühmorgens habe ich etwas nördlich am Vulkankonus einen weiteren Lavafluss beobachtet. Dieser ist dann gegen 7 Uhr offensichtlich zum Stillstand gekommen. Leider haben mich in der Nacht auch Bilder erreicht, welche nahelegen, dass der untere Schlund, der von meinem Haus nicht sichtbar ist, weiter aktiv ist und dessen Lava möglicherweise einen Lavafluss leicht nördlich des ersten sucht. Wenn sich das bestätigt, wären das einmal mehr schlechte Nachrichten, weil auch in diesem Gebiet bisher verschonte Immobilien stehen. Die Erdbeben gehen weiter. Das deutet darauf hin, dass immer noch Magma in das System fließt und der

Ausbruch nicht vor einem Ende ist. Die Beben sind nach wie vor in einer Tiefe um die 10 km und es ist keine aufsteigende Tendenz auszumachen. Offensichtlich reichen die bestehenden verschiedenen Schlünde aus, um den Druck abzubauen. Die Windrichtung ist nach wie vor gut, Asche und Rauch werden nach Südwest geblasen. Der Wasserdampf, welcher bei der Fajana bei der Playa Nueva entsteht, verursacht im Tal unterhalb der Inversion (rund 600 m) eine trübe Suppe, die nicht sehr gut riecht. Man sieht von El Paso auch kaum zum Meer runter. Die Messstationen für die Luftqualität zeigen aber keine Probleme an. Das war gestern Nachmittag in Puntagorda anders. Da sind die Messwerte für SO_2 plötzlich sehr stark angestiegen. Was zeigt, dass die Dinger offensichtlich funktionieren.

Wasser
Für die weit über 200 Bananenbauern im Bereich Bombilla bis El Remo, welche nun nicht mehr bewässern können, werden eilig Lösungen gesucht. Die Ideen zur Lösung habe ich schon vor etwa 10 Tagen gehört. Der verantwortliche Concejal de Agua versucht zu beruhigen, aber ich kann mir nicht vorstellen, dass innerhalb von zwei Wochen die ganze Versorgung wieder hergestellt werden kann. Lösungsansätze sind:

- Mobile Entsalzungsanlage. Das Wasser müsste dann über eine Leitung hoch ins Speicherbecken Cuatro Caminos gepumpt werden. Alternativ in ein Tankschiff, das bereits unterwegs sei.
- Benutzen der Löschwasserleitung, welche vor ein paar Jahren unter der Forststraße „Fran Santana" auf rund 1.300 m gelegt wurde. Da müssten aber Rohrleitungen runter zum Speicherbecken installiert werden. Luftlinie vom Hoyo de la Sima bis zum Speicherbecken beträgt 3,5 km.
- Ausbau und Abschluss der Ringleitung um La Palma aus Fuencaliente. Dies muss ein Zukunftsprojekt werden, ist aber im Moment die aufwändigste Lösung und kann nicht in kurzer Zeit realisiert werden.

(In Rekordzeit wurden später die ersten zwei Lösungsansätze realisiert).

5. Blog: Oktober 2021

Pressekonferenz der Politiker

13:10 Die Pressekonferenz wurde von Mariano Hernández Zapata, dem Inselpräsidenten, eröffnet, danach sprach der kanarische Präsident Victor Torres und den Abschluss machte der spanische Ministerpräsident Pedro Sánchez, der erneut für zwei Tage nach La Palma gereist ist.

Speziell Mariano hat hervorgehoben, dass er immer wieder sieht, wie die Palmeros zusammenstehen, diese Katastrophe exemplarisch meistern und einander helfen.
Es sind rund 1.000 Personen als Hilfskräfte im Einsatz. Alle Unterkünfte der 5.000 Personen, welche evakuiert wurden, sind angemessen und Personen, die auf Hilfe angewiesen sind, würden die auch bekommen.

Alle drei Präsidenten wiesen darauf hin, dass das Leben in weiten Teilen der Insel normal verläuft und La Palma auch von Touristen besucht werden kann und soll. Der Hafen und der Flughafen sind offen. Die Insel brauche Touristen, um die Ökonomie zu reaktivieren.

Bereits jetzt seien mehr als das Doppelte der Lava der Eruption des Teneguía ausgeflossen. Das soll das Ausmaß der Katastrophe noch einmal veranschaulichen.

Die rasch bereitgestellten Hilfsgelder sind enorm. Über 10 Millionen Euro sind bereits angekommen. Mit diesem Geld will man Immobilien und Mobiliar für Personen kaufen, welche alles verloren haben. Dann wurden gestern noch zwei mobile Entsalzungsanlagen für 4 Millionen angeschafft, diese sind unterwegs, zusammen mit einem Schiff, welches das entsalzte Wasser speichern kann. Torres war zuversichtlich, dass diese bereits in der nächsten Woche die Arbeit aufnehmen können.

Nächste Woche am Dienstag wird ein weiteres Hilfspaket für La

Palma bei einem Treffen der Minister abgesegnet. Es handelt sich um einen Plan, der Gelder beinhaltet für:

- Wasserversorgung
- Arbeit
- Tourismus
- Wiederaufbau
- Landwirtschaft

Es sollen am Dienstag € 206 Millionen dafür freigegeben werden.

Vulkaninformation Sonntagabend

18:20 Heute war der Vulkan etwas leiser als auch schon. Aber es fließt ohne Unterlass extrem viel Lava aus. Zum Glück findet das meiste nun den Weg zum Meer und die immensen Schäden weiten sich nicht mehr so extrem schnell aus. Die Fajana, Abb. 5.5 (S.99), hat schon gigantische Ausmaße angenommen.

Abb. 5.4. Mañana 3.10.

Abb. 5.5. Fajana 3.10. ◊

Die Beben gehen in der Zwischenzeit weiter, also sicher noch kein Aufatmen für die nächsten Tage. Heute haben Beben mit angeblich wenig Tiefe die Leute aufgeschreckt. Die Nerven liegen blank, aber beachtet bitte, Beben werden automatisch gemessen und sofort publiziert. Danach werden diese manuell ausgewertet und Fehler korrigiert. Die vermeintlichen Beben von 1 km waren fehlerhafte

Messungen, sie wurden auf Tiefen um die 10 km korrigiert.

Erstmals liegen genauere Bestimmungen der Lava vor. Diese haben ergeben, dass das Magma des Vulkans Tephrit enthält, was ein Hinweis darauf ist, dass sich diese seit tausenden von Jahren unter der Insel entwickelt hat. Naja, ändert an unserem derzeitigen Leben gerade nicht sehr viel diese Erkenntnis.

Die Zugänge zu den evakuierten Gebieten werden immer begleitet durchgeführt. Die Informationen dazu sind teilweise verwirrend, nicht zentral und können sich im Tagesverlauf ändern. Das führt manchmal zu viel Frustration. Man reist vielleicht von weit her an oder steht lange im Stau der wartenden Autos und wird dann abgewiesen. Ich habe leider keine Lösung dazu, da ich meine Informationen auch mit viel Recherchearbeit zusammensuchen muss. Betroffene sollen sich doch ans Cabildo wenden, dort die Situation schildern und eine zentrale Informationsstelle vorschlagen.

Das Gebiet um die C/ Echedey in El Paso wurde auch an diesem Wochenende von Journalisten und Hobby-Vulkanologen regelrecht belagert. Bei mir standen sie gestern plötzlich in der Finca. Die Polizei hat dem Spiel nun ein Ende gesetzt und heute alle kontrolliert, die von oben in die Echedey fahren wollten. Anwohner sollten Ausweis und Residencia/Empadronamiento mit korrekter Adresse mit sich führen.

5.1. - Woche 3 (4. - 10. Oktober)

Montag 4. Oktober

Vulkaninformation Montagmorgen

08:30 Guten Morgen! Gestern Abend ist ein Teil des Vulkankonus kollabiert und ein neuer Lavastrom ergoss sich über die NW-Flanke des Komplexes. Das hat sofort neue Ängste geschürt La Laguna könnte nun betroffen werden. Nach 30 Minuten war es klar, das war nur die aufgestaute Lava, die durch den Kollaps der instabilen Spitze rausfloss. Die Lava fließt nun erneut über die SW-Flanke und offensichtlich in dem gleichen Strom zum Meer. Die zwei unteren Kamine kann ich von mir aus nicht einsehen. Gestern waren diese immer noch aktiv. Über der Fajana, direkt am Meer, hat sich der Lavastrom aufgeteilt und fließt nun hauptsächlich über dessen südliche Flanke in Richtung Playa Nueva. Die Lava hat dort bereits den nördlichsten Teil des Strandes verschüttet. Die Erdbeben gehen weiter. Heute zählte ich bereits 31 mit mbLg über 2,0. Eines um 7:20 Uhr wurde von der Bevölkerung gespürt, hauptsächlich auf der Ostseite. Die Beben weisen darauf hin, dass weiteres Magma ins System gelangt und sind ein Hinweis darauf, dass der Vulkan nicht sofort Ruhe geben wird. Sie bleiben aber alle in einer Tiefe von 10-14 km. Dort wo sich die Magmakammer befindet. Gerüchte über einen weiteren Vulkanausbruch im Süden sind deshalb im Moment unbegründet. Der Vulkan war die ganze Nacht sehr laut. Die Geschwindigkeit, mit welcher die Lava ausgestoßen wird, ist beachtlich. Dies führt zu einem Geräusch, das mit einem Jet-Triebwerk verglichen werden kann. Ein Zeichen, dass sich im Moment mehr Druck aufgebaut hat.

Die Nacht wird in den Zeitschriften als „Infernal" beschrieben. In der Tat war ich um meine starken Isolierglasfenster froh. Ohne die hätte ich wahrscheinlich kein Auge zu gemacht. Andere, weiter vom Vulkan entfernte als ich, hatten weniger Glück und haben mir geschrieben, dass sie gar nicht schlafen konnten.

Tourismus

Oft werde ich gefragt, ob man denn auf La Palma im Moment Urlaub machen kann. Vielfach wird auch erwähnt, dass man keinen Katastrophentourismus machen möchte und keinem Palmero ein Bett wegnehmen will. Die Situation ist folgende:
Wenn Sie sich eine Unterkunft reservieren können, dann nehmen Sie niemandem ein Bett weg. Im Gegenteil, Sie unterstützen jemanden

5. Blog: Oktober 2021

in einer schwierigen Zeit.
Die Fläche mit Einschränkungen und Evakuationen ist im Südwesten der Insel. Von Tacande bis Jedey, ganz Las Manchas, Todoque und Puerto Naos.
Das Leben im Rest der Insel verläuft praktisch ohne Einschränkungen. Das sind immerhin rund 90 % der Inselfläche. Sie können also in den nicht betroffenen Gebieten problemlos Urlaub machen. Sie stören überhaupt nicht! Ganz im Gegenteil: Sie unterstützen die Insel und die Palmeros mit ihrem Besuch in einer schwierigen Zeit.

Katastrophentourismus machen Sie erst dann, wenn Sie, wie an diesem Wochenende wieder geschehen, an die Grenze der Evakuationszone fahren, wild parken, ihr Stativ noch auf der Hauptstraße aufstellen. Das Geschäft in (m)einer Finca verrichten und den Plastikbecher mit dem Mojito auf der Steinmauer am Wegesrand stehen lassen.

Sie sehen auf einen Blick, dass sind nicht Sie, die Touristen. Das sind die unsäglichen Journalisten, die das Gefühl haben, sie dürften alles, nur darauf ausgerichtet sind, Panik zu verbreiten und sich hier in Tacande zur lästigen Fliegenplage entwickelt haben. Zum Glück hat sich gestern dann die Polizei eingeschaltet und den Zugang nur noch für uns Anwohner freigegeben.

(Nachträglich muss ich klarstellen, dass nicht alle Journalisten so aufdringlich waren. Die Berichterstattung war wichtig und auch der Journalismus ist es! Die Haut wurde etwas dünner nach bereits 15 Tagen Lärm, Asche, Gestank, Unsicherheit und Belagerung).

Spenden

Die gestern erwähnten € 206 Millionen sind nicht die Spenden, welche von den Gemeinden gesammelt werden. Die 206 Millionen werden vom spanischen Staat für folgende Zwecke zur Verfügung gestellt:

- Wasserversorgung
- Arbeit
- Tourismus
- Wiederaufbau
- Landwirtschaft

Die Gelder, welche von den Gemeinden gesammelt werden, sind in diesen €206 Millionen nicht eingeschlossen. Die Spenden an die Gemeinden werden direkt für ihre Bürger in Not verwendet.

Zum Wiederaufbau und zur Beschaffung von weiteren Wohnungen wurden vom Staat erst rund 5 Mio. und weitere 5 Mio. zur **Beschaffung von Gütern erster Notwendigkeit** bereitgestellt.

Der Geldbedarf ist enorm. Alleine die Wiederherstellung der Infrastruktur, damit das Touristenzentrum Puerto Naos und die Bananenplantagen wieder mit Straßen und Wasser versorgt werden können, wird Unsummen verschlingen. Die zwei mobilen Entsalzungsanlagen reichen kaum aus. Es muss rasch die Südleitung von Fuencaliente nach Jedey gebaut werden. Dazu kommen wichtige Unterstützungen für die vielen Menschen, welche auf einen Schlag nicht nur evakuieren mussten, sondern auch gleich arbeitslos wurden.

Ihre Spende auf eines der im Blog erwähnten offiziellen Spendenkonten ist deshalb auch weiterhin willkommen und notwendig! Die Kontoinformation finden Sie auf S.69.

Pressekonferenz

14:30 Die Pressekonferenz ist vorbei. Dabei wurde das gesagt, was ich bereits berichtet habe, also das Kollabieren des Vulkankonus, der damit ausfließenden Lava etc.. Dazu kommen noch folgende Daten: Die von Lava betroffene Fläche beträgt 413 ha, eine Zunahme von 37 ha gegenüber gestern. Die Gesamtbreite der Lavaströme hat sich um 320 m verbreitert. Die Eruption hat immer noch alle Anzeichen

5. Blog: Oktober 2021

einer Eruption vom Typ Stromboliano mit teilweise sehr liquider Lava vom Typ Hawaiiano. Die Seismizität ist etwas erhöht und es ist möglich, dass in den nächsten Stunden weitere Beben von der Bevölkerung verspürt werden können. Die Tiefe blieb gleich, bei 10-14 km in der Region des Anfangs. Die Explosionen können auch noch zunehmen und, wie bereits an anderen Konferenzen erwähnt wurde, so stark sein, dass im Umkreis von 5 km Fensterscheiben zerstört werden können. Es bleibt bei den evakuierten Gebieten, im Moment wird der Kreis der Evakuationen nicht ausgeweitet.

Endesa Rabatt

Die Endesa teilt mit, dass sie allen mit Endesa-Vertrag bis auf weiteres auf Potencia und Energie 50 % Rabatt gewährt. Man muss sich aber persönlich im Büro der Endesa mit Ausweis und einer Kopie einer Rechnung melden. Auf der Ostseite ist das Ayumar in Sta. Cruz und auf der Westseite Onice in Los Llanos. Es soll auch bei Onice in El Paso möglich sein. Die Öffnungszeiten der Büros werden im Oktober dafür bis 18 Uhr verlängert.

Facebook-Konzern down

Facebook und WhatsApp funktionieren plötzlich nicht mehr. Weil diese zwei Plattformen auf La Palma äußerst intensiv benutzt werden und während des Vulkanausbruchs ein wichtiges Kommunikationsmittel sind, fehlen Informationen. Sogar die Gemeinden haben einen Facebook-Account eingerichtet, über den sie bisher informierten.
Twitter ist nicht betroffen, das ist ein anderer Konzern. Informieren Sie sich auf Twitter. 1-1-2 Canarias ist meist sehr aktuell. Auch das Cabildo de La Palma hat einen Account. Ich plädiere auch schon lange für Threema, eine Lösung aus der Schweiz, die den gleichen Komfort von WhatsApp bietet und keine Daten sammelt.

5.1. - Woche 3 (4. - 10. Oktober)

Dienstag 5. Oktober

Vulkaninformation Dienstagmorgen

09:30 Die letzte Nacht war Tajogaite etwas ruhiger. Aus dem unteren Schlot am Konus fließt extrem viel und sehr flüssige Lava aus. Das nimmt dem oberen offensichtlich etwas den Druck und der Lärm hat nachgelassen. Die Lava fließt nun in dem vor Tagen gebildeten Kanal ins Meer. Das ist gut so, denn damit werden nicht noch mehr Schäden angerichtet. Die Erdbeben konzentrieren sich auf eine Tiefe um 10-14 km unter der Montaña Negra. Es ist wahrscheinlich, dass sich dort die Magmakammer befindet. Dass ein weiterer Vulkan ausbricht, ist im Moment nicht wahrscheinlich, es scheint, dass der bestehende ausreicht, um den Druck abzubauen. Prognosen kann man noch keine machen, aber es gibt keinerlei Anzeichen, weder von der Seismizität noch aus geochemischen Analysen, dass Tajogaite am Abklingen ist. Der Vulkan wird uns noch weiter beschäftigen. Heute haben sich auch ein paar Beben in einer Tiefe von mehr als 34 km ereignet. Vielleicht wird in der Pressekonferenz dann erklärt, welchen Zusammenhang die Vulkanologen darin sehen.

Endesa Rabatt

Mir wurde mitgeteilt, dass das Büro in Los Llanos noch nicht bereit ist, den Rabatt zu gewähren. Sie meinten frühestens ab Donnerstag. Auch müssen allenfalls Vertrag und Tarif geändert werden. Es empfiehlt sich sehr genau zu schauen, was man unterschreibt. Plötzlich haben sie einen befristeten Rabatt, aber Endesa-X am Hals oder längerfristig dann höhere Energiekosten.

Pressekonferenz

Die Pressekonferenz von heute ergab keine fundamentalen Veränderungen. Einige Punkte sind trotzdem wichtig:

5. Blog: Oktober 2021

Die zwei sich vor ein paar Tagen eröffneten Schlünde unterhalb des Vulkans, welche ein paar hundert Meter nördlich liegen, sind zum Stillstand gekommen. Das ist insofern wichtig, als diese relativ nah am Callejón de La Gata lagen. Die Copernicus-Satellitendaten wurden zum Teil mit den Daten des Katasters abgeglichen. Mit Stand gestern 17 Uhr ergibt das 726 zerstörte Häuser, davon 605 bewohnt. 58 Gebäude für Landwirtschaft, 30 Industriegebäude 7 der öffentlichen Hand, 18 für Freizeit und einige weitere wurden zerstört.

100 m nordöstlich des Hauptkraters hat sich ein Riss aufgemacht, aus welchem Gase strömen.

In der Pressekonferenz wurde von möglichen Problemen am Flughafen für morgen berichtet. Die mir vorliegenden Windmodelle bestätigen das nicht. Erst am Donnerstag dreht die Windrichtung in den oberen Lagen auf Südwest. Das würde bedeuten, dass ein Teil der Asche nach Sta. Cruz geblasen werden kann.

Die Direktorin des Wissenschaftskomitees, María José Blanco, erwähnte noch einmal, dass die derzeitigen Erdbeben alle in einer Tiefe von 10 - 14 km vorkommen und es auch in Bezug auf geochemische Analysen keine Hinweise darauf gibt, dass an einem weiteren Ort eine zweite Eruption entstehen könnte.

In Bezug auf Windrichtung und Inversion werde ich noch eine Prognose erarbeiten und die hier publizieren. In der Tat erschließt es sich mir im Moment nicht, wie die AEMET auf Probleme am Flughafen für Mittwoch kommt, aber vielleicht habe ich was übersehen. Deshalb erarbeite ich nun selber eine Prognose.

Ein wichtiger Punkt für alle, die auf La Palma in der Nähe des Vulkans leben und denen Lärm, die permanente Unsicherheit und neue Lagebeurteilungen langsam etwas an der Psyche nagen: Mit jeder Stunde, die vergeht, sind wir dem Ende dieser Eruption näher. Es wird kommen!

5.1. - Woche 3 (4. - 10. Oktober)

Denken Sie positiv, verlassen Sie ab und zu das Haus. Im Riachuelo oberhalb El Paso kann man problemlos im Wald spazieren gehen. Auch im Norden und Osten gibt es viele Plätze die man besuchen kann, um etwas abzuschalten. Wichtig für die Psychohygiene, denn der Vulkan wird nicht so schnell aufgeben, wir aber auch nicht!

Lava El Pampillo

15:42 In einem Video von heute habe ich gesehen, dass die Lava in El Pampillo leider weitere Häuser und auch die Straße noch stärker verschüttet hat. Der von mir gelb eingetragene Teil in der Abb. 5.6 (S.108) scheint relativ neu zu sein.

Wetterprognose

Wie schon kurz angesprochen, kann ich die von AEMET für morgen angekündigten Probleme für den Flughafen nicht nachvollziehen. Morgen bläst in der Höhe ein Südostwind. Damit wird die Asche eher in Richtung Valle verblasen. Im Meteogramm Abb. 5.7 (S.108) habe ich die problematischen Windrichtungen mit einer gelben Blase markiert.

Vor kurzer Zeit hat Ascheregen auch wieder in Tacande eingesetzt.

5. Blog: Oktober 2021

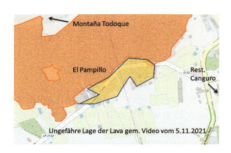

Abb. 5.6. El Pampillo 5.10.

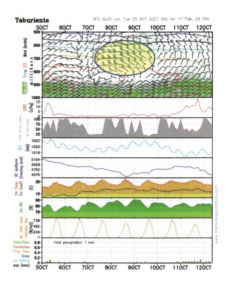

Abb. 5.7. Meteograma 5.10.

Wetterprognosen

Mittwoch 6. Oktober
Wind auf Meereshöhe Passat, ab 2.000 m SO, Inversion 900 m. Das Valle wird noch recht gut belüftet.

Donnerstag 7. Oktober
Wind auf Meereshöhe Passat, Wind ab 2.000 m am Morgen SW, Asche wird nach Sta. Cruz geblasen. Er dreht am Nachmittag auf West, was dann zu Problemen am Flughafen führen kann. Inversion sinkt auf 800 m. Valle noch relativ gut belüftet.

Freitag 8. Oktober
Auf Meereshöhe Passat, Höhenwind NW, die Asche wird nach Mazo und zum Flughafen verfrachtet. Die Inversion sinkt auf 400 m, die Luftqualität kann sich deutlich verschlechtern, da die Belüftung

5.1. - Woche 3 (4. - 10. Oktober)

durch diese tiefe Inversion deutlich schlechter wird.

Samstag 9. Oktober
Meereshöhe Passat, ab 2.000 m Nordwind. Die Asche wird in den Süden geblasen. Die Situation am Flughafen wird zögerlich besser. Inversion auf 400 m, die Probleme mit dem Luftaustausch im Valle bleiben bestehen.

Sonntag 10. Oktober
In der Nacht steigt die Inversion wieder auf rund 900 m an. Auf Meereshöhe Passat, das Valle bekommt langsam wieder Zufuhr von besserer Luft. Bis auf 3.000 m bläst der Nordostwind. Darüber Nord. Der große Teil der Asche wird in Richtung El Hierro verblasen.

Fehlinformation

Im Fernsehen wird wieder mal absolut fehlerhafte Information verbreitet. Die gegen Vulkanasche empfohlenen FFP2 Masken filtern kleine Staubteilchen und auch die sehr feine Vulkanasche aus der Luft. Sie sind aber absolut ungeeignet, um die kleinen Moleküle toxischer Gase zu filtern. Wird die Luftqualität einmal so schlecht, dass man aufgefordert wird drinnen zu bleiben, müssen Sie das tun! FFP2 Masken helfen dann nicht!
Hören Sie am besten nur auf offizielle Informationen der Behörden. Bedenklich, dass sogar große Sender wie RTV Canaria solchen Mist senden und damit die Bevölkerung potenziell in Gefahr bringen!

Mittwoch 6. Oktober

Vulkaninformation Mittwochmorgen

09:50 In der letzten Nacht war Tajogaite etwas ruhiger als auch schon. Es scheint so, als ob sich wieder ein Equilibrium von ein- und ausfließendem Material eingestellt hat. Die Erdbeben gehen weiter, heute etwas weniger stark und in gleichbleibender Tiefe von 10-14 km. Kein Hinweis, dass an anderer Stelle Magma hochdrückt.

Gestern wurde in der Pressekonferenz gemeldet, dass die zwei unteren Schlote, die sich auf rund 770 m befinden, inaktiv seien. Aber heute morgen sah ich relativ nah am Callejón de La Gata einen glühenden Lavafluss. Ich muss diese Eindrücke weiter abklären. Es kann sich auch um meinen Blickwinkel zum Callejón handeln, der ein falsches Bild abgeben könnte. Ein klareres Bild davon ist aber wichtig, befinden sich doch nördlich des Lavaflusses #1 weitere Häuser.

Wetter:
An der Wetterprognose hat sich nichts geändert. Der Höhenwind wird morgen in Richtung Teneriffa wehen und die Aschewolke damit auf die Ostseite der Insel bringen. Bereits heute Morgen hat der Flughafen Vulkanasche in der Nähe gemeldet (VCVA = Very Close Vulcan Ash). Wahrscheinlich hat sich die Asche auf 2-3.000 m Höhe ausgebreitet und weil in dieser Höhe kaum Wind weht, zu leichtem Ascheregen im Osten geführt. Binter ist heute Morgen gelandet und auch wieder gestartet. Heute Nachmittag dreht der Wind ab 1.500 m auf schwach Süd. Damit wird auch im Valle wahrscheinlich wieder Asche fallen. Der Wind ist gerade stark genug, die Wolke zu uns zu schieben, aber zu schwach, um sie richtig zu vermischen :-(. Erst in der Nacht auf Donnerstag erfolgt ein weiteres Drehen der Windrichtung über 1.500 m nach SW. Dann wird Sta. Cruz eingedeckt und morgen Nachmittag auf West, was dann spätestens am Flughafen zu Problemen führen kann. Wie bereits angekündigt, sinkt morgen die Inversion. Der Luftqualität muss deshalb vermehrt Aufmerksamkeit geschenkt werden. Die aktuellen Luft-Messdaten des Cabildo Insular finden Sie auf dessen Internet-Seite.

Windrichtung

11:25 Bereits jetzt zieht die Aschewolke vom Tajogaite in Richtung La Laguna / Tazacorte. Die Windrichtung hat also, wie vorausgesagt, über 1.500 m auf SO gedreht.

5.1. - Woche 3 (4. - 10. Oktober)

Vulkaninformation Mittwochabend

18:15 Heute habe ich mir eine Auszeit gegönnt und war am Cubo de la Galga. Einfach toll nach 16 Tagen Lärm in der Stille zu wandern und die Luft war auch wunderbar. So wie man La Palma kennt.

Nun habe ich die Pressekonferenz auf YouTube angeschaut und die Daten analysiert. Es sieht folgendermaßen aus:

Die Eruption geht weiter, die Vulkanologen sprechen von einer voll entwickelten Eruption. Der Eruptionstyp ist nach wie vor strombolianisch, nicht Vulkanologen sprechen von diabolisch. Das Erscheinungsbild kann sich auch weiterhin ändern und zum Beispiel wieder explosiv werden. Der VEI Index der Explosivität bleibt bei 2. Die sich gebildeten Lavaflüsse laufen vielfach nun unterirdisch in Lavatunnel und leiten die nachfließende Lava zum Delta ins Meer. Diese Fajana misst nun bereits 38 ha. Der Lavastrom nördlich der Montaña Todoque ist einige Meter weiter geflossen, dann aber wieder zum Stillstand gekommen. Im Moment sehen die Experten keine weiteren Ausweitungen von Lavaflüssen. Die Situation werde permanent überwacht. Die Seismizität ist gegenüber gestern leicht zurückgegangen. Die registrierten Beben sind im Bereich von 10-14 km einige auch >20 km.

Wasser
Heute Mittag sind die zwei in der letzten Woche für 4 Mio. gekauften Entsalzungsanlagen bereits in Puerto Naos eingetroffen. Nix von Mañana, das ging sehr flott :-).
Nächste Woche soll auch noch ein Tankschiff ankommen, welches die Menge des Wassers für die Bewässerung noch deutlich erhöhen soll. Dies sind zwei der ersten Sofortmaßnahmen, die in den kommenden Tagen durch weitere Aktionen ergänzt werden sollen. Dazu gehören die Umleitung von Bewässerungs- und Versorgungswasser aus anderen Gebieten der Insel in die betroffenen Gebiete sowie der Endausbau der Ringverbindung der Wasserleitung um die Insel.

5. Blog: Oktober 2021

Donnerstag 7. Oktober

Vulkaninformation Donnerstagmorgan

08:55 Bevor ich die Informationen zur allgemeinen Lage schreibe, möchte ich Ihnen zwei Unternehmerinnen vorstellen, die viel und im Fall von Emanuela alles verloren haben. Wer nicht gerne an eine öffentliche Institution spendet, weil diese Spendengelder fast immer auch etwas politisiert werden, hat nun die Möglichkeit, diese Frauen direkt zu Unterstützen.

Bar Timaba Todoque (Kirchplatz)
Emanuela Arduini führte mit ihrem Mann und ihrer Tochter Valentina die Bar Timaba auf dem Kirchplatz in Todoque. Gerne war ich Gast bei dieser äußerst gastfreundlichen Familie. Emanuela hat Geschäft und Haus verloren und sucht immer noch ein Haus zur Miete. Weil sie noch einen Hund haben, ist das noch schwieriger. Nicht nur wer bei Emanuela Gast war, kann ihr nun ein Zeichen der Solidarität senden und helfen, dass sie wieder auf die Beine kommt! Emanuelas GoFundMe-Kampagne kann über den QR-Code auf S.355 erreicht werden.

Valle-Verde-Läden in Los LLanos und Sta. Cruz
Die zweite Unternehmerin, Silvia Heckl, ist Inhaberin der Valle-Verde-Läden, bei vielen auch unter Jack-Wolfskin-Laden bekannt. Silvia hat letzte Woche nach langem Bangen ihr Haus verloren. Weil auch die Umsätze in ihren Läden eingebrochen sind, bangt auch sie um die Existenz. Silvias GoFundMe-Kampagne kann über den QR-Code auf S.355 erreicht werden.

Informationen zum Vulkan
Tajogaite ist etwas ruhiger. Aus meinem Blickwinkel haben sich drei Schlote am Konus etabliert. Der oberste schleudert Lava mit hoher Geschwindigkeit in die Luft, über den untersten ergießen sich Massen von sehr flüssiger Lava welche dann den Weg durch den Kanal in Richtung Fajana findet. Anzahl und Intensität der Erdbeben sind leicht zurückgegangen. Die Luftqualität war heute morgen sehr schlecht. Dos Pinos hat über $500\,\mu g\ SO_2/m^3$ gemessen. Der Wind

wird in der Höhe nun etwas zunehmen und auf West drehen. Ich hoffe, dass das auch im untersten Bereich einen Verdünnungseffekt hat und die Werte im Tagesverlauf sinken. Wenn man nicht draußen sein muss, sollte man es im Moment bleiben lassen. Und denken Sie daran: FFP2 Masken schützen nicht vor SO_2!

Wie vorausgesagt, wird nun auch der Flughafen wieder mit Aschepartikel bedient. Dies dauert bis Samstag an. Eine spezielle Wetterprognose werde ich später erarbeiten.

Vulkaninformation Donnerstagmittag

12:20 Leider hat sich die Lava weiter südlich der Fajana einen weiteren Weg gebahnt und fließt jetzt offensichtlich direkt auf die Bananenpackerei der Playa Nueva zu. Welchen Verlauf sie dabei über der Klippe genommen hat, ist noch nicht klar. Aber die derzeitige Stelle, an welcher an der Küste Lava runterfließt, liegt rund 750 m weiter südlich der bisher etablierten. Der Wind bläst, wie prognostiziert, in der Höhe aus SW und dreht dann auf West. Die Luftqualität hat sich im Valle deutlich verbessert.

Luftaufnahme von heute

Den QR-Code der Luftaufnahme von heute 7.10.2021 11:30 Uhr finden Sie auf S.355. Der neue Lavafluss ist in diesem PDF bereits ersichtlich.

Zwischenstand

Mein Blog verzeichnet im Moment täglich 3.000 Aufrufe. Permanent sind um die 100 Personen aktiv. Viele Zuschriften habe ich schon erhalten, die mir zeigen, dass meine altruistische Arbeit geschätzt wird. Nun können Sie was tun:

Heute habe ich zwei Unternehmerinnen vorgestellt, die wie viele andere auch, große Verluste durch den Vulkanausbruch erlitten haben.

Bisher verzeichneten Sie folgenden Erfolg:
26 Spenden an die Kampagne von Emanuela, der Wirtin der Bar Timaba auf dem Kirchplatz Todoque, und 16 an die Kampagne von Silvia, der Inhaberin der Valle-Verde-Läden.

5. Blog: Oktober 2021

Die durchschnittlichen Spenden sind recht hoch und betragen € 126 bei Emanuela und € 79 bei Silvia. Kleinspenden sind auch herzlich willkommen! Wenn du € 5 entbehren kannst, spende sie doch über die entsprechenden Links. Das kannst du auch anonym machen.

Allen die den zwei Frauen bisher ihre Unterstützung gezeigt haben, danke ich ganz herzlich. Ich weiß, euer Support kommt an, hinterlässt eine positive Wirkung und wird sehr geschätzt, denn es ist mehr als die Frage, „kann ich was tun?". Du zeigst damit, dass du was tust.

Vulkaninformation Donnerstagabend

18:45 Die heute im neu gebildeten Abfluss über die Klippe fließende Lava hat ein neues Delta gebildet und die Straße zur Playa de Los Guirres / Playa Nueva bereits verschüttet. Die Vulkanologen konnten keine Aussage darüber machen, ob dies nun der Hauptabfluss wird, oder ob diese heutige Episode rasch wieder aufhört. Nach meinen Beobachtungen ist der Vulkankegel gegenüber gestern erneut kräftig angewachsen. Die Asche türmt sich weiter auf. Das bedeutet aber auch, dass das Gebilde mit zunehmender Höhe wieder instabil wird und Teile - wie schon gehabt - wieder kollabieren können. Der Vulkankegel verfügt immer noch über zwei Schlote auf der Spitze und einen an der Seite. Die zerstörte Inselfläche hat gegenüber gestern um 9 ha zugenommen und beträgt nun 432,2 ha.
Die Windwerte sind noch bis am Samstag so, dass der Flughafen nicht angeflogen werden kann. Die Asche verursacht verschiedene Probleme. Einerseits verlängert sie den Bremsweg der Flugzeuge stark, dann ist sie auch sehr hart, was zu Abschleifungen an Propeller und Schaufeln führen kann. Das dritte Problem könnte ein Aufschmelzen im Triebwerk sein. Der feine Staub würde sich dann glasartig im inneren des Triebwerks absetzten. Also besser mal nicht fliegen. Ob am Sonntag dann schon geflogen werden kann, liegt nicht mehr an der Wetterlage, sondern an der Geschwindigkeit, mit welcher der Flughafen wieder gereinigt werden kann.

Am Samstag organisiert die PEVOLCA in Mazo und Fuencaliente Informationsveranstaltungen. Dies hat auf der Insel zu noch mehr Unsicherheit geführt. Der technische Direktor wollte in der Pressekonferenz beruhigen, diese Veranstaltungen seien dazu da, um ein Wort der Beruhigung an die Bevölkerung zu bringen.

Die Argumente sind gut. Die in diesem Bereich gemessenen Erdbeben sind in Tiefen über 30 km. Neben diesen Werten sind auch keine anderen Parameter so, dass von einem Aufsteigen von Magma an einem anderen Ort ausgegangen werden kann. Die Kommunikationsstrategie ist aber sehr schlecht. Für diese Information muss man nicht Meetings in zwei Tagen organisieren. Alle sind verunsichert und man glaubt den Argumenten plötzlich nicht mehr so ganz und der Nährboden für weitere Gerüchte ist gegeben.

Die Vulkanologen - das wissen wir nun - können eh nicht sagen was in zwei Tagen ist. Aber es bestehen in der Tat im Moment nicht die geringsten Anzeichen, dass eine weitere Eruption bevorsteht.

Freitag 8. Oktober

Beschämend

Heute Morgen bin ich wie immer dran um mir einen Überblick über die Lage zu machen. Dazu gehört natürlich auch, dass ich mein e-Mail-Postfach anschaue. Da schreibt mir eine Leserin heute, sie sei selber von der Katastrophe betroffen, hätte Haus und Auto verloren und dass mein Spendenaufruf beschämend sei und für die anderen Betroffenen einer Ohrfeige gleich käme. Ich kann die Emotionen verstehen. Direkt betroffen oder nur gestresst von der Unsicherheit, die Schale ist bei vielen dünn und alles zu verlieren ist unvorstellbar hart.

Mein Engagement für die zwei Frauen ist indessen nicht gegen die anderen Opfer dieser Katastrophe gerichtet, sondern als unterstützende Maßnahme für zwei Personen, die ich persönlich kenne. Und es macht mich glücklich, dass ich wenigstens partiell helfen konnte. Nicht einmal die Regierung kann im Moment alle unterstützen. Wie soll ich denn?

Selbstverständlich werde ich mich auch weiterhin für andere einsetzen, auch wenn dieses Engagement immer partiell sein wird.

Einige wollen lieber persönlich was spenden, an Menschen, die sie kennen, andere finden das gar nicht gut. So gibt es beide Möglichkeiten. Sie können auch weiterhin das Cabildo oder eine Gemeinde unterstützen. Die Kontonummern finden Sie auf S.69.

Vulkaninformation Freitagmorgen

08:50 Tajogaite hat in der Nacht nichts Neues gebracht. Die Eruption scheint in einer „reife Phase" zu sein. Nach wie vor wird im unteren Schlot extrem viel, sehr heiße und flüssige Lava ausgestoßen. Nach den Luftmessstationen ist die Luftqualität gut, aber draußen in El Paso stinkt es. Im Moment weht der Wind in den unteren Schichten eher schwach und eine thermische Inversion auf 1.000 m verhindert, dass alle Gase nach oben weggeblasen werden. In den höheren Luftschichten weht ein Westwind. Dieser verfrachtet die Vulkanasche nun über unseren Flughafen direkt nach Teneriffa Nord. Der Flughafen im Norden wird nicht mehr angeflogen und alle Maschinen werden zum Südflughafen umgeleitet. Die Windrichtung ab 1.500 m dreht im Tagesverlauf von West nach Nordwest, was dann plötzlich auf Teneriffa Süd Probleme verursachen kann. Für unseren Flughafen gibt es erst morgen, Samstag, eine Entlastung. Dann muss aber noch geputzt werden. Ich rechne damit, dass erste Maschinen erst am Samstagabend oder Sonntag landen können. Bereits am Montag schlafen die Winde auf 2-3.000 m fast ein, was leider dann wieder ein Ausbreiten der Aschewolke in weitem Umkreis um den Krater begünstigen wird.
Die Erdbebenserie geht weiter. Wobei die Bebentiefe im Bereich von 10-15 km verbleibt. Es sind keine Anzeichen feststellbar, dass derzeit der bestehende Schlot nicht ausreichen würde und sich Magma an anderer Stelle hocharbeitet.

Wetterprognose

Eine Voraussage, wie der Vulkan die Insel beeinflusst, ist schwierig. Er interagiert unter und über der Inversion und man muss deshalb zwei Systeme beachten. Generell entwickelt sich das Wetter in Bezug auf Asche und Luftqualität in den nächsten Tagen eher besser.

Freitag 8. Oktober
Am Morgen hat Westwind in der Höhe dazu geführt, dass die Asche

5.1. - Woche 3 (4. - 10. Oktober)

bis nach Teneriffa geblasen wird. Das hat TFN lahmgelegt. Der Wind dreht im Tagesverlauf über NW nach Nord. Die Asche wird dann in Richtung Fuencaliente geblasen. Die Inversion befindet sich auf 800 m, der Passat saugt die Luft auf der Leeseite an und belüftet das Valle einigermaßen. Der Windverlauf ist in meinem Wetterbüchlein „Wetter auf der Insel La Palma" auf S. 40 Abb. 4.2. dargestellt (QR-Code S.355).

Samstag 9. Oktober
Die Inversion sinkt auf 500 m ab. Bleibt sie dort, dann werden die vorausgesagten 21 kn NO-Wind den gleichen Ansaugeffekt bewirken. Sinkt sie unter 400 m ab, dann schläft der Wind darunter plötzlich ein und die Luft kann dort durch die immer noch ins Meer fließende Lava wieder schlecht werden. Der Wind in der Höhe bläst auch aus NO, ist mit 8 kn aber deutlich schwächer. Die Asche wird in Richtung El Hierro geblasen.

Sonntag 10. Oktober
Die Inversion soll wieder auf 1.000 m ansteigen. Somit ist sie praktisch auf Vulkanhöhe. Der Vulkan ist aber so heiß, dass in seiner unmittelbaren Umgebung keine Inversion existiert und die durch die Hitze entstehende Thermik die Gase eher nach oben wegziehen. Der Passat auf Meereshöhe sorgt auch wieder für Belüftung auf der Westseite. Höhenwind 13 kn Nordost. Die Asche wird weiterhin nach El Hierro geblasen.

Montag 11. Oktober
Die Inversion steht immer noch auf 1.000 m, der Passat ist etwas schwächer, noch 11 kn. Die Belüftung im Tal wird dadurch etwas reduziert. Der Höhenwind bläst nur noch mit 4 kn. Es kann deshalb sein, dass es rund um den Kegel wieder zu Ascheregen kommt.

Dienstag 12. und Mittwoch 13. Oktober
Inversion auf 1.000 m, schwacher Passat und schwache Höhenwinde lassen den Vulkan lokal wirken. Die Asche wird rund um den Kegel fallen.

5. Blog: Oktober 2021

Open Data Luftaufnahmen

Das Open Data Projekt des Cabildo de La Palma hat nun auch die Luftaufnahmen aufgenommen. Mit dem QR-Code auf S. 355 können Sie sich mit der letzten Karte über den Stand der Lavaflüsse informieren.

Private Mails

Dieser Blog ist eine absolut private Initiative, die ich vor einigen Jahren angefangen habe. Ich möchte damit normalerweise in loser Beitragsfolge Leuten, die nicht so gut spanisch sprechen oder nicht so gut wie ich in der hiesigen Gesellschaft vernetzt sind, gut recherchierte und meist auch korrekte Information bieten. Bei Katastrophen wie dem Brand oder nun dem Vulkanausbruch sehe ich eine dramatische Zunahme an Besuchen. Offensichtlich besteht ein Bedarf. Die Homepage gehört mir, sie wird zu 100% von mir finanziert und was ich schreibe ist meine Meinung. Der Blog wird im Moment von etwa 3.000 Personen täglich gelesen. Die Seite ist werbefrei, ich generiere also kein Einkommen mit der Anzahl der Leute, die meinen Blog lesen.

Ich möchte und kann, wie ich schon dargelegt habe, nicht mit jedem Einzelnen eine persönliche Beziehung aufbauen. Machen wir deshalb einen Deal: Wenn der Inhalt korrekt ist, ihnen aber nicht passt, lesen Sie den Blog einfach nicht mehr. Sie müssen mir weder ihre andere Meinung, noch ihren Weggang persönlich kommunizieren. Besten Dank.

Pressekonferenz

15:15 Die heutige Pressekonferenz ergab nichts Neues. Die SO_2-Konzentration im Valle war teilweise erhöht, das haben wir auch ohne Presse gerochen. Auch die Feinstaubkonzentration, weshalb im Freien FFP2 Masken dringend empfohlen werden. Die neue Colada südlich des Delta befindet sich nur noch 150 m vom Meer entfernt und die Seismizität ist wieder etwas höher, wobei in der Pressekonferenz Wert darauf gelegt wurde zu betonen, dass die Tiefe der Beben nach wie vor bei 10-15 km liegt und absolut keine Anzeichen von andernorts aufsteigendem Magma vorhanden sind. Die Aschesäule ist 3.500 m hoch. Der Flughafen Teneriffa Nord wird immer noch nicht angeflogen. Am Abend könnten sich auch Probleme im Süden von Teneriffa und in der Nacht auf La Gomera ergeben.

Es erging noch ein Aufruf an die Bevölkerung, Fisch zu konsumieren. Offensichtlich ist der Fischkonsum eingebrochen und die Fischer haben Mühe, ihre Ware zu verkaufen. Fisch wird nach wie vor in der gewohnten Qualität gefangen und ist vom Vulkanausbruch nicht betroffen. In der Tat muss man sich da weniger Gedanken machen. Fische sind meist hochsensibel auf Umwelteinflüsse und würden Gift kaum überstehen. Aber der Verdünnungsfaktor ist sowieso immens, die entstehenden Konzentrationen an Säuren in unmittelbarer Umgebung der Fajana gering und wenn Sie dann eh Zitrone auf den Fisch geben; aber lassen wir das.

Samstag 9. Oktober, Tag 20

Vulkaninformation Samstagmorgen

08:50 Der Vulkan war gestern lange Zeit „stabil", keine Veränderungen in Lage der Schlote und keine im Ton feststellbar. Das hat sich in der Nacht wieder dramatisch geändert. Es haben sich unterschiedliche Schlote gebildet. Einer heute Morgen ca. 5 Uhr, welcher sich von meiner Sicht aus am weitesten im Norden befindet. Dieser Lavastrom kann, wenn er länger andauert und sich nicht mit dem bestehenden ersten verbindet, das betroffene Gelände weiter ausweiten, insbesondere das Polígono Callejón de La Gata betreffen. Dort war heute morgen um 8:15 Uhr noch alles okay, nur im obersten Teil konnte ich ein Feuer ausmachen, kann das aber durch den flachen Blickwinkel von meinem Haus aus nicht genau zuordnen. Wir brauchen Drohnenbilder, die letztendlich aufzeigen, was genau passiert.

Nachtrag 08:55: Die Lava befindet sich im obersten Teil des Polígono Callejón de La Gata direkt südlich der Straße. Abb.5.8 (S.120).

Die Beben halten an. Die Tiefe ist nach wie vor im Bereich von 10-15 km und dann ein weiterer Bereich in einer Tiefe um 35 km (Abb. 5.9; S.120). Da zeigt sich immer noch kein Aufsteigen von Magma in einen weiteren Bereich.

Die Luftqualität ist im Moment gut, die Inversion um die 1.000 m und

5. Blog: Oktober 2021

Abb. 5.8. Callejón 08:40 Uhr

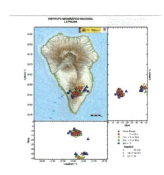

Abb. 5.9. Bebenkarte vom 9.10.

der Passat noch genügend stark, um auf der Westseite Leewirbel zu bilden, die den Bereich belüften.

Der Flughafen SPC wird immer noch nicht angeflogen. In der Zwischenzeit wird die Asche nach SO geblasen, also zwischen Gomera und El Hierro. Die Flughäfen auf Teneriffa sind wieder in Betrieb.

Eine Wetterprognose werde ich später erarbeiten.

Videos von heute früh um 4 Uhr und kurz nach Sonnenaufgang sind wie immer auf Twitter bei @efadi_LP (QR-Code S.355).

Callejón de La Gata

Bilder bestätigen es leider: Die Lava hat letzte Nacht bereits weitere Häuser zerstört. Auch das Haus des ehemaligen Direktors des Hotel Sol, welches sich an der Straße LP-2 500 m südlich des Kreisverkehrs vom Callejón befand. Auch brannte bereits in der Nacht die Lagerhalle von Antani, direkt südlich des Kreisverkehrs. Die Lava befindet sich nun um 9:35 Uhr, nach meiner Observation mit Teleobjektiv, in etwa bei der Kreuzung Camino Campitos / Vinagrera. Das Polígono scheint im Moment nicht betroffen.

Wetterprognose

Die Prognosen haben sich gegenüber gestern kaum verändert. Meist ist die Inversion auf 1.000 m und Passat sorgt für ein Belüften des

Valle. Der Passat nimmt ab Dienstag etwas ab, was die Luftqualität beeinflussen könnte. Am 12. und 13. Oktober, also nächsten Dienstag und Mittwoch, sind die Winde in der Höhe wieder NW und auf 4.000 m West angesagt (Abb. 5.10). Das kann die Asche einmal mehr zum Flughafen blasen.

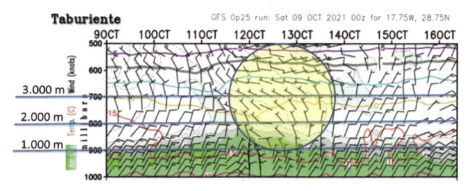

Abb. 5.10. Meteogramm vom 9. Oktober

Drohnenbilder

10:50 Erste Drohnenbilder zeigen beim Callejón de La Gata ein Aufteilen in zwei Lavaflüsse. Der südlichere in der Abb. 5.11 (S.122) in Rot scheint deutlich aktiver, der nördlichere (gelb), näher an der Industriezone gelegene träger. Die Grafik habe ich aus den Drohnenbildern gezeichnet. Sie ist nur eine Annäherung!

Camino La Gata

12:36 Leider hat die Lava, welche aus dem nördlichen Schlot fließt, nun dir Kreuzung Camino Campitos / Camino La Gata erreicht. Von dort aus sind es noch 1,1 km bis zur Apotheke in Todoque und dem Geschäft von La Palma 24, welche beide bisher zum Glück verschont wurden. Im Moment fließt sie unaufhaltsam relativ rasch und man kann nur machtlos zusehen, wie weitere Häuser und Land zerstört werden.

Vom gelben Fluss in Abb. 5.12 (S.122) nördlich, habe ich keine Auf-

5. Blog: Oktober 2021

Abb. 5.11. Callejón, Morgen

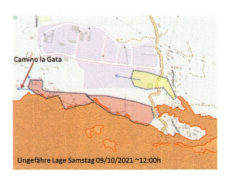

Abb. 5.12. Callejón, Mittag

nahmen. Es ist aber davon auszugehen, dass sich dieser auch in Richtung West weiter gewälzt hat.

Flughafen

13:00 Der Wind bläst die Asche nun in Richtung Gomera und El Hierro. Der Flughafen wurde geputzt und kann nun wieder angeflogen werden. Wir werden sehen, welche Fluggesellschaften so schnell und flexibel sind.

Pressekonferenz

15:00 Zusammenfassung:
Im ersten Teil wurde das erwähnt, was wir schon wissen, also dass der Konus in der Nacht teilweise eingebrochen ist, sich große Felsbrocken gelöst haben und sich danach große Mengen an Lava über die NW-Flanke ergossen haben. 2 der resultierenden Lavaflüsse sind nun praktisch zum Erliegen gekommen. Der Direktor der PEVOLCA hat von einem Lavafluss auf Höhe des Punto Limpio gesprochen, welcher sie etwas beunruhigen würde. Er sei im Moment daran eine Senke aufzufüllen, und wenn der Zustrom an weiterer Lava anhält, sei diese Senke in 24-36 Stunden gefüllt und die Lava würde weiter runter in Richtung West fließen. Berechnungen dazu würden laufend durchgeführt und es würde genügend Zeit zur Verfügung stehen, um sich zu organisieren.

5.1. - Woche 3 (4. - 10. Oktober)

Längere Zeit wurde über die Fajana gesprochen. Dort, wo sich das Delta im Meer gebildet hat, ist der Untergrund in den ersten paar Hundert Metern mit Sedimenten aufgefüllt. Die ausgekühlte Lava liegt dort auf. Weiter draußen geht die Insel aber sehr steil in die Tiefe. Es wird befürchtet, dass sich das Delta bei weiterem Wachsen über diese Wand schiebt und dann, weil es nicht mit dem Untergrund verbunden ist, quasi kippen könnte. Dies würde sehr lokal folgende Folgen haben: Erstens ein Riss und das abrupte Freisetzen von Gasen, eventuell in diesem Bereich auch Explosionen. Zweitens kann sich lokal eine Welle von 5 m Höhe bilden. Diese Höhe nimmt aber sehr schnell ab. Die Modellberechnungen gehen von einer Wellenhöhe im Hafen von Tazacorte von nur noch 25 cm aus. Den Verantwortlichen war es offensichtlich wichtig, diesen Umstand klarzustellen, damit nicht Gerüchte und Unsicherheiten im Netz kursieren.
Auch der sich südlich der Fajana gebildete Lavastrom wird weiter alimentiert und setzt sein Wachstum in Richtung Meer fort.

Die seismische Aktivität geht weiter. Sie hat gegenüber gestern etwas zugenommen. Die Beben bleiben aber in der gleichen Tiefe von 10-15 km und ein Aufsteigen von Magma in einem anderen Bereich der Insel wird im Moment ausgeschlossen.

Nachdem gestern schlechte Luft war, können wir heute eine deutliche Verbesserung der Luftqualität feststellen.

Unfall

Ein 41 jähriger Mann ist gestern Abend in Puntagorda tödlich verunglückt als er mit seinem Quad auf der LP-1 um etwa 23:40 Uhr von der Straße abkam.

Umbau des Vulkans

18:45 Der Vulkan baut sich im Moment dauernd um. Vor einer knappen halben Stunde ist ein Felsbrocken mit der Größe eines Einfamilienhauses den NW-Kanal runtergespült worden. Ich habe es per Zufall filmen können. Das Video habe ich auf Twitter publiziert, QR-Code auf S.355.

Sonntag 10. Oktober

Vulkaninformation Sonntagmorgen

08:45 Bereits die dritte Woche hält uns dieses Monster in Atem. Die letzte Nacht war bisher die schlimmste. Extrem laute Geräusche mit tiefer Frequenz haben Fensterscheiben und lose Gegenstände, aber auch Autos über Stunden erschüttern lassen. Viele haben kein Auge zugetan. Der Schlot ist deutlich weiter unten, die Lava hat also Material vor sich abgetragen. Die Richtung ist nach NW, dies gepaart mit der unglaublichen Geschwindigkeit, mit welcher Gase und Lava beim oberen Schlot entweichen, sorgt dafür, dass es so laut ist. Es ist möglich, dass Wasser, das irgendwo ins System fließt, daran beteiligt sein kann. Dies ist eine nicht bestätigte Spekulation von mir.

Die Lava hat sich, wie befürchtet, einen neuen Weg nördlich des ersten Flusses gebahnt. Sie floss letzte Nacht über Teile des Polígono Callejón de La Gata. Heute früh sah ich einen Videobericht, da floss die Lava etwa 200 m südlich der Tierklinik Terravita bereits über die Carretera Puerto Naos. Rauch ist auch auf der Nordseite von der Montaña Todoque zu sehen. Das ist alles neues Gebiet und leider werden wir auch heute im Tagesverlauf weitere Schreckensbilder von zerstörten Häusern und Infrastruktur zu erwarten haben.

Die Erdbeben gehen weiter, die Tiefe hat sich indessen zum Glück nicht nach oben verändert und bleibt bei 10-15 km. Die Seismizität hat sich gemäß Abb.5.14 (S.124) leicht erhöht.

Abb. 5.13. Vulkan am 10.10.

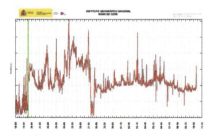

Abb. 5.14. Seismizität 10.10.

5.1. - Woche 3 (4. - 10. Oktober)

In den letzten Pressekonferenzen war immer die Rede davon, dass sich der Vulkan „stabilisiert" habe. Das ist vielleicht ein technischer Ausdruck der Vulkanologen. Die Palmeros regen sich aber immer mehr über diese Wortwahl auf.

Draußen stinkt es nach Schwefel, die Luftqualität ist aber gemäß Netzwerk gut. Man kann sich also getrost auf die Nase verlassen und drin bleiben, wenn es stinkt. Die Nase ist offensichtlich deutlich empfindlicher als die Messgeräte.

Die Vulkanasche wird nach Süden geblasen, der Flughafen SPC wird im Moment angeflogen. Ein Wetterbericht folgt später.

Zwischenbericht Lava

10:05 Heute ist nicht mein Tag. Nachdem man kaum schlafen konnte, habe ich einen Zwischenbericht verfasst und kurz vor dem Speichern hat sich der Computer abgemeldet. Der braucht offensichtlich auch Ruhe. Also die ganze Geschichte noch einmal schreiben :-(

Folgenden Informationsstand habe ich: Die Apotheke in Todoque und das Büro von La Palma24 sind leider in der letzten Nacht auch zerstört worden. Dazu auch die Bar Tejas am Ortseingang. Auf der Nordseite von der Montaña Todoque sind, wie bereits gemeldet, Feuer zu sehen. Es ist wahrscheinlich, dass sich die Lava nun nördlich der Montaña Todoque in Richtung Meer bewegt. Neben der Zerstörung von weiteren Immobilien und Landwirtschaft mit dem verbundenen Leid bedeutet das auch beim Wiederaufbau, dass eine Straßenverbindung nach Puerto Naos vom Valle in immer weitere Ferne rückt.

So, ich flüchte mal in den Norden für einige Stunden. Es gibt also keine Berichte bis am Abend. Wenn sich was Wichtiges ereignet, poste ich das auf Twitter.

Vulkaninformation Sonntagabend

17:45 Die Lava hat sich in der Zwischenzeit über weitere Häuser und Industrieanlagen nördlich der ersten Flanke ergossen. Sie fließt im Moment langsam, aber unaufhaltsam in das Polígono industrial Callejón de La Gata hinein. Hastig werden noch Maschinen weggeräumt. Da hat man etwas lange zugewartet.

In der Pressekonferenz wurde das wiederholt, was wir schon wissen. Nur die Zahlen haben sich verändert, so sind nun 525,8 ha betroffen, was eine Zunahme von 33 ha bedeutet. Das sind Copernikus-Daten und schließen die heutige Problematik nicht ein.

Auf die Frage eines Journalisten nach den nächtlichen heftigen Vibrationen und dem Lärm wurde keine wissenschaftliche Erklärung für das Phänomen gegeben. Der Direktor dankte der Bevölkerung für ihre Disziplin. Naja, ich sag's ja, die sind selber etwas sprachlos und der Vulkan macht in der Zwischenzeit, was er will. Im Moment ist er übrigens wieder etwas zahmer. Sieg schreien wir aber erst dann, wenn sich paar Wochen kein Stein mehr bewegt.

Jedenfalls sind die Beben immer noch in einer Tiefe von 10-15 km, das ist vielleicht die einzige gute Nachricht am heutigen Tag.

5.2. - Woche 4 (11. - 17. Oktober)

Montag 11. Oktober

Vulkaninformation Montagmorgen

09:25 Die Nacht war deutlich ruhiger. Die tieffrequenten Schläge waren weg, die Fenster haben nicht mehr vibriert. Es scheint, dass sich der Hauptschlot weiter geöffnet hat und so mehr Masse entweichen kann. Die Lava fließt nach wie vor über die Nordflanke und somit den letzten Lavafluss (ich glaube #9) runter. Dieser sucht sich seinen Weg zum Meer zwischen Montaña La Laguna und Todoque.
Die Lavazunge welche gestern in das Polígono Callejón de La Gata geflossen ist, ist fast zum Stillstand gekommen. Weite Teile des Sandproduzenten sind noch intakt. Hoffen wir, dass das so bleibt. Den Sand brauchen wir für den Wiederaufbau.

Die Karte der Beben, Abb. 5.16 (S.128), zeigt, dass diese leicht nach oben gewandert sind und die 10 km Grenze unterschritten haben. Das war vor allem gestern der Fall. Heute gab es bisher nur eines mit 9 km, alle anderen waren 10 km oder tiefer. Der Entwicklung müssen wir weiter Aufmerksamkeit schenken. Der Ausbruch hat sich für uns nur über die Bebentiefe angekündigt und viele Vulkanausbrüche auf La Palma haben einen zweiten Schlot hervor gebracht. Die 10 km

5.2. - Woche 4 (11. - 17. Oktober)

markieren aber offensichtlich immer noch die Magmakammer und so ein Szenario steht nicht unmittelbar bevor.

Die Luftmessgeräte zeigen alle gute Luft im Valle an. Bei mir stinkt es aber draußen im Moment nach Schwefel.

Der Wind weht heute in den unteren Schichten bis auf 2.000 m schwach aus nördlichen Richtungen. Darüber dreht er auf West. Wenn die Asche wieder Höhen über 2.000 m erreicht, kann ein Teil erneut in den Osten und zum Flughafen getragen werden. Der Flughafen ist im Moment in Betrieb, das METAR meldet aber erneut VCVA was Vulkanasche in unmittelbarer Nähe bedeutet.

Vulkaninformation Montagabend

16:10 Heute war ich in Puerto Naos. Diese Geschichte werde ich später noch zum Besten geben. Schon soviel, es hat mich hin und zurück 5 Stunden gekostet.

Die Pressekonferenz habe ich auch noch nicht angeschaut. Aber in Kürze: Der Ausbruch geht weiter, es ist immer noch nicht so laut wie auch schon und die Lava hat sich an der Nordflanke etabliert. Dort fließt richtig viel sehr flüssige Lava runter. Die Backsteinfabrik im Callejón de La Gata ist nun auch von den Lavamaßen zugedeckt worden, Abb. 5.15 (S.128). Dies hat zu einem Brand mit sehr starker Rauchentwicklung geführt und es musste am Nachmittag ein zeitweiliger Lock-Down über Tacande, Tajuya und andere Gebiete verhängt werden.

Achtung Lock-Down

20:30 Der Lock-Down, welcher über einen Teil von Tajuya / Dos Pinos verhängt wurde, wird erneuert. In dem im Bescheid bezeichneten Gebiet wird angeordnet, dass die Bevölkerung im Haus bleiben und die Fenster und Türen geschlossen halten soll.

Grund: Die sich noch weiter verschlechternde Luftqualität als Folge der brennenden Häuser im Polígono Callejón de La Gata. Auch ich sehe schwarze Rauchfahnen vom Polígono aufsteigen. Die Wolkenbasis ist auf knapp 1.000 m. Die Inversion befindet sich zum Glück im Moment noch weiter oben im Bereich von 1.400 m - 2.000 m. Das

5. Blog: Oktober 2021

Abb. 5.15. Callejón um 18:38

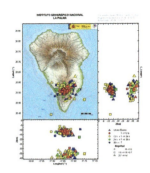

Abb. 5.16. Beben 11.10.

ist gut so, denn damit können sich die Schadstoffe besser verdünnen. Es gilt wieder: Wenn es stinkt, Fenster und Türen schließen.

Ich mach jetzt Feierabend. Saludos ihr Lieben.

Dienstag 12. Oktober

Vulkaninformation Dienstagmorgen

09:16 Die letzte Nacht verlief erneut ruhiger. Aus dem Vulkan fließt nach wie vor sehr viel Lava über die Nordflanke. Die Lava hat fast das ganze Polígono Callejón de La Gata zugedeckt. Ich sehe noch den Schrotthändler im Nordteil unversehrt. Doch der Parkplatz hinter dem Haus ist auch zugedeckt, Abb. 5.17 (S.129).

Im Nordteil von Todoque entstehen immer wieder Feuer, Abb. 5.18 (S.129). Dort scheint sich die Lava noch einmal einen neuen Weg nach Westen zu suchen und dabei weitere Häuser, Geschäfte und Landwirtschaftseinrichtungen zu zerstören.

Die Bebenserie geht auch weiter. Heute morgen habe ich zwei davon gespürt. Normalerweise spüre ich die schwachen Beben nicht, das ständige Geräusch des Vulkans überdeckt diese schwachen Erschütterungen. Die Beben sind indessen - und das ist die gute Nachricht - auf die gleiche Tiefe von 10-15 km beschränkt.

Der Wind weht im Moment aus Nord und führt im Valle frische Luft ein. Der Rauch von den in Brand stehenden Gebäuden und Anlagen wird über evakuiertes Gebiet geblasen. Auch heute zeigen die Daten des Wetterservers vom Cabildo an, dass die Inversion über 1.400 m liegt, was nach wie vor gut für die Luftqualität ist. Je höher die Inversion, desto mehr Luftvolumen steht zum Verdünnen der Schadstoffe zur Verfügung.

Abb. 5.17. Polígono 9 Uhr

Abb. 5.18. Todoque Nord

Der Flughafen meldet VCVA, also Vulkanasche in der Nähe, ist aber im Moment in Betrieb. Binter und Canaryfly fliegen.

Heute werde ich nicht wieder 5 Stunden im Auto sitzen um nach Puerto Naos zu fahren. Deshalb kommt im Tagesverlauf noch eine Wetterprognose dazu.

Wetterprognose

Heute haben wir im Moment wenigstens wettermäßig etwas Glück, der Vulkan stößt sehr viel Asche aus, diese wird aber nach Süden in evakuiertes Gebiet geblasen. Auch der Rauch von den weiteren hunderten Gebäuden, die der neue Lavastrom gnadenlos verschlingt, zieht im Moment in Richtung Süd. Der Passat ist heute schwach, weshalb sich die Situation auch rasch ändern kann. Es bleibt wachsam zu sein und wenn die Luftqualität abnimmt im Haus zu bleiben. Die Inversion ist auf 1.500 m, also Platz um die Schadstoffe zu verdünnen.

5. Blog: Oktober 2021

> **Mittwoch 13. Oktober**
> Passat eher schwach 7 kn, höherer Wind ab 1.500 m Nord 8 kn. Inversion 1.000 m. Die Asche wird nach Süd verblasen. Luftqualität wahrscheinlich gut.
>
> **Donnerstag 14. Oktober**
> Passat 11 kn, Höhenwind auch Nordost mit gleicher Stärke. Inversion 900 m. Das bedeutet mit großer Wahrscheinlichkeit rund um den Vulkan Nordwind und Frischluftzufuhr im Valle.
>
> **Freitag 15. Oktober**
> Passat 12 kn, Wind ab 1.500 m Ost 10 kn. Inversion 900 m. Die Asche wird nun nach Westen verfrachtet und wir werden wahrscheinlich im Valle was davon abbekommen.
>
> **Samstag 16. Oktober**
> Passat 12 kn, Wind ab 1.500 m immer noch Ostwind, Inversion kommt auf rund 500 m runter. Je nach weiterer Entwicklung des Vulkans kann die Luftqualität unter 600 m schlecht werden. Im Bereich von El Paso bringt die Brisa frische Luft.
>
> **Sonntag 17. Oktober**
> Passat 12 kn, Wind in der Höhe immer noch Ost mit 11 kn. Gleiche Situation, Asche kann auch im Valle fallen. Die Inversion sinkt weiter auf 200-300 m ab. In den bewohnten Bereichen unter 300 m kann die Luftqualität durch die ins Meer fließende Lava und die dabei entstehenden Dämpfe schlecht werden. Wie immer der eigenen Nase vertrauen und sich nur auf offizielle Informationen stützen. Der zeitweise ausgerufene Lock-Down gestern hat gezeigt, dass die Behörden korrekt arbeiten und notfalls auch rasch informieren.

Wer etwas mehr über das komplizierte Wetter von La Palma erfahren will: Im Buch „Wetter auf der Insel La Palma" sind die verschiedenen Wetterlagen erklärt (QR-Code S. 355).

Spar La Laguna

11:10 Die schlimmen Bilder hören nicht auf. Im Moment wird der gesamte Sparmarkt in La Laguna evakuiert. Die gesamte Ware aber auch die Inneneinrichtung wird hastig abgebaut und in Sicherheit gebracht. Die Halle ist schon fast leer, nur noch vereinzelte Kabel hängen von der Decke, Abb. 5.19 (S.131). Ich hoffe sehr, dass die Lava nicht so weit nach La Laguna fließen wird. Aber besser rechtzeitig vorsorgen. Die Entwicklungen lassen plötzlich nicht mehr viel Zeit zum Handeln.

Weitere Evakuationen

Das Cabildo gibt bekannt, dass ein weiterer Teil nördlich von La Laguna bis zum Cruz Chica und Las Marteles (Restaurant Kiko), Abb. 5.20 (S.131), aus Sicherheitsgründen evakuiert werden muss. Die Bevölkerung wird gebeten, die wichtigsten Dinge einzupacken und sich zusammen mit den Haustieren am Sammelpunkt in Los Llanos einzufinden. Die Evakuation wurde jetzt angeordnet und muss bis heute 19 Uhr vollzogen sein.

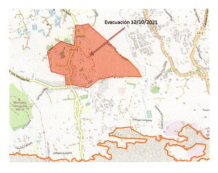

Abb. 5.19. Sparmarkt La Laguna 12.10. ⋄

Abb. 5.20. Evakuationszone vom 12.10.

Bleiben Sie ruhig, verbreiten Sie keine Gerüchte, sondern beziehen Sie die Informationen aus offiziellen Kanälen.

Im offiziellen Bescheid, den Sie mit QR-Code auf S.355 herunterladen können, steht:

- Schließen Sie alle Fenster und Türen.
- Schließen Sie die Wasserzufuhr, Gas und trennen Sie die Stromverbindung.

5. Blog: Oktober 2021

- Wenn Sie Medikamente benötigen, packen Sie diese ein.
- Nehmen Sie die wichtigsten Dokumente mit. Auch die vom Haus.
- Begeben Sie sich zum Sammelpunkt.
- Benutzen Sie Telefon nur für dringende Fälle.
- Wenn Sie Haustiere haben, wird ihnen am Sammelpunkt mitgeteilt, wie weiter vorgegangen werden muss.

Der Sammelpunkt ist das Fußballstadion ihrer Gemeinde, in Los Llanos oder El Paso.

Reise nach Puerto Naos

Hier ist er also noch, der Bericht meiner Reise nach Puerto Naos. Was normalerweise hin und zurück 30 Minuten dauert, nahm gestern 5 Stunden in Anspruch. 135 km waren es letztendlich von El Paso bis Puerto Naos und zurück.

Bei den Casas El Charco, die Fahrt dorthin dauert 45 Minuten, war eine Polizeikontrolle und die Fahrzeuge wurden nach Destination sortiert. Vor mir stand schon ein Wagen in der Puerto-Naos-Warteschleife. Nach 45 Minuten Warten ging es weiter. Der Fahrzeugkonvoi bestand nur aus 4 Fahrzeugen. Das letzte war das Kontrollfahrzeug des Zivilschutzes. Der erste Wagen fuhr mit 30-40 km/h, also dauerte die Fahrt runter nach Naos auch noch einmal eine Weile. Interessant, dass an der Straße runter über weite Strecke dicke Metallrohre gelegt wurden, die dann verschweißt werden. Eine weitere Wasserleitung ist mit Hochgeschwindigkeit am Entstehen.

Die Gegend sieht trist aus. Überall viel Asche und kein Platz, wo man diese hinführen kann. Sie wurde provisorisch am Straßenrand deponiert. Auf den Bananenplantagen schneiden Bauern Schlitze in die Plastikabdeckungen, damit die Asche hinein rieselt und nicht die ganze Konstruktion unter dem Gewicht zusammenbricht. Nur die Wasserleitung gibt ein Zeichen der Hoffnung, des Aufbruchs und des Neuaufbaus. Der Rest ist trist, schwarz und leer.

In Naos angekommen ist das erste Fahrzeug direkt nach El Remo ausgeschert. Ich habe die Flugschule besucht, konnte meinen Klimbim mitnehmen und versuchte die Wetterstation wieder am alten Internet anzuschließen. Aber weder das alte noch das Fiberglas-Netz funktionieren. Puerto Naos ist also ohne Internet. Nur Mobiltelefonie funktioniert. Auf dem großen Parkplatz vor der Flugschule wurde eifrig gebaut. Die zwei Entsalzungsanlagen werden dort installiert.

Unser Treffpunkt war wieder der Kreisel in Naos. Der erste Wagen war schon da. Der Verantwortliche für den Konvoi kam zu mir und informierte mich, dass ich dann als erster fahren solle. Er wolle das andere Auto kontrollieren. Ich fragte warum. Darauf erklärte er mir, dass da zwei Touristen drin sitzen, Südamerikaner wahrscheinlich. Die hätten gar kein Geschäft in Puerto Naos, wollten einfach nach El Remo Fisch essen gehen. Die Guardia Civil hat sie dann noch in Naos abgefangen und gleich wieder in den Konvoi geschickt. Sie meinten offensichtlich noch, sie hätten eine Reservation im Restaurant. Da kratzt man sich wirklich am Kopf. Jeder weiß, dass das ganze Gebiet evakuiert ist, aber die zwei Touristen schmuggeln sich einfach rein. Fragten auch nicht, was los ist, als sie oben 45 Minuten warten mussten.

Mittwoch 13. Oktober

Vulkaninformation Mittwochmorgen

08:30 Eine weitere zerstörerische Nacht liegt hinter uns und der Tag wird nicht besser. Tajogaite hat von El Paso aus gesehen drei Kamine. Zwei entgasen mehr, aus dem dritten, dem untersten, fließt nach wie vor Lava aus. Diese scheint noch flüssiger als gestern. Das bedeutet, sie wäre noch heißer und zerstörerischer.

Die Seismizität liegt in etwa dort, wo sie in den letzten Tagen war. Der Tremor hat sich leicht erhöht, das heißt, es hat mehr Gas im Magma. Der Vulkan ist leiser als an anderen Tagen, hat aber heute morgen angefangen wieder ab und zu Explosionen zu erzeugen.

Die Lava ist in der Nacht weiter nördlich des ersten Lavaflusses durchgezogen. Ich kann noch nicht sagen wo, ich sehe aber von meinem Haus aus, dass das Fußballfeld von La Laguna und der Spar-markt im Moment nicht betroffen sind. Die Lava fließt weiter südlich. Beim Fußballfeld paar hundert Meter, beim Spar recht nah. Fotos auf Twitter @efadi_LP.

5. Blog: Oktober 2021

Abb. 5.21. Der Vulkan am 13. Okt.

5.2. - Woche 4 (11. - 17. Oktober)

Abb. 5.22. La Laguna 13.10.

Abb. 5.23. La Laguna 14.10.

Vulkaninformation Mittwochabend

17:58 Auch während des Tages hat die Lava vom Tajogaite einige Häuser zugedeckt. In der Nacht floss sie durch El Pedregal und dann genau südlich des Sparmarktes runter in Richtung Callejón de Cabrejas. Der Sparmarkt steht im Moment noch. Im Tagesverlauf kam die Lava etwas weiter in Richtung Fußballfeld La Laguna, ist aber immer noch deutlich südlich davon. Am Polígono Callejón de La Gata hat sich heute nichts mehr verändert. Die Lava scheint immer noch sehr heiß zu sein, denn dort, wo sie ausfließt, ist sie unglaublich flüssig.

In der Pressekonferenz wurde bestätigt, was ich heute früh zu sehen glaubte. Es hat sich im Südosten des Konus ein weiterer Schlot aufgetan. Im Moment ist auch die Ruhe wieder vorbei. In kurzem Rhythmus ereignen sich wieder Explosionen. Hoffen wir, dass nicht nochmal so eine Nacht vor uns liegt.

In der Zwischenzeit fließt auch Lava nördlich des Callejón de La Gata runter. Ich kann die Rauchentwicklung und die Lava sehen. Sie ist direkt bei einer Trafostation des Callejón. Bestätigt sich das, ist das eine weitere schlechte Nachricht. In Tacande kommt im Moment der Rauch der Feuer an und die Luftqualität hat sich leicht verschlechtert. Die offiziellen Messstationen zeigen immer noch gute Luftqualität an.

5. Blog: Oktober 2021

Donnerstag 14. Oktober

Vulkaninformation Donnerstagmorgen

08:30 Guten Morgen. Vulkan Tajogaite hat auch in der letzten Nacht Unmengen an Lava produziert, welche über den sich vor paar Tagen gebildeten Nordfluss ausfließen. Nachdem er gestern Abend eine explosive Phase hatte, waren die Geräusche in der Nacht eher gleichmäßig. Leider hat die Lava, wie gestern Abend bereits befürchtet, nun 1/3 des Fußballfeldes von La Laguna überströmt. Der Sparmarkt in La Laguna steht noch.[2] Die Lava fließt direkt südlich davon nach Westen und türmt sich im Bereich Callejón Cabrejas / Morera extrem auf. Ich schätze die Höhe auf bis zu 20 m (blaues Oval in Abb. 5.25; S.136).

Abb. 5.24. Lava La Laguna

Abb. 5.25. La Laguna 14.10. 8:30 Uhr

Die Lage am Fußballplatz La Laguna muss weiter genau beobachtet werden. Das Gelände ist in diesem Bereich kritisch, denn der Geländefluss führt nach NW.

Die Seismizität ist in etwa gleich. Um 01:27 Uhr ereignete sich ein starkes Beben mit mbLg 4,5, aber in einer Tiefe von 37 km. Es wurde von der Bevölkerung mit Mercalli-Index IV gespürt. Die Beben der Magmakammer in 10-15 km Tiefe haben sich nicht nach oben gearbeitet.

Der Wind weht auf Meereshöhe heute mit 11 kn auf NO. Die Richtung

---

[2]Nachtrag um 09:22 Uhr: Der Sparmarkt brennt. Das Dach ist eingestürzt.

bleibt bis auf 1.500 m gleich, nur nimmt er leicht ab. Auf 3.000 m Höhe ist es praktisch windstill. Es ist wahrscheinlich, dass die Aschewolke nach SW geblasen wird. Gegen Abend kommt in der Höhe über 3.000 m eine leichte SO-Strömung auf. Die Inversion beginnt langsam abzusinken. Eine genauere Prognose für die nächsten Tage erarbeite ich später.

Die Abb. 5.25 (S. 136) habe ich angefertigt. Sie ist nicht genau, da ich ein eingeschränktes Blickfeld auf das Geschehen habe.

Vulkaninformation Donnerstagabend

18:45 Heute Abend zeigen sich die zwei Anhaltspunkte Sparmarkt und Fußballfeld wie am Morgen. Der Sparmarkt steht noch, ist nun ausgebrannt und gut 50 % des Fußballfeldes sind nicht bedeckt. Es scheint, dass sich der Hauptfluss der Lava südlich des Spar vorbei schiebt.

Heute wurde um 13 Uhr eine weitere Evakuation angeordnet und zwar für ein Gebiet nördlich der Montaña La Laguna. Habe dort Freunden geholfen ein paar Sachen zu evakuieren.
Um 14:15 Uhr kollabierte der Konus einmal mehr und ein See von Lava ergoss sich über die Nordflanke. @involcan hat ein eindrückliches Video auf Twitter publiziert (QR-Code auf S. 356).
In der seismischen Station LP03 Jedey wird in den letzten 48 h ein Anheben des Geländes beobachtet, welche sich in diesem Zeitrahmen auf rund 80 mm summiert hat. Weil an keinen anderen Stationen eine ähnliche Verformung festgestellt wird, sind die Behörden etwas wachsam geworden. Polizei und Hilfskräfte wurden offensichtlich aufgefordert, alle nicht erklärbaren Ereignisse zu melden, das wären Lärm und Vibrationen, tote Tiere, abnormale Temperaturen, Bäume, die am Wurzelstock verkohlen.
Die Erdbeben zeigen kein Aufsteigen von Magma an. Der einzige Parameter, der verlangt genauer hinzuschauen, ist die Verformung. Unter anderen sind folgende drei Szenarien sind möglich:

- Der Druck sinkt und die Verformung geht zurück.
- Der Druck kann über den Vulkan abgebaut werden.
- Das Magma sucht sich einen weiteren Weg und ein zweiter Vulkan entsteht.

Die nördlichsten Lavaflüsse, welche beim Sparmarkt und beim Fußballfeld La Laguna sind, haben sich gemäß dem wissenschaftlichen Komitee verlangsamt.

Freitag 15. Oktober

Vulkaninformation Freitagmorgen

09:04 Vulkan Tajogaite ist wieder lauter geworden. Er hat einmal mehr den Sound eines Kampfjets angenommen, was heißt, dass Gase mit hoher Geschwindigkeit austreten. Von Tacande aus gesehen hat er zwei obere Schlote und einen weiteren etwas tiefer. Aus dem unteren fließt nach wie vor sehr viel sehr flüssige Lava aus. Der Lavafluss ist zeitweise mit großen Felsbrocken verstopft, was die Lava dann seitwärts ableitet, Abb. 5.26 (S.138).

Abb. 5.26. Fels im Lavafluss   **Abb. 5.27.** Lavafluss nach Todoque

Das Fußballfeld in La Laguna wurde nicht weiter verschüttet. Ob das ein Zeichen ist, dass die Lava im Moment nicht noch weiter nach Norden dringt, muss sich noch zeigen. Sie fließt auf jeden Fall im Bereich des Sparmarktes La Laguna mit relativ hoher Geschwindigkeit über den Callejón de Cabrejas nach Westen und hat sich in diesem Bereich sehr stark aufgebaut. Geschätzte Höhen bis 20 m. Der Sparmarkt, welcher gestern zwar ausgebrannt, aber noch heroisch da stand, ist nicht mehr auffindbar.

Die Messwerte der Station Jedey, welche gestern mit einer Defor-

5.2. - Woche 4 (11. - 17. Oktober)

mation im Bereich von 50 - 80 mm Aufmerksamkeit erregte, zeigt einen Rückgang der horizontalen Deformation von etwa 7 mm. Damit scheint ein Szenario von einer weiteren Eruption im Süden wieder etwas entschärft.

Die Seismizität (RSAM) ist etwa gleichbleibend. Was auffällt ist eine Zunahme der Erdbeben in der zweiten, unteren Magmakammer, welche sich in rund 35 km Tiefe befindet. Das Stärkste ereignete sich heute Morgen um 08:02 Uhr mit mbLg 4,5 in 36 km Tiefe. Was das bedeuten könnte, müssen mir Vulkanologen erklären.

Wetter

09:30 Die Inversion ist leider bereits etwas nach unten gerückt, derzeit wird sie auf rund 800 m gemessen. Der Passat weht aber noch genügend stark um die Luftmasse auf der Westseite nach Süden zu saugen. Das sieht man im Moment auch an der Luftmessstation in El Charco wo hohe SO_2 Werte von $718\,\mu g/m^3$ gemessen werden. Die Inversion soll im Tagesverlauf weiter absinken und auch der Passat etwas abnehmen. Befindet sie sich auf 400 m oder tiefer, dann schläft der Wind darunter erfahrungsgemäß ein. Über der Inversion weht ein leichter Südwind, was die Asche einmal mehr nach El Paso und Los Llanos tragen kann. Als ob wir nicht schon genug Staub hätten, kommt Calima dazu.

Samstag 16. Oktober
Die Zufuhr von trockener und warmer Saharaluft hält an. Sie führt dazu, dass die Inversion noch weiter absinkt und sich darunter die Luftqualität potenziell verschlechtert. Der Wind darüber dreht auf SW und bläst die Aschewolke nun in Richtung Sta. Cruz.

Sonntag, 17. Oktober
Immer noch Calima, immer noch tiefe Inversion mit potenziell schlechter Luftqualität in den unteren Lagen im Südwesten. Wind bis 3.000 m Nord, darüber SO. Wenn die Aschewolke über 3.000 m aufsteigt, wird der Staub also wieder zu uns zurückgeblasen.

5. Blog: Oktober 2021

Nur Spuren im Sand

Sie lassen kaum was da, nur Spuren im Sand. Sie verstopfen Straßen, stellen die Stative in der Mitte auf der Straße. Behindern den Verkehr, stellen sich überall vorne an und haben das Gefühl, wir hätten alle auf sie gewartet. Viele Journalisten.

Heute morgen hatte ich um 9 Uhr einen Termin mit einer Moderatorin von RTL, sie rief mich dann um 10:15 Uhr an, entschuldigte sich kurz und begann mich gleich auszufragen. Ich hätte einen Blog, viel Wissen über die Insel und sie möchten mit einem Kamerateam vorbeikommen.

Ja, in der Tat habe ich viel Wissen über die Insel und ja, ich bin auch ganz gut darin Interviews zu geben und auch ja, ich bin froh, wenn auch Insider-Informationen hinausgetragen werden. Aber immer auch anständig. Erster Punkt um Wertschätzung zu zeigen: Man hält man sich an zeitliche Vereinbarungen. Es geht überhaupt nicht an, dass man über eine Stunde zu spät anruft.

Zweiter Punkt der Wertschätzung: Geld. Ja, bezahlen der Zeit, die wir ihnen zur Verfügung stellen. Ich will kein Geld machen mit dem Vulkanausbruch. Das habe ich bereits mehrere Male gesagt. Aber ich möchte, dass meine Zeit wertgeschätzt wird und dass auch ein RTL zum Beispiel eine Spende an eine lokale Tierschutzorganisation leistet. Das können und wollen sie aber nicht.

Für die Briten war es von Anfang an klar, Vorinterview und Interview für „Good Morning Britain" wurden ohne zu Fragen zusammen mit 250 £ vergütet. Sobald das Geld da ist, überweise ich es an eine Tierschutzorganisation. Die Sender aus Deutschland sind der Reihe nach arm dran und wollen, dass wir alles gratis abliefern.

Der Bogen ist nun überspannt. Ab sofort ist für mich und hoffentlich auch für weitere Leser, die angefragt werden, klar: Wenn Sie, liebe Journalisten, sich nicht an zeitliche Vorgaben halten und die Zeit Ihrer Interviewpartner nicht mal mit einer kleinen Spende an eine lokale Tierschutzorganisation schätzen können, müssen Sie mich gar nicht mehr anrufen. Denn dann hinterlassen Sie hier auf La Palma eh nur Störung, noch mehr Chaos und Spuren im Sand.

5.2. - Woche 4 (11. - 17. Oktober)

Luftaufnahme

Das hochauflösende PDF von heute 11 Uhr kann mit QR-Code auf S.356 herunter geladen werden.

Vergleichskarte

Das Cabildo hat eine interaktive Karte publiziert. In diese kann man reinzoomen und mit dem Schieber die Situation vor und nach dem überfließen der Lava nachvollziehen. Nur für starke Nerven! QR-Code auf S.356.

(Erscheint die Frage „Anmelden" auf abbrechen drücken.)

Mein Ärger über Reporter

Herzlichen Dank dem Leser, der mir auf meinen verärgerten Post über die Medien folgende Mitteilung gesandt hat:

„Bei der finanziellen Entschädigung, auch wenn es eine Spende an eine gemeinnützige Organisation ist, sieht es etwas anders aus. Ich kenne mich ein wenig in der Medienlandschaft aus, weil viele Medienunternehmen zu unseren Kunden gehören. Daher weiß ich, dass es im deutschsprachigen Raum (D,A,CH) normalerweise keine finanziellen Entschädigungen für Interviews gibt, bestenfalls die Erstattung belegbarer Reisekosten. Dahinter steckt als Konsens bei allen halbwegs seriösen Zeitungen, Nachrichtenagenturen, Fernsehsendern usw. die Absicht, sich nicht dem Vorwurf gekaufter Interviews aussetzen zu wollen."

Eine sehr gute Erklärung. Das nehme ich so zur Kenntnis und „rudere zurück". Die deutschsprachige Presse darf mich deshalb nach einer Beruhigungszeit von 20 Stunden, um meinen Adrenalinspiegel zu normalisieren, wieder kontaktieren, auch wenn sie keine Spende für eine Tierschutzorganisation machen darf. Ich verstehe auch, dass die Journalisten ihren Job machen müssen und dieser auch wichtig ist. Vielleicht hat es auch gerade den Falschen erwischt.

Ich habe eine Finca nur 500 m von meinem Haus entfernt. Ich muss alle Ausweispapiere mitnehmen, um wieder zum Haus zu gelangen. Auf der Straße kann man kaum mit 20 km/h fahren. Überall Journalisten und auch Hobbyfotografen. Am schlimmsten ist es direkt nach

Sonnenuntergang. Da muss man extrem aufpassen, um nicht einen schwarz gekleideten Kameramann, der sein schwarzen Stativ auf der Straße aufstellt, zu überfahren. Leider sind auch Leute in meine Finca eingedrungen, haben eine Leiter entwendet, um damit auf mein Dach zu gelangen und Videos zu drehen. Dann wurde im Garten noch eine unschöne Hinterlassenschaft gemacht. Meine Nerven liegen zum Thema deshalb etwas blank.

Ich gelobe aber Besserung und entschuldige mich bei allen rechtschaffenen Journalisten!

Vulkaninformation Freitagabend

17:50 Die Pressekonferenz ergab folgende Faktenlage: Der Explosionsindex VEI ist unverändert bei 2. Es wird weniger Asche ausgestoßen. Der Vulkan verändert sein Verhalten laufend. Die Wolke hat heute eine Obergrenze auf 4.000 m. Es ist immer damit zu rechnen, dass die Erde auch stärker beben kann und an Steilhängen Steinschläge ausgelöst werden können. Der Ausstoß an Schwefeldioxid ist enorm und beträgt im Moment 14.500 t pro Tag.

Ein Arm der Lava könnte den Dorfkern von La Laguna bedrohen. Er stand bei der Pressekonferenz am Camino Cumplido Nr. 22 und bewegt sich langsam nach NW. Es ist nicht ausgeschlossen, dass dieser durch La Laguna fließen kann und erst nördlich der Montaña zum Stoppen kommt.

Es sind kurzfristig keine weiteren Evakuationen geplant. Es wurden bisher 7.000 Personen evakuiert. Wir sind damit schon fast bei 10 % der Gesamtbevölkerung, welche offiziell 82.000 Personen beträgt, inoffiziell aber wahrscheinlich darunter ist.
Durch die Südflanke, welche gestern noch stillstand, fließt erneut Lava in die Fajana runter. Dies haben heute Aufnahmen mit Drohnen und Infrarotkameras gezeigt. Der Vulkan hat heute Nachmittag erneut sein Gesicht geändert. Es hat sich im Südosten des Konus etwas getan. Dort steigt eine weiße Wolke auf, was auf einen weiteren Schlot hinweist.

Die nächsten Tage werden, ich habe es schon gemeldet, in Bezug auf die Wetterlage und damit die Luftqualität kritisch. Falls es stinkt, schließen Sie Türen und Fenster und beschränken Sie den Aufenthalt draußen auf ein Minimum. Die Messstationen des Cabildo Insular funktionieren und geben Informationen in Echtzeit.

Abendinformation Freitag

19:30 Heute Nachmittag hat sich am Vulkankegel auf dessen SO Seite ein neuer Schlot aufgemacht. Aus diesem steigt viel Rauch auf. Die Lava fließt auf der Südseite runter in Richtung Montaña Cogote (Hügel beim Friedhof Las Manchas, Solaranlage). Der Vulkan ist sehr leise im Moment, als ob er eingeschlafen wäre. Das ist er aber nicht! Seine Rauchwolke (eher weiß, weniger Asche) steigt hoch auf und wird im Moment mit SO-Wind über El Paso / Los Llanos geblasen.

Samstag 16. Oktober

Vulkaninformation Samstagmorgen

10:01 Die Wettersituation hat sich, wie angekündigt, verschlechtert und im Moment fällt Asche auf der ganzen Insel runter. Es ist nicht wahrscheinlich, dass der Flughafen heute operativ ist. Die Inversion befindet sich nun auf 600 m mit der Tendenz im Tagesverlauf weiter abzusinken. Der Passat ist schwach und wird im Valle nur schwachen Wind verursachen, was eine Lüftung erschwert. Über der Inversion weht der Wind aus südlichen Richtungen und bläst die Asche in den Norden. Brisa gibt es auch in El Paso keine. Dies bleibt auch morgen, Sonntag, so. Der Vulkan ist weiter aktiv. Im Moment wird aus dem SO-Schlot viel Asche hinausgeschleudert. Auf der für mich einsehbaren Nordflanke floss auch heute früh Lava hinunter, aber etwas weniger als an den vorherigen Tagen.

Heute morgen um 07:07 Uhr ereignete sich in 37 km Tiefe ein Erdbeben der Stärke mbLg 4,5 es wurde in weiten Teilen der Insel gespürt, in meinem Haus haben sich Gegenstände leicht verschoben. Die Erdbeben haben generell heute zugenommen. In der Abb. 5.29 (S.144) sieht man, dass es, verglichen zu vorgängig publizierten Karten, auch Beben über der 10 km-Linie gibt. Die Diskussion über einen möglichen zweiten Schlot in einem anderen Gebiet ist zwar verfrüht, aber für mich nicht vom Tisch.

5. Blog: Oktober 2021

Abb. 5.28. Vulkan 16.10.

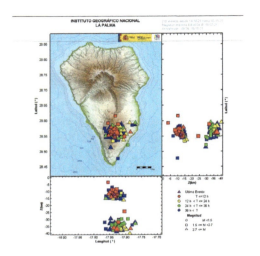

Abb. 5.29. Bebenkarte 16.10.

Die vor zwei Tagen gemeldete vertikale Deformation von fast 80 mm bei der Messstation Jedey hat sich fast zurückgebildet.

Es gibt derzeit weder für kurz- noch mittelfristig Anzeichen, dass sich die Eruption dem Ende entgegen neigt. Gemäß der wissenschaftlichen Direktorin, María José Blanco, werden unterschiedlichste Parameter analysiert, die ein Ende anzeigen würden. Das ist der Ausstoß an SO_2, welcher unter 100 t/Tag sinken sollte, das sind die Deformationen und die Seismizität. Kein einziger dieser Parameter zeigt eine Verbesserung der Situation an.

Nach einer nicht bestätigten Meldung können Personen, welche einen Grund haben nach Puerto Naos zu fahren (z.B. Geschäft, Wohnung), dies an diesem Wochenende tun. Ab nächste Woche sei dies jeweils nur noch am Freitag möglich.

Drohnenbilder von heute Samstagmorgen

11:02 Die Drohnenbilder von heute, Samstag zeigen, dass der Lavastrom, welcher nach La Laguna floss, hauptsächlich über den Spar und die Südseite der Montaña La Laguna fließt. Der nördliche Park-

5.2. - Woche 4 (11. - 17. Oktober)

platz des Sparmarktes ist noch intakt. Dort, wo die Lava über die LP-213 floss, ist die Straße über 210 m verschüttet. Als Referenz, die Clínica Veterinaria von Ruth. Die Klinik ist noch intakt und liegt 170 m südlich der Lava. Weiter westlich ist die Lava bereits über die Küstenstraße geflossen.

Der nördlichste Arm, welcher gestern Teile des Fußballfeldes von La Laguna zudeckte und am Camino Cumplido Häuser vernichtete, stoppte im Bereich der Hausnummer 28 und ist offensichtlich im Moment nicht mehr aktiv. Die Gebäude von Montarent stehen noch. Hoffentlich bleibt das so!

Von SW betrachtet zeigt der Vulkan nun drei Schlote, aus welchen weißer Rauch aufsteigt. Der Blick ins Valle ist trüb und von bläulichem Rauch behindert. Die Luftmessstationen zeigen noch gute Werte an. Die Nase nimmt einen schwachen Schwefelgeruch war.

Vulkaninformation Samstagabend

21:30 Heute Abend halte ich mich etwas kurz, ich habe den ganzen Tag damit verbracht meine Oliven in Öl zu verwandeln und weiß nun einmal mehr, warum das Olivenöl auch flüssiges Gold genannt wird. Dann habe ich vorhin bei RTVC noch erklärt, was eine Inversion ist (QR-Code S. 356).

Der Vulkan Tajogaite hat zwei klare Kamine auf dem Kegel. Aus dem westlichen fließt nach wie vor Lava über die NW-Flanke, aus dem südöstlichen kommt viel Rauch und Asche. Ein Schlot produziert schwarzen, der andere weißen Rauch. Die Seismizität hat im Tagesverlauf leicht abgenommen und der Vulkan ist auch eher etwas ruhiger. Aber wir wissen ja, das kann sich innerhalb von Minuten ändern.

Die Nerven liegen blank, heute wurde auf den sozialen Medien Sprachmitteilungen über einen Ausbruch über Mazo verteilt. Eilig hat die PEVOLCA eine Untersuchung mit einer Drohne mit Infrarotkamera angestellt und konnte die Information als falsch deklarieren. Jeder hat die Verantwortung nicht noch Öl in das Feuer zu gießen und sollte nichts teilen, wo er weder Urheber noch Datum und Zeit kennt und dessen Inhalt er genau geprüft hat.

Ein Video, welches ich noch erhalten habe, zeigte Fumarolen an der

Südseite der Montaña Tamanca. Habe es länger angeschaut und die Rauchentwicklung sieht nicht nach Steinschlag aus. Das Video scheint plausibel. Ich habe dazu aber noch keine weiteren offiziellen Informationen und werde morgen wahrscheinlich noch einmal darauf zurückkommen. –> Nachtrag 21:47 Uhr: die PEVOLCA hat dies nicht bestätigt und von Steinschlag gesprochen.

Die Deformationen sind stabil, keine Veränderungen.

Und ja, es gibt einen Plan für die Gebiete. Puerto Naos ist ab nächster Woche nur noch am Freitag zu besuchen, wenn die Situation solche Besuche überhaupt erlaubt.

Das Wetter, wie schon gemeldet, heute Abend war die Inversion auf 400 m. Es brennt an vielen Stellen und die Rauchentwicklung verteilt sich unter der Inversion im Valle. Die Luftqualität kann sich merkbar verschlechtern. Das bleibt voraussichtlich bis einschließlich nächstem Donnerstag so. Wind unter der Inversion, Passat auf der Leeseite, also im Valle kaum Wind. Über der Inversion dominierende Richtung aus Süd, was die Aschewolke auch wieder in Richtung Nord verfrachten kann.

Sonntag, 17. Oktober

Vulkaninformation Sonntagmorgen

09:30 Der Vulkan ist immer noch etwas ruhiger als auch schon. Immer noch sind zwei Schlote zu beobachten, aus welchen Rauch aufsteigt. Die Lava fließt auch immer noch über die NW-Flanke. In der Nacht konnte man unterhalb des Fußballfeldes von La Laguna eine Linie von Bränden ausmachen. Da sind sicher weitere Häuser der Lava zum Opfer gefallen. Das Fußballfeld in La Laguna, welches lange nur zur Hälfte mit Lava bedeckt war, ist nicht mehr auffindbar.

Die Seismizität bleibt gleich. Es wurden keine Veränderungen festgestellt. Auch heute morgen früh um 4:10 Uhr gab es ein starkes Beben der Stärke mbLg 4,3 in 35 km Tiefe, das von weiten Teilen der Bevölkerung mit Intensität IV gespürt wurde. In der Abb. 5.31 (S.147) sieht man, dass die letzten Beben im Bereich 10-15 km eher am oberen Rand dieser Magmakammer stattfanden. Auch hier kein Zeichen der Entlastung.

5.2. - Woche 4 (11. - 17. Oktober)

Abb. 5.30. Vulkan 17.10.

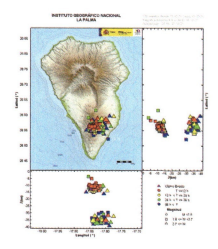

Abb. 5.31. Bebenkarte 17.10.

PEVOLCA ist gestern den Hinweisen nach Fumarolen bei der Bodegón Tamanca nachgegangen. Untersuchungen haben ergeben, dass Asche in Bewegung kam, langsam den Hang runter rieselte und dabei im unteren Bereich Staub aufwirbelte. Deshalb passte die Erklärung Steinschlag nicht. Steinschläge produzieren eine Linie von Staub. Gut, dass die Verantwortlichen diesen Hinweisen schnell nachgingen und sie entkräften konnten.

Die Verformung in Jedey, welche vor 4 Tagen festgestellt wurde, hat sich gänzlich zurückgebildet. Auch die weiteren Stationen zeigen keine Verformungen an.

> **Wetter:**
>
> Die Inversion ist sehr tief, bei 400 m, der Passat schwach. Das behindert, wie ich schon mehrfach erklärte, die Belüftung der Insel im Lee-Bereich bis 400 m und kann die Luftqualität negativ beeinflussen. Der Tag beginnt relativ klar, die Asche wird im Moment nach NO geblasen, was mit der Windprognose für diese Höhe übereinstimmt.

5. Blog: Oktober 2021

> Das METAR des Flughafens, welches um 6 Uhr noch Asche gemeldet hat (VA), sagt nun, sie sei sehr nah (VCVA). Die Wolke geht von 0 bis 10.000 ft (3.000 m) und zieht sich rüber bis in einen Bereich nördlich von Teneriffa.
>
> ***Montag 18. Oktober***
> Der Wind ist ab Vulkanhöhe bis auf etwa 3.000 m sehr schwach. Das kann dazu führen, dass erneut Asche in einem großen Radius um den Vulkan fällt. Über 3.000 m dann Südwind. Alles was über diese Höhe aufsteigen kann, wird dann nach Norden geblasen. Die Inversion bleibt sehr tief.
>
> ***Dienstag 19. Oktober***
> Bis auf rund 3.000 m Nordostwind. Das heißt, die Aschewolke wird über das evakuierte Gebiet ins Meer geblasen. Das kann eine Entlastung für den Flughafen bedeuten. Über 3.000 m anhaltender Südwind. Die Inversion bleibt tief.

Wohnungssuche

Ich habe mich entschieden, derzeit nicht wegzuziehen, um nicht weiteren Evakuierten eine Möglichkeit wegzunehmen, ich habe ja immer noch mein Haus.

Aber hier ein erneuter Aufruf:
Eine Palmera sucht für sich und ihre Mutter sowie ihre 5 Hunde und zwei Katzen eine Wohnung oder ein Haus. Sie mussten aus Las Manchas evakuieren, sind provisorisch untergebracht, aber die Verhältnisse sind äußerst schwierig. Wenn jemand etwas Passendes vermieten oder für Gartenarbeit, Asche schaufeln etc. für die Dauer des Vulkanausbruchs zur Verfügung stellen kann, dann schreiben Sie mich bitte an. Wäre schön, wenn wir hier helfen könnten!

Vulkaninformation Sonntagabend

17:55 Die Pressekonferenz dauerte einmal mehr lange und brachte nicht viel. Ich verstehe nicht, warum diese Selbstbeweihräucherung noch akzeptiert wird. Wir möchten ja eigentlich nur die Veränderungen präsentiert bekommen und einen Ausblick.

Seismizität gleichbleibend, Tremor gleichbleibend hoch, mit stärkeren Impulsen. Es ist auch weiterhin möglich, dass sich Erdbeben ereignen, welche von der Bevölkerung gespürt werden. Der SO_2-Ausstoß hat sich gegenüber vorgestern auf 8.200 t/Tag vermindert. Die Luftqualität war heute Morgen vor allem in Puntagorda und Fuencaliente schlecht. Dorthin wird die Luft aus dem Valle bei bestehendem Passat hin verfrachtet. Der erste Lavafluss wird immer noch alimentiert, mit wenig Material, aber er ist immer noch aktiv. Der aktivste Lavafluss ist der neue, der im südlichen Teil der Montaña La Laguna fließt. Die Spitze war heute Mittag um 12 Uhr noch 260 m vom Meer entfernt. Sie soll sich mit 15 m/h bewegen, was bedeuten würde, dass sie morgen früh das Meer erreicht. Ein präventiver Lock-Down für die nahen Gebiete ist nicht geplant. Falls die Luftqualität zu schlecht werden sollte, fahren Lautsprecherwagen umher, um die Bevölkerung zu warnen. Einmal mehr: FFP2 Masken schützen gut vor Staubpartikel und Asche. Kleine chemische Moleküle werden NICHT gefiltert. Das heißt, wenn Sie gebeten werden, zu Hause zu bleiben und Türen und Fenster zu schließen, sollten Sie es auch machen.

Im Moment ist Tajogaite eher ruhig. Ich kann sogar den Blogeintrag schreiben, ohne mich ständig zu fragen ob die Erschütterungen nun vom Schall kommen oder wieder von Erdbeben sind :-)

5.3. - Woche 5 (18. - 24. Oktober)
Montag 18. Oktober
Vulkaninformation Montagmorgen

09:15 Guten Morgen. Ein Überblick: Der SO-Kamin hat sich wieder reaktiviert und produziert Asche. Der NW-Kamin Lava. Es hat sich noch ein dritter, kleinerer Kamin gebildet. Es sieht so aus, als ob die miteinander kommunizieren. Die Seismizität ist unverändert relativ hoch, wie man in Abb. 5.32 (S.150) sehen kann. Auch in der letzten Nacht haben sich Beben ereignet, die von der Bevölkerung verspürt wurden. Das stärkste mit mbLg 4,6 um 0:57 Uhr in 36 km Tiefe. Es sind keine weiteren Deformationen der Inseloberfläche sichtbar.

Ob der Lavastrom südlich der Montaña La Laguna das Meer erreicht

5. Blog: Oktober 2021

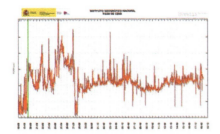

Abb. 5.32. Seismizität 18.10. **Abb. 5.33.** Luftqualität 18.10.

hat, kann ich im Moment noch nicht sagen. Ich sehe keine Dampfwolke und habe noch keine weiteren Informationen oder Bilder erhalten. Die Luftqualität ist recht gut für die Wetterlage. Nur Los Llanos meldet etwas erhöhte, aber noch nicht problematische CO-Werte.

Die Asche wird vom Vulkan nun in Richtung Puntagorda verfrachtet. Auch in der letzten Nacht kam in El Paso wieder Asche runter. Alles, was gestern geputzt war, ist wieder schwarz. Die Menge hält sich noch in Grenzen, wahrscheinlich unter 2 mm. Die Asche ist sehr fein und daher dicht. Das entspricht einer zusätzlichen Dachbelastung von maximal 2 kg/m^2.

Der Flughafen wurde heute Morgen von Binter aus Gran Canaria angeflogen. Ob weitere Flüge folgen, ist noch nicht klar.

Die Wetterprognose für heute bleibt den ganzen Tag gleich. Die Asche wird über das Valle in den Norden geblasen.

Luftqualität

10:56 Die Luftqualität ist zum Teil schlecht. Speziell die kleinen, lungenschädigenden Partikel sind zum Teil stark erhöht. Wenn Sie in einem solch betroffenen Gebiet raus müssen, tragen Sie besser FFP2 Masken.

Wetterprognose

11:15 Hier noch die Wetterprognose für die kommende Woche:

5.3. - Woche 5 (18. - 24. Oktober)

Heute, Montag 18. Oktober
Ostwind auf Meereshöhe. Dieser beschleunigt etwas im Süden auf der Ostseite. Verändert aber auf der Westseite durch die Inversion, welche bereits auf Meereshöhe beginnt, nichts. Die Obergrenze der Inversion ist bei 600 m, im Tagesverlauf eher noch etwas ansteigend. Die Luftqualität kann im Westen zeitweise vor allem unter 700 Höhenmeter zeitweise sehr schlecht sein. Achtung: Kleine Aschepartikel sind schädlich für die Lunge! Dagegen draußen FFP2 Maske tragen! Wenig Wind auf 2.000 m darüber Südwind. Die Asche wird über das ganze Tal getragen und zieht in Richtung Puntagorda.

Dienstag 19. Oktober
Immer noch sehr tiefe Inversion und je nach Entwicklung des Vulkans zeitweise schlechte Luftqualität vor allem im Westen unterhalb 700 m. In Sta. Cruz bringt der Passat von 18 kn frische Luft aus dem Nordosten. Immer noch schwacher Höhenwind und ab 3.000 m Südwind. Die Asche zieht auch am Dienstag in Richtung Nord.

Mittwoch 20. Oktober
Passat 21 kn, immer noch sehr tiefe Inversion mit damit einhergehender potenziell schlechter Luftqualität im Valle. Immerhin wird sich die Situation betreffend Asche im Valle verbessern, da der Wind in der Höhe auf 2.000 m aus Nordost und weiter oben aus Nordwest bläst.

Donnerstag 21. Oktober
Zunehmender Passat auf Meereshöhe mit 24 kn. Die Inversion steigt zögerlich auf vielleicht 400 m. Es ist möglich, dass sich durch den starken Passat im Westen Gegenwirbel einstellen, welche das Valle belüften könnten. Das hängt aber sehr von der Inversionshöhe ab. Ist die auf 500 m, dann passiert es sicher, ist sie auf 300 m, dann bleibt die stickige Luft erhalten. In der Höhe bläst der Wind nun aus Nord, die Asche wird in den Süden verfrachtet.

Freitag 22. Oktober
Die Inversion steigt auf 1.000 m an. Der Passat bläst auf Meereshöhe mit 23 kn. Das provoziert im Lee auf der Westseite, endlich sicher den gewünschten Ansaugeffekt und die schlechte Luft wird im süd-

5. Blog: Oktober 2021

lichen Teil in den Süden und im nördlichen Teil in den Norden weg gesaugt. Höhenwinde Nord bis Ost blasen die Asche weg vom Valle.

Samstag 23. Oktober
Die Inversion steigt noch weiter an und soll nun auf 1.500 m zu liegen kommen. Dazu kommt auch Passat mit 12 kn auf 1.500 m, was die Brisa in El Paso aufleben lässt. Höhenwinde aus Nordost. Die blasen die Asche über das evakuierte Gebiet ins Meer.

Sonntag 24. Oktober
Praktisch wie der Samstag.

Abb. 5.34. 18.10. 8 Uhr

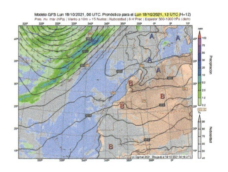
Abb. 5.35. Wetter 18.10.

Vulkaninformation Montagabend

18:20 Heute sind wieder zwei Kamine aktiv. Der SO-Kamin spuckt massenhaft schwarze Asche aus, der NW-Kamin weißen Rauch, also Gase und auch Lava. Es scheint, dass sich der Lavafluss etwas vermindert hat. Es kann aber auch sein, dass diese einfach in Tunneln fließt und so nicht mehr so gut sichtbar ist. Die SO_2-Werte sind noch einmal gesunken und nun bei 3.900 t/Tag (vor paar Tagen noch bei über 14.000 t/Tag). Das sind gute Nachrichten, obschon sich alles wieder schnell ändern kann. Die Seismizität ist in etwa gleich geblieben mit einem Erdbeben von mbLg 4,6 in 36 km Tiefe, welches von der Bevölkerung mit Intensität IV gespürt wurde. Die betroffene Fläche beträgt nun 773,2 ha, das entspricht 1,1 % der gesamten

Inselfläche von 708,3 km². Der nördlichste Lavafluss, welcher beim Camino Cumplido in La Laguna gestern schon stehen geblieben ist, bewegt sich nicht mehr. Der Lavafluss vom Sparmarkt hat nur noch wenig Abstand zur Küste, ist aber nicht, wie ursprünglich gedacht, bereits im Meer angekommen. Das wird erst in Kürze erwartet. Täglich haben wir fast an allen Fronten weitere schlechte Zahlen zu präsentieren. Die Zahl der betroffenen Gebäude hat nun die katastrophale Nummer von 1.956 erreicht, 61 weitere Gebäude sind in unmittelbarer Gefahr was die Zahl dann über 2.000 erhöhen wird.

Das Gebiet von La Condensa wurde vom Stromnetz getrennt. Die Elektroleitungen wurden durch betroffene Strommasten gestreckt und die Masten knickten reihum weg, Abb. 5.37 (S.154). Es wurden sofort Generatoren angeschlossen und das Gebiet scheint nun weiter versorgt.

Heute hat die Schule problemlos angefangen. Morgen ist für Schüler in Tazacorte schon wieder Schluss. Für einen Tag wird die Schule online durchgeführt da man befürchtet, dass sich die Luftqualität morgen noch einmal verschlechtern könnte, weil die Lava südlich von der Montaña La Laguna ins Meer fließt.

Der Flughafen ist heute offen. Es wird gestartet und gelandet.

Dienstag 19. Oktober, 1 Monat
Vulkaninformationen Dienstagmorgen

08:45 Leider gehen die Eruptionen und der Auswurf an Lava unvermindert weiter. Nur etwas ruhiger ist der Vulkan geworden, das kann aber dem unerwartet aufgekommenen Passat geschuldet sein. Dieser bläst Rauch und Asche derzeit in Richtung West. In der Nacht hat sich nördlich des Lavaflusses des Callejón de La Gata ein weiterer Lavafluss gebildet. Das sind schlechte Nachrichten, bedroht dieses stetig nach Norden wachsend doch wieder viele weitere Häuser, da die Lava immer näher an das Zentrum von La Laguna kommt. Ich sehe, dass Häuser brennen, kann deren genaue Lage im Moment aber nicht einschätzen. Weiter kann ich eine Wolke von Wasserdampf südlich der Montaña La Laguna sehen. Offensichtlich hat die Lava dort das Meer erreicht.

5. Blog: Oktober 2021

(Später stellte sich heraus, dass die Wolke von einem von der Lava überdeckten Wassertank stammte.)

Die Seismizität ist gleichbleibend, die Erdbeben bleiben auf die zwei Magmakammern beschränkt und zeigen keine Anzeichen eines Aufsteigens.

Die Luftqualität unter der Inversion, welche bis rund 600 m reicht, ist im Moment gut. In Tacande bläst Brisa. Das war gestern so nicht vorausgesagt. Diese bringt frische Luft, bläst aber die feine Asche von den Dächern. Das Tragen von Schutzbrillen und FFP2 Masken beim Verlassen des Hauses ist unabdingbar.

Nachtrag Vulkaninformation

Abb. 5.36. Vulkan 18.10.

Abb. 5.37. Südlich Montaña La Laguna ◊

08:52 Es ist davon auszugehen, dass die in Abb. 5.39 (S.155) eingezeichnete Lavazunge aktiviert wurde und die Lava im Moment in Richtung Zentrum La Laguna geschoben wird. Die kleine Umfah-

5.3. - Woche 5 (18. - 24. Oktober)

Abb. 5.38. La Laguna 8:45 Uhr

Abb. 5.39. Plan 8:30 Uhr

rungsstraße hat sie bereits überrollt, Abb. 5.38 (S.155).

Lagebericht La Laguna

10:56 Die Lava kommt langsam voran. Sie steht jetzt ungefähr kurz vor der LP-213.

Die publizierte Gefahrenkarte, Abb.5.40, geht von einer eher geringen Gefahr für das nun betroffene Gebiet aus. Es könnte auch sein, dass die Lavawalze doch noch nach Süden abdreht.

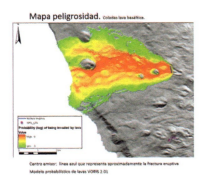

Abb. 5.40. Gefahrenkarte

Abb. 5.41. Plan La Laguna

Nachtrag 13:50 Uhr: Abb. 5.40 (S.155) ist leider vom 20. September und hat daher nur bedingte Aussagekraft.

155

Auf einem Flachdach in der Nähe der Lavawalze kann ich mehrere Feuerwehrmänner sehen. Frustrierend, wenn man einfach nur zusehen muss, was passiert. Gegen diese Naturgewalt können wir nichts, aber auch gar nichts ausrichten.

Lagebericht 2 La Laguna

13:55 Die Lava fließt weiter in Richtung La Laguna. Sie hat bereits den Kreisverkehr in der Nähe des Casa Chicho zugedeckt und ist von Norden her rund 150 m von der Tankstelle La Laguna entfernt. In Abb. 5.39 (S.155) ist als runder Punkt eingezeichnet, wo ich die Lavazunge im Moment sehe. Die Breite kann ich infolge des flachen Sichtwinkels nicht beurteilen.

Vulkaninformation Dienstagnachmittag

15:30 Die Pressekonferenz ist vorbei. Die Seismizität ist gleichbleibend, es wurden keine weiteren Deformationen festgestellt, im Gegenteil, etwas weg von der Eruption haben sich die Deformationen leicht zurückgebildet. Der SO_2-Ausstoß ist nach wie vor sehr hoch und war gestern bei 9.938 t pro Tag. Kohlenmonoxyd über die ganze Cumbre Vieja gerechnet lag bei 822 t pro Tag. Der vulkanische Tremor ist gleichbleibend und hoch. Die betroffene Landfläche beträgt nun 780 ha, 16,6 ha mehr als gestern. Der nördlichste Lavafluss besorgt im uns Moment. Er ist nun knapp südlich der Tankstelle von La Laguna. Die Experten hoffen, dass die Lava nach dem Überqueren der Hauptstraße nach Süden abbiegt, wie in der Gefahrenkarte, Abb. 5.43 (S.157), von heute dargestellt. Das Gelände würde einen solchen Drift und eine Vereinigung mit der Colada #7 begünstigen.

Diese Colada #7 fließt mit einer Geschwindigkeit von 5-10 m/h in Richtung Meer, hat dieses aber noch nicht erreicht. Wenn die Lava ins Meer fließt, werden die 4 nächsten Barrios von Tazacorte in den Lock-Down gesandt, bis die Luftqualität überprüft und als gut befunden wurde.

Gestern kam ein Team aus Madrid mit einer großen Transport-Drohne. Sie wollen damit die Podenco-Hunde retten, welche schon tagelang in einem Wassertank zwischen zwei Lavaströmen eingesperrt sind. Diese Hunde wurden bislang mit kleineren Drohnen mit

5.3. - Woche 5 (18. - 24. Oktober)

Abb. 5.42. 19.10. 19:30 Uhr

Abb. 5.43. Gefahrenkarte

Wasser und Futter versorgt. Der Plan wurde gestern noch der Inselregierung vorgelegt und bewilligt. Heute soll mit kurzen Probeflügen begonnen werden.

Haus gesucht

Auf meinen gestrigen Aufruf habe ich keine einzige Reaktion erhalten. Deshalb noch einmal:
Wir suchen für eine Palmera mit ihrer Mutter und 5 Hunden eine Bleibe, bis die Evakuation von Las Manchas vorbei ist. Ich kenne beide persönlich. Sie besitzen ein Haus in Las Manchas, mussten dies aber wegen der Evakuation verlassen. Wenn Sie über ein Haus verfügen, das Sie jetzt nicht brauchen, da Sie während des Vulkanausbruchs eh nicht nach La Palma kommen wollen, wäre dies eine einmalige Gelegenheit zu helfen. Es stehen unzählige Immobilien leer und es sind >7.000 Menschen evakuiert. Sie können mich unter meiner e-Mail erreichen.

Vulkaninformation Donnerstagabend

20:26 Heute vor einem Monat ist der Vulkan mit einem Rumpser um ca. 15 Uhr ausgebrochen. Der, welcher immer noch keinen Namen hat und den ich Tajogaite nenne, obschon Devil, Bestia oder Monster viel treffendere Namen wären. Vor einem Monat hätten wir uns noch nicht träumen lassen, welche desaströse Verwüstung die Lava hinterlassen würde. Einmal am Meer angekommen, dachten wir noch, das ist es, die Lava fließt nun in dem Kanal ins Meer, bildet ein Delta. Wir warten, bis der Ausbruch vorbei ist. Aber Tajogaite ist ein Biest. Jeden Tag was Neues und jeden Tag mehr Zerstörung. Die letzte schreckliche Tat ist die, einen neuen Lavafluss am Rand des nördlichsten zu bilden. So fließt die Lava immer weiter in nördlichere Gebiete. Heute Abend ist sie nur noch etwa 100 m von der Schule in La Laguna entfernt. Es brennt an vielen Orten, wie Sie vielleicht schon im Bild, welches ich auf Twitter gestellt habe, gesehen haben. Weitere Häuser, weitere Existenzen vernichtet. Ein Monat nach dem Ausbruch ist die Bilanz katastrophal, und wir sind nicht in der Endphase, wohl eher mitten drin.

Der gestern verstorbene ehemalige Außenminister der U.S.A., Colin Powell, hat seine Regeln in einem Buch veröffentlicht. Sie passen auch für uns, ein Auszug von 5 seiner 13 Regeln:

- Es ist nicht so schlimm, wie Sie denken. Morgen sieht es besser aus.
- Bleiben Sie ruhig, seien Sie freundlich.
- Habe eine Vision, sei anspruchsvoll.
- Lassen Sie sich nicht von Ihren Ängsten oder von Pessimisten belehren.
- Ewiger Optimismus ist ein Kraftvervielfältiger.

In diesem Sinne hoffe ich, dass wir alle stark und optimistisch bleiben!

Mittwoch 20. Oktober

Vulkaninformation Mittwochmorgen

08:51 Die Situation ist praktisch unverändert. Die Seismizität gleichbleibend. Aber gestern Abend um 22:45 Uhr hat sich wieder ein recht starkes Beben mit mbLg 4,8 in einer Tiefe von 39 km ereignet. Es wurde von der Bevölkerung mit V gespürt, die bisher höchste Einstufung. Es sind weiterhin keine Anzeichen feststellbar, dass sich die Bebentiefen verändern.

Der nördlichste Lavafluss ist gestern weiter über den Camino Cumplido geflossen und hat nun auch die Zentrale von Montarent vernichtet. Vorübergehend befindet sich deren Büro in Los Llanos an

5.3. - Woche 5 (18. - 24. Oktober)

der Calle Fernández Taño neben der Plaza Chica (Büro Irismar).

Auf den weiteren Weg ist die Lava südlich des Colegios fast bis zum Dorfkern vorgedrungen. Es scheint nun, dass sie sich etwas verlangsamt hat. Vielleicht fließt sie doch noch - wie einige Modelle voraussagen - nach Süden weg. Die Häuser werden zwar wie Spielzeug überrollt, aber sie können den Lavafluss trotzdem auch beeinflussen. Der Tag wird zeigen, wie es mit La Laguna weitergeht.

Der Passat hat deutlich zugelegt. In El Paso fegt er mit bis zu 50 km/h den Berg runter. Das putzt die Dächer automatisch und bringt frische Luft. Man sollte aber nicht ohne Schutzbrille raus. Die feinen Ascheteilchen verletzen schnell ein Auge! Die Luft ist bis auf rund 800 m isotherm geschichtet. Das heißt, die Temperaturen sind gleich. Dies bremst den Passat in den unteren Schichten ab. Was in Tacande noch mit 50 km/h bläst, kommt in Los Llanos, wenn überhaupt, noch als leichter Bergwind an. Für gute Belüftung im Tal muss diese stabile Luftschicht weg.

Wetterprognose

Der Passat hat zugenommen und weht auch als Brisa in El Paso. Die untersten Luftschichten sind immer noch recht stabil, zwar keine Inversion, aber eine Isothermie hat sich bis auf rund 600 m gebildet. Die gleichbleibende Temperatur behindert eine gute Durchlüftung. Der Wind in der Höhe weht bis in den Nachmittag aus SO, was immer wieder auch Ascheregen in El Paso und Los Llanos provozieren kann. Gegen Abend dreht er dann auf Nord und bläst die Asche in Richtung Süden.

Donnerstag 21. Oktober

Starker Nordost-Passat auf Meereshöhe. Inversion auf 200 m behindert eine Durchlüftung der untersten Lagen. Der Passat weht auch auf Höhe der Cumbre mit 20 kn und die Brisa wird weit herunter blasen, vielleicht sogar bis Los Llanos. Höhenwind Nord, das heißt die Asche wird dann nach Süden verfrachtet.

5. Blog: Oktober 2021

Freitag 22. Oktober
Der Passat weht auf Meereshöhe mit 18 kn. Auf Höhe der Cumbre dreht er auf Nordwind. Es kann sein, dass die Brisa in El Paso einschläft. Höhenwind Nordwest bläst die Asche in Richtung El Hierro. Die Inversion kommt auf 1.000 m zu liegen, was die Luftqualität im Valle deutlich verbessert.

Samstag 23. Oktober
Passat auf Meereshöhe immer noch um die 20 kn. Auch in der Höhe weht der Wind aus nordöstlichen Richtungen. Ab 4.000 m sogar aus Osten. Die Asche wird in Richtung El Hierro verblasen. Die Inversion steigt auf 1.500 m, was noch besser für die Luftqualität ist. In El Paso wieder etwas Brisa. Die Luft ist etwas feuchter und es bilden sich lokale Stratuswolken mit Basis um die 1.200 m.

Sonntag 24. Oktober
Der Passat bläst immer noch stark auf Meereshöhe mit 20 kn und nimmt auch mit der Höhe nur zögerlich ab. Die Asche wird weiterhin in Richtung El Hierro verblasen. Die Inversion bleibt am Sonntag mit 1.500 m hoch, die Luft feucht mit Wolkenbasis um die 1.100 m.

Montag 25. Oktober
Weiterhin starker Passat, welcher auf der Ostseite für frische Luft sorgt. Auch in der Höhe weht der Wind aus Nordost und bläst Gase und Asche weiter nach El Hierro. Die Inversion kommt etwas runter auf 1.000 m.

Dienstag 26. Oktober
Gleiche Prognose wie für den Montag.

Ab Samstag 24. Oktober sehe ich keinerlei Probleme mit Ascheregen am Flughafen bis Dienstag 26. Der Betrieb sollte ohne Einschränkungen möglich sein.

5.3. - Woche 5 (18. - 24. Oktober)

Vulkaninformation Mittwochnachmittag

15:47 Der Präsident der Kanarischen Inseln und der Präsident von La Palma haben die Pressekonferenz eröffnet. Beide haben klargelegt, dass alles unternommen werde, um La Palma nach dem Erlöschen des Vulkans wieder aufzubauen. Es seien derzeit Diskussionen im Gange, wie und wo man Land umzonen könnte, um Bauland zur Verfügung zu stellen. Der Präsident der Kanaren war heute in einer entsprechenden Sitzung präsent. In Bezug auf die Entwicklung der Eruption sehen die Wissenschaftler eine stabile Phase. Es wird auch die nächsten Tage so weitergehen. Die Parameter zeigen keine Entlastung an. Die Lavaflüsse, welche schon heute Morgen gefährlich nahe am Dorfkern von La Laguna waren, schieben sich weiter voran. Der Lavafluss vom Camino Campitos ist nur noch ein paar Meter vor der Schule, bewegt sich nur sehr langsam. Der Lavafluss, welcher vor kurzer Zeit über die Tankstelle La Laguna floss, hat jetzt der Rauchentwicklung zur Folge wahrscheinlich die Kreuzung in der Dorfmitte erreicht (15:37 Uhr).

Abb. 5.44. La Laguna 15:50   **Abb. 5.45.** Schule 14:30

Die Wissenschaftler können nicht sagen, ob dieser Fluss später wieder über die Südseite der Montaña La Laguna fließen wird, oder über die Cra. La Laguna Tazacorte. Die Lavazunge, welche nach ersten Prognosen schon vor zwei Tagen das Meer hätte erreichen sollen, ist noch 130 m vom Ufer entfernt. Es sind keine aktuellen Sentinel-Daten vorhanden, also auch keine Informationen, wie viele Wohnhäuser zerstört wurden. Es sind nun 807,9 ha Landfläche mit Lava überdeckt, was 1,1 % der gesamten Inselfläche entspricht.

Die Beben werden weitergehen und es wird nicht ausgeschlossen, dass solche von der Bevölkerung auch mit VI auf der Mercalli-Skala[3] eingestuft werden können. Achtung: diese Skala nicht mit der Richterskala der Bebenintensität verwechseln! Damit diese Verwechslungen nicht passieren, werden die Stufen der Mercalli-Skala immer in römischen Zahlen geschrieben.

Stufe VI bedeutet: Von allen verspürt, viele Menschen sind verängstigt, das Gehen wird schwierig. Leichte Schäden an Gebäuden, Risse und ähnliche Schäden im Putz. Schwere Möbel können sich verschieben, Gegenstände fallen von Regalen und Bilder von den Wänden. Bäume und Büsche schwanken.

Gute Nachricht

Mein Aufruf im Blog für eine Unterkunft der Palmera mit den 5 Hunden war doch noch erfolgreich. Ein Schweizer Ehepaar kam per Zufall auf meinen Blog und hat sich sofort bereit erklärt, ihr Haus in Fuencaliente für die Zeit kostenlos zur Verfügung zu stellen.

Endlich auch mal eine gute Nachricht! Herzlichen Dank.

Donnerstag 21. Oktober

Vulkaninformation Freitagmorgen

08:15 Auch in der Nacht hat Tajogaite weiter gewütet. Trotz meiner unmittelbarer Nähe war er eher leise. Dies liegt wohl auch am Nordost-Passat, welcher Rauch, Gase und den Schall von uns weg trägt. Heute morgen konnte ich beobachten, dass der Lavafluss südlich des Callejón de La Gata mehr leuchtete und wahrscheinlich aktiver als der nördliche ist. Es kann aber auch sein, dass die Lava

---

[3] https://de.wikipedia.org/wiki/Mercalliskala

5.3. - Woche 5 (18. - 24. Oktober)

für mich unsichtbar tiefer fließt. Der Vulkan hat schon mehrere Male gezeigt, dass er ein „Cabron" ist. Er gibt dir Hoffnung, um dir später ins Gesicht zu schlagen. Doch Optimismus ist - wie wir wissen - auch eine Quelle der Kraft. Drum bleiben wir optimistisch. Die Lava ist in der Nacht weiter in den Dorfkern von La Laguna vorgestoßen. Zuerst schien es, als ob die Kirche verloren wäre und die Schule gerettet. Heute Morgen zeigt sich das Bild genau anders.

Abb. 5.46. Vulkan 21.Oktober   **Abb. 5.47.** La Laguna 21. Okt.

Von der Schule steht kaum mehr was, der Kirchplatz, Abb. 5.47 (S.163), durch die großen Lorbeerbäume ersichtlich, steht noch. Das Gelände, auf welchem sich die Lava nun befindet, verhält sich wie eine Wasserscheide. Die Berechnungen lassen die Lava eher nach Süden abgleiten und sich mit den alten Coladen verbinden. Im Moment sieht das auch so aus. Das wäre vorerst die Rettung für das Gebiet La Condensa.
Die Seismizität ist seit rund 10 Tagen in etwa gleichbleibend.

Spendenaufruf

Bei einigen Lesern wird das wieder ungute Gefühle aufwühlen. Ein Spendenaufruf für eine Privatperson, nicht für eine Institution. Wenn Sie das nicht mögen, lesen Sie einfach nicht weiter.

Anfang September war die Welt auf La Palma für alle noch in Ord-

5. Blog: Oktober 2021

nung und auch am 19. September, als der Vulkan ausbrach, haben wir nicht geahnt, welche apokalyptischen Ausmaße diese Katastrophe nehmen würde. Ich habe bereits am 20. September offizielle Kontonummern für Spenden publiziert (S.49).

Ich bekomme auch viele Rückmeldungen, dass mein Blog wertvoll sei. Viele Leser möchten auch dafür bezahlen. Der Blog ist und bleibt kostenlos, wenn Sie aber was tun möchten, dann unterstützen Sie meine lokalen Freunde, die nicht soviel Glück hatten wie ich:

Gestern habe ich eine erneute Aktion von GoFund Me gesehen. Diese hat Max Deffner / Solarmax / Montarent gestartet. Die Hoffnung, dass der Lavastrom vor ihren Häusern stehen bleibt, hat sich nur kurz erfüllt. Alle Häuser, die Garagen und Werkstatt wurden am Camino Cumplido doch zerstört. Max hat nie gezögert selber zu helfen und auch am 4. Oktober noch eine Spende von €4.000 an das Rote Kreuz getätigt, ohne zu wissen, dass er zwei Wochen später selber eine Spendenaktion starten würde.

Seine Aktion ist wie die von Emanuela und Silvia eine eigene, private Initiative auf der GoFundMe-Plattform.

Auch mit €5 kann man sagen, ich denk an Dich! Falls Sie Max was spenden können, gelangen Sie mit QR-Code auf S.356 zu seiner Aktion.

Bodenverformung

10:49 Die Abb.5.49 (S.165) zeigt eine Verformung von 10 cm im Bereich Tazacorte. Weil dies nach gesundem Menschenverstand nicht möglich ist und auch die GPS-Stationen keine solchen Bodenverformungen melden, habe ich bei Stefan Scheller um Hilfe nachgefragt. Stefan ist Physiker und hat HDMeteo programmiert. Seine Interpretation: Es handelt sich um Interferenzen bedingt durch den Calima. Diese Karte wird mit Radarmessungen erstellt und gegenüber einer

5.3. - Woche 5 (18. - 24. Oktober)

Referenzmessung berechnet. Sie ist deshalb anfällig für meteorologische Interferenzen.

Abb. 5.48. 22.10. 16 Uhr

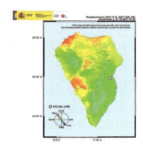

Abb. 5.49. Fragliche Verformungen

Also Entwarnung: Die GPS-Stationen welche das Problem nicht aufweisen, zeigen keine Bodenverformungen an und sind korrekt.

Solche Karten sollten immer mit einer wissenschaftlichen Interpretation dem Publikum zur Verfügung gestellt werden. Sie werden aber einfach ohne Bemerkung publiziert.

Schon vor etwa 10 Tagen hatten wir einen roten Bereich im Norden, der von der Boulevardpresse bis ins Detail zur Panikmache ausgeschlachtet wurde.

Team A

Sie haben es gelesen oder gehört. Mehrere Podencos, eingesperrt von zwei Lavaströmen, mussten mit Drohnen mit Futter und Wasser versorgt werden. Eine Firma mit großen Transport-Drohnen, welche auch 16 kg Last über längere Strecken transportieren können, hat sich nach La Palma aufgemacht, ihr Rettungsprojekt vorgestellt und letztendlich vorgestern von der Inselregierung die Bewilligung für die Flüge erhalten. Dies geschah vielleicht auch vor dem Hintergrund der großen Werbung, welche eine solche Aktion für die Firma darstellt. Gestern wurden solche Probeflüge durchgeführt und es waren auch Wärmebildkameras dabei. Hunde hat man keine gefunden, nur zwei Kaninchen. Es sei sehr heiß in der Zone hieß es, die Hunde hätten sich vielleicht in ein anderes Gebiet verzogen.

Ja, indirekt haben sie das. Sie wurden nämlich schon Anfang Woche gerettet. Ein paar Palmeros, die sich Team A nennen, haben sich aufgemacht und die Hunde in Sicherheit gebracht. Die Aktion fand unter größter Verschwiegenheit statt, die Regierung hätte nie bewilligt, dass sich Menschen in dieses Gebiet bewegen. Im Gegenteil, auch in dieser Woche wurde einer Gruppe, welche in gesperrtes Gebiet vordrang und dann Videos von sich und dem Vulkan im Netz publizierte mit je 5.000 Euro Bußgeld belegt.

Team A hat auch ein Video auf Facebook gestellt, aber listig. Man weiß nicht, wer sie sind. Nur ein Leintuch mit der Aufschrift „Stärke La Palma, den Hunden geht es gut, Team A" haben sie am Tank zurückgelassen (QR-Code S.356).

Das ist ein schöner Schildbürgerstreich, der auch etwas die Seele der Palmeros zeigt. Manchmal eigensinnig, hart im Nehmen, das Herz an der richtigen Stelle und verschwiegen wenn es darum geht, die Regierungsgewalt kreativ zu umgehen.

Vulkaninformation Donnerstagabend

19:45 Den ganzen Tag habe ich auf dem Dach verbracht und Asche weg geschippt. So blieb kaum Zeit weitere Recherchen anzustellen. Wenn Sie auch noch Asche wegräumen müssen, machen Sie das unbedingt vor dem ersten Regen. Die Asche ist dann, speziell von den Ziegeldächern, nass kaum wegzubekommen und birgt die Gefahr, die Abflüsse zu verstopfen. Am Wochenende soll die Luft feuchter werden und vereinzelte Niederschläge, vor allem im Nordosten, sind nicht auszuschließen.

Die Pressekonferenz von heute 14 Uhr ergab folgende wichtige Information: An den vom Vulkan entfernteren Stationen sieht man einen Rückgang der Inflation des Geländes. Auch der SO_2-Ausstoß hat sich noch einmal vermindert, er ist nun bei 2.710 t/Tag. Wir erinnern uns, ein gutes Zeichen für eine langsam einschlafende Eruption ist ein Wert um die 100 t/Tag. Da sind wir also noch weit weg davon.

Nachdem gestern in der Pressekonferenz noch versichert wurde es stehen keine weiteren Evakuationen an, musste man dann am Abend um 20:30 Uhr noch einen Evakuationsbefehl erlassen. Sehr ungeschickt von den Verantwortlichen. Aber die Leute sind nicht blöd, sie waren längst vorbereitet und viele auch schon weg.

Die Colada #10, welche heute nach La Laguna rein floss, hat sich mit derjenigen im Süden leicht verbunden (#8) und die Lava fließt nach Süden weg. Das ist eine vorläufige Erleichterung, denn auf der Nordseite der Montaña La Laguna stehen deutlich mehr Immobilien.

Die Colada #7, welche schon vor Tagen im Meer geglaubt wurde, steht fast, und befindet sich immer noch etwa 120 m vom Ufer entfernt.

Die Luftqualität wird im Moment von den Stationen als gut bewertet. Ich kann aber kaum nach La Laguna runterschauen. Dichte Schwaden liegen in der Luft. Die Inversion heute Abend auf 400 m, sie reicht bis auf 800 m hoch.

Freitag 22. Oktober

Vulkaninformation Freitagmorgen

09:19 Der Vulkan verhüllt sich heute etwas in Wolken. Die Inversion ist auf 1.000 m angestiegen und die schlechte Luft verteilt sich jetzt besser mit dem Nachteil, dass wir sie nun auch in El Paso haben.

5. Blog: Oktober 2021

Ab etwa 1.000 m dreht der Passat auf Nord, das heißt, dass in El Paso wahrscheinlich keine Brisa mehr weht, die Asche aber nach Süd geblasen wird. Der Flughafen ist im Moment in Betrieb.

Der nördlichste Lavafluss, welcher gestern nach La Laguna einfloss, ist wie erwartet nach SW abgedriftet. Die Situation heute Morgen ist gleich der von gestern mit Ausnahme, dass der erste Lorbeerbaum am Platz von La Laguna nun etwas angesengt ist. Die nahe heiße Masse hat ihm wohl zugesetzt. Das Loch, welches dieses Glück im Unglück bescherte, ist nun aber aufgefüllt. Bilden sich noch weitere Lavaströme nördlich, würden diese wahrscheinlich dann doch nördlich der Montaña La Laguna durchfließen. Hoffen wir, dass dieses Szenario nicht eintrifft.

Die Seismizität ist gleichbleibend. In der 3D-Darstellung fällt auf, dass die letzten Beben eher an der oberen Grenze der 10 km stattfanden. Auch wurde gestern Abend ein Beben von mbLg 4,4 und heute morgen eines von mbLg 4,2 von der Bevölkerung verspürt. Dies mit IV auf der Mercalli-Skala. Ich habe beide Beben wieder verpasst. Wahrscheinlich ist mein Haus auf einer absorbierenden Schicht gebaut oder ich bin doch zu nah an dem Vulkan und der ständige Lärm und die Vibrationen haben meinen Linie der Empfindlichkeit einfach angehoben :-).

Das weitere Wetter:

Samstag 23. Oktober
Auf Meereshöhe Nordost-Passat mit 20 kn. Der belüftet die Ostseite. Am Morgen im Nordosten / Osten Regen möglich. Dächer sollten dort nun geputzt sein. Auf 1.500 m 13kn NO-Wind. Die Inversion auf 1.500 m, das bringt auch in El Paso Brisa. Ab 3.000 m auch NO. Der Flughafen bleibt frei von Asche.

Sonntag 24. Oktober
Weiterhin strammer NO-Passat auf Meereshöhe, welcher der Ostseite

5.3. - Woche 5 (18. - 24. Oktober)

frische Luft zuführt. Die Inversion bleibt auf 1.500 m, die Luft feucht, und es bilden sich wie am Samstag Stratuswolken. In El Paso weht weiterhin die Brisa da der Wind mit 14 kn NO über die Cumbre Nueva bläst. Ab 3.000 m schwacher Südwind. Wird Asche soweit hochgetragen, kann diese auch wieder über El Paso und Los Llanos runterfallen.

Montag 25. Oktober
Weiterhin 18 kn Nordost Passat auf Meereshöhe und auch auf Höhe der Cumbre 18 kn, was immer noch eine starke Brisa in El Paso verursacht. Diese kann auch weit nach unten wehen und La Laguna, aber auch Los Llanos erreichen. Vielleicht erreicht sie sogar das Meer in Tazacorte. Die Inversion bleibt auf 1.500 m hoch, was diesen Effekt noch begünstigt. Die Feuchtigkeit auch hoch, was zu lokalen Stratuswolken führen wird. Über 3.000 m Ostwind, die Asche wird dann auf das Meer geblasen.

Dienstag 26. Oktober
Der Passat bleibt auf Meereshöhe mit 18 kn recht stark. Auch auf Höhe der Cumbre Vieja weht er mit 19 kn. Die Inversion ist auf 1.000 m abgesunken. Die 18 kn Passat werden diese aber wahrscheinlich im Bereich Cumbre Nueva anheben und in El Paso weiterhin zu Brisa führen. Ab 3.000 m weht NO- bis Nordwind.

Mittwoch 27. Oktober
Der Passat hat auf Meereshöhe auf 16 kn abgenommen. Auf Höhe der Cumbre Vieja wehen nur noch 9 kn NO. Die Inversion bleibt auf 1.000 m Höhe, die Belüftung durch die Brisa in El Paso wird wahrscheinlich wegfallen, aber die Luftqualität im Valle sollte nicht sehr schlecht werden. Ab 3.000 m weht kaum mehr Wind. Wird Asche in diese Höhe getragen, fällt sie vertikal wieder runter in die unteren Windsysteme.

Donnerstag 28. Oktober
Immer noch Passat mit 14 kn auf Meereshöhe. 11 kn auf Höhe der Cumbre, wahrscheinlich wieder einsetzende Brisa in El Paso. Ab 3.000 m Ostwind, die Inversion auf 1.500 m ansteigend.

5. Blog: Oktober 2021

> Zusammenfassend sehe ich kaum Probleme für den Betrieb des Flughafens in der nächsten Woche und auch in Bezug auf die Luftqualität ist die Wetterentwicklung vorteilhaft.
> Die feuchte Luft kann speziell auch mit der Asche schnell zu leichtem Niederschlag führen (Chirizo). Die nasse Asche ist dann nicht mehr leicht zu entfernen.

Vulkaninformation Freitagabend

18:30 Tajogaite hat sich weiter aufgetürmt und nun eine Fläche auf dem Konus gebildet. Es scheint wieder nur eine Frage von kurzer Zeit zu sein, bis dieses instabile Gebilde wieder zusammenbricht. Die Pressekonferenz war wieder erleuchtend. Der SO_2-Ausstoß wird mit 28.745 t/Tag angegeben, gestern waren es noch 2.710 t/Tag. Auf die Frage eines Journalisten, was denn diese Verzehnfachung bedeuten würde, sagte die verantwortliche Vulkanologin: „Die vorherigen Werte waren wahrscheinlich unterschätzt". Na bravo. Wenn ihr schätzt, liebe Vulkanologen, dann sagt es uns wenigstens und dann dürft ihr auch auf die nächsten 100 Tonnen runden. Ich weiß, dass die meisten keine Ausbildung in Kommunikation haben. Das merkt man auch, aber es wäre an der Zeit nach einem Monat, sich mal beraten zu lassen. Mit jedem Tag an dem so ein Kommunikationsdesaster passiert, schwindet nämlich das Vertrauen der Bevölkerung in euch und das ist nicht erwünscht. Nicht von euch und auch nicht von uns!
Das gestern vom Direktor verkündete erfolgte Zusammentreffen der Colada #8 mit der #10 hat auch nicht stattgefunden. Die Colada #10, welche in La Laguna den Südteil, die Schule und die Tankstelle vernichtete, ist noch nicht mit der im Süden vereint und es ist immer noch möglich, dass sich die Lava beim Auftreffen auf die Montaña La Laguna aufteilt oder nach Norden fließt.

Generell ist der Vulkan immer noch eher ruhig. Aber der Ascheausstoß hauptsächlich aus den östlichen Schloten hat wieder deutlich zugenommen. Aus den unteren Schloten entweicht weißer Rauch, wahrscheinlich viel SO_2.

5.3. - Woche 5 (18. - 24. Oktober)

Unterkunft gesucht

Ein weiterer Aufruf: Eine Freundin sucht eine Unterkunft für sich, ihren Mann, ihre Mutter, zwei Katzen und einen kleinen lieben Hund. Die Besitzer der Wohnung in welcher sie sich derzeit als evakuierte befinden, will seine Immobilie wieder sofort selber belegen. Deshalb erneut ein dringender Aufruf:

Wenn Sie ein Haus oder ein Apartment haben, das Sie im Moment eh nicht bewohnen, da Sie während des Vulkanausbruchs nicht nach La Palma kommen, stellen Sie es zur Verfügung. Sie können derzeit kaum besser helfen, haben jemanden der zum Haus schaut und putzt und haben gaaaanz viel Karmapunkte gewonnen. Deal? Dann bitte Mail an mich.

Pizzeria Evangelina

Für die Betroffenen ist es schwer, sich an die Öffentlichkeit mit einem Spendenaufruf zu wenden. Das macht kaum einer so schnell. Einer der ersten, die alles verloren haben, ist Rüdiger Singer, der Wirt der Pizzeria Evangelina in Jedey. Die ganze Familie wohnte in El Paraíso und sie waren die ersten Betroffenen des Vulkanausbruchs. Keine geordnete Evakuation war möglich, der Vulkan brach direkt über dem Barrio aus, man flüchtete mit dem, was man gerade noch finden und mitnehmen konnte. Die Pizzeria ist im Moment auch in evakuiertem Gebiet, aber auch wenn der Vulkan aufhört, bleibt sie noch lange vom Verkehr aus Los Llanos und El Paso abgeschnitten und nur von Fuencaliente her zugänglich. Eine ungewisse Zukunft für alle.

Rüdiger hat gestern deshalb auch eine GoFundMe-Kampagne gestartet, über die ich Sie gerne informieren möchte.

Wie immer, man kann auch mit €5 sagen, ich denk an dich! Die Kampagne kann über den QR-Code auf S.356 erreicht werden.

Die GoFundMe sind private Initiativen, die ich im Blog vorstelle. Die Spenden gehen direkt an die Betroffenen. Ich habe keine kommerzielle Verbindung mit ihnen und meine Aufrufe mache ich selbstverständlich kostenlos.

Samstag 23. Oktober

Vulkaninformation Samstagmorgen

09:20 Wie vorausgesagt, regnet es auf der Ostseite. Über El Paso hat sich durch den leichten Passat ein Föhnloch gebildet, eine wolkenfreie Zone im Lee. Der Vulkan ist in Wolken verhüllt, man sieht ihn schlecht, aber alle Schlote sind immer noch aktiv. Heute morgen ist er wieder zu einem explosiveren Modus übergegangen. Ab und zu knallt es. Die Erdbebenserie geht weiter, heute Morgen wurden 4 Erdbeben von der Bevölkerung gespürt, alle in Tiefen von 11-14 km. Die Seismizität ist auf gleichbleibendem Niveau.

Mir fällt aber bei den Erdbeben auf, dass die obere Magmakammer ganz schleichend offenbar etwas weiter hoch gekommen ist. Vergleicht man die Abb. 5.52 (S.181) mit solchen vor zwei Wochen und zieht eine Linie bei 10 km, dann sind doch auch einige Beben direkt darüber, also in 9 und 8 km. Im Moment hat das keine Konsequenzen, es könnte auch einfach ein Abtragen von Material bedeuten, welches durch die ständige Hitze und Beben erfolgt. Nach wie vor deuten die weiteren Parameter darauf hin, dass der bestehende Vulkan den Magmaeintrag bewältigen kann.

Die Colada #10, welche vor zwei Tagen nach La Laguna reinfloss, ist auch heute in Dorf an der genau selben Stelle wie gestern Abend. Sie sei aber gemäß dem technischen Direktor der PEVOLCA, Miguel Ángel Morcuende, unter starkem Druck, da von oben weiteres Material nach unten fließt.

Zuletzt noch die Hundegeschichte. Die Palmeros lachen sich den

5.3. - Woche 5 (18. - 24. Oktober)

Bauch voll, wie Team A die Podencos über die Lava gerettet hat, ohne dass jemand darüber sprach. Gerüchte machen die Runde, dass sogar der Präsident, Mariano Hernández, davon wusste. Nun, das ist nicht bestätigt, aber Team A muss mindestens über Wärmebildkamera und Informationen verfügt haben, um die Aktion so durchführen zu können.

Die Firma Aerocamaras, welche für die Rettung eigens vom Festland angereist war, fühlt sich durch die Aktion betrogen und fordert eine Untersuchung. Aber sind wir ehrlich, die kostenlose Werbung, welche sie sich erwünscht haben, die haben sie ja bekommen, nicht in dem Ausmaß, wie sie sich das erhofften, aber immerhin. Und wenn die Polizei jetzt eine Untersuchung anstellen würde und vielleicht noch jemanden büßen lassen möchte, kann sie sicher sein, dass sie 82.000 Bürger gegen sich hat. Da ist es dann doch einfacher, die Firma Aerocamaras abziehen und schmollen zu lassen.

Hohe Schwefeldioxidwerte

10:10 Im Moment werden für das Valle sehr hohe SO_2-Werte bis $529\,\mu g/m^3$ gemeldet. Wenn Sie nicht nach draußen müssen, bleiben Sie im Moment besser drin, bis die Luft etwas sauberer ist! FFP2 Masken helfen nicht!

SO_2 bildet mit Wasser schweflige Säure, die Augen, Haut und Atemwege reizen kann!

In El Paso ist die Luft dank leichter Brisa von 20 km/h (Tacande) in Ordnung. Die Windwerte bleiben über den Tag gleich. Gegen Mittag wird aber leichte Thermik eher dafür sorgen, dass sich die Luft wieder etwas verbessert.

Aktuelle Informationen über das Messsystem des Cabildos.

5. Blog: Oktober 2021

Vulkaninformation Samstagabend

18:35 Die Pressekonferenz hat bestätigt, was wir schon gesehen haben, Teile des Konus sind wieder kollabiert. Das ständige Auf- und Abbauen geht weiter. Es wurden am Konus auch einige Risse festgestellt.
Die Seismizität in der Tiefe hat generell seit mehreren Tagen leicht abgenommen. Persönlich bin ich nicht gerade der Seismograph, die meisten Beben spüre ich nicht, aber heute Nachmittag um 16:34 Uhr konnte ich das mbLg 4,9 Beben in 38 km Tiefe als kurze, deutliche Welle spüren.
Man kann aus der besprochenen, leichten Abnahme der tiefen Beben aber noch nicht auf eine Tendenz schließen. Bei der Eruption von El Hierro hat man aber auch das beobachtet. Zuerst schliefen die Beben in der Tiefe ein, dann die höher gelegenen. Man sieht auch generell eine schwache Deflation bei den Stationen, das heißt der Rückgang der Geländeerhöhung geht weiter. Schlechte Nachricht beim SO_2, als ob sie meine Info gelesen hätten, geben sie den Ausstoß nun auf 100 Tonnen genau an, und der sollte gestern 31.600 t/Tag gewesen sein. Auch wenn geschätzt, ist dieser Wert immer noch extrem hoch. Bei den Coladen stellt man fest, dass diejenige südlich der Montaña La Laguna (#8) fast nicht mehr vorankommt, aber immer noch mit viel Material beliefert wird. Im Moment bläht sie sich auf, wird also höher und breiter. Generell geht die Versorgung von allen größeren Lavaflüssen weiter. Wahrscheinlich fließt im Moment am meisten Lava über den ersten Fluss, welcher das Delta im Meer bildete. Der Blick nach La Laguna zeigt das gleiche Bild wie gestern. Die Zerstörungen sind nicht weiter vorangeschritten.

Tsunami-Theorie

Man hört sie nicht gerne, diese Tsunami-Theorie über das Abrutschen der Cumbre Vieja. Vor Jahren hatte ich das entsprechende Papier von Steven N. Ward und Simon Day (2001) gelesen und kam zum Schluss, dass das Ganze ein Schuss in den Ofen sei. Sehr enttäuscht war ich von der Aufmache des Artikels, dieser umfasst 5

5.3. - Woche 5 (18. - 24. Oktober)

Abb. 5.50. Bild: Javier Gonzáles Taño

5. Blog: Oktober 2021

Seiten, beschreibt die Geologie von der Cumbre Vieja auf einer Seite, auch das nur marginal, und referiert dann 4 Seiten über mögliche Tsunami-Folgen. Mir sind wissenschaftliche Papiere, die im Konjunktiv abgefasst werden, suspekt. Das Papier habe ich als Futter für die Boulevardpresse abgetan und nicht mehr darüber nachgedacht.

Mit der Vulkaneruption wurde mir dieser Artikel wieder zugesandt, was letztendlich in einer Twitter-Kommunikation mit einem der beteiligten Professoren, Bill McGuire, endete. Bill sagte mir, dass die festgestellte Bewegung der Cumbre Vieja nicht einfach verschwinde, wenn ich sie nicht sehen wolle. Interessiert habe ich ihn nach der wissenschaftlichen Literatur, die dieser Behauptung zugrundeliegt, gefragt. Er nannte mir einen Artikel von J. L. Moss et al. (1999) (QR-Code S.356), an welchem er als Co-Autor mitarbeitete. Dieser sei als PDF für 36 $ zu erwerben. Den Artikel konnte ich dann zum Glück kostenlos auf issuu lesen (QR-Code S.356). Zum Glück kostenlos, denn in der Zusammenfassung stand:

„...in beiden Fällen sind mehrere weitere Wiederbesetzungen eines erweiterten GPS-Netzes erforderlich, bevor ein Verformungsmuster mit Sicherheit bestimmt werden kann."

Seine mit Sicherheit erfolgte Verschiebung der Landmasse war also nicht sicher, sondern im Fehlerbereich seiner aus heutiger Sicht veralteten angewandten Technologie.

Wollte mir McGuire nur den Artikel verkaufen? Das weiß ich nicht. Auf jeden Fall konnte er seine Behauptung nicht belegen, hat seit 1999 die geforderten Untersuchungen nicht gemacht und bedient nur die Boulevardpresse. Es scheint mir ganz billige Geldmache, der die wissenschaftliche Grundlage fehlt, auf Kosten von La Palma.

Ein kürzlich erschienener Artikel der renommierten USGS widerlegt auch, dass sich die Landmasse bewegt hat und besagt, dass ein Abrutschen der Cumbre Vieja unwahrscheinlich sei, QR-Code auf S.356.

5.3. - Woche 5 (18. - 24. Oktober)

Es passiert gerade sehr viel auf La Palma. Aber mit einem großen Erdrutsch werden wir die Boulevardpresse höchstwahrscheinlich nicht bedienen. Also schlafen Sie alle gut.

Sonntag 24. Oktober

Vulkaninformation Sonntagabend

18:45 Ein trüber Sonntag, überall bewölkt, und der Vulkan gab dem ganzen noch den Rest. Viele dunkle Wolken, als ob Gewitter aufziehen würden. Im Norden hat es auch wieder geregnet.
Tajogaite, oder auch treffender Chamäleon, gibt wieder alles als Verwandlungskünstler. Nachdem ich heute Morgen von einem 180°-Switch der Kamine gesprochen hatte, ist diese Szene auch schon wieder vorbei. Heute Abend haben sich zwei tiefe Schlote auf der Westseite geöffnet, auf rund 800 m über Meer, also etwa 200 m unter dem Konusgipfel. Aus diesen fließt erneut sehr heiße und flüssige Lava. Diesmal wahrscheinlich in Richtung des ersten Lavaflusses. Der ganze Konus scheint sehr instabil und weiteres Abbrechen von Teilen des Vulkans würde mich keineswegs überraschen.

Die Seismizität hat sich gegenüber gestern auch deutlich erhöht (Abb. 5.53; S.182). Um 18:15 Uhr ereignete sich ein Beben von mbLg 4,3 in 10 km Tiefe, welches von der Bevölkerung auf der Mercalli-Skala auf IV-V eingestuft wurde. Ich war gerade draußen am Fotografieren und spürte eine II.

Die Tendenz der Deflation, also des langsamen Abbauens der Aufblähung, geht weiter. Der SO_2-Ausstoß wird mit 3.200 t/Tag angegeben, deutlich tiefer als die gestrigen 31.600 t/Tag. Die Vulkanologen geben die Zahl nun wirklich auf 100 Tonnen gerundet an, viel Vertrauen habe ich aber trotzdem nicht in diese Zahl. Der CO_2-Ausstoß des gesamten Cumbre-Vieja-Komplexes zeigt im Schnitt seit längerer Zeit eine absinkende Tendenz und wurde heute mit 699 t/Tag bewertet. Die Coladen kommen kaum voran, die viele Lava beginnt sich nun auf den schon bestehenden Lavaflüssen aufzutürmen. Wenn mein Bauchgefühl gewinnt und nicht der wissenschaftlich denkende Kopf, dann hat der Vulkan nun nur noch eine Woche, um sich in die ewigen Jagd- oder Magmagründe zu verabschieden. Wann auch immer das stattfindet. Wir alle freuen uns auf ein herzhaftes RIP.

5.4. - Woche 6 (25. - 31. Oktober)

Montag 25. Oktober

Vulkaninformation zum Wochenbeginn

10:10 Heute morgen feuerte Tajogaite alias Beast oder Chamäleon aus vollen Rohren. Alle Kamine waren sehr aktiv und es waren ab und zu auch Explosionen zu hören. Der immer wieder wachsende und dann instabil werdende Vulkankonus ist letztendlich um 9:25 Uhr erneut kollabiert und gab dabei einen Teil seines Lavareservoirs nach Westen ab, also in Richtung der Colada #1. Die Seismizität ist in etwa gleichbleibend hoch.

Die Schüler der Schule von La Laguna, welche vom Lavafluss zerstört wurde, können in 6 Tagen wieder ins Colegio und zwar in El Retamar. Dort wird im Moment noch am „Feinschliff" für die Wiederaufnahme gearbeitet.

Das Tankschiff in Puerto Naos hat einen Probelauf bestanden und gestern Abend um die 740 m^3 Wasser in das Beregnungssystem um Puerto Naos eingespeist.

> **Wetterprognose**
>
> **12:10** Heute ist die Inversion auf über 2.000 m angestiegen, Grund dafür könnte ein schwacher Tiefdrucktrog auf 500 hPa (~ 5.500 m)

5.4. - Woche 6 (25. - 31. Oktober)

über den Kanaren sein. Der Wind weht auf Meereshöhe mit 18 kn. Auch auf 1.500 m und auf 2.000 m ist Nordost-Passat auszumachen. Die Asche wird größtenteils nach SW und Süd verblasen. Trotzdem nieselte vor ein paar Minuten auch wieder Asche in El Paso nieder. Beachten Sie in solchen Momenten FFP2 Schutzmaske und Brille zu tragen. Der Wind bläst das Zeugs ganz gerne auch in die Augen.

Dienstag 26. Oktober
Weiterhin Nordost-Passat mit 21 kn auf Meereshöhe. In El Paso weiterhin Brisa, welche wahrscheinlich bis weit ins Valle runter bläst. Auch in der Höhe Nordostwind und ab 3.000 m Nord. Die Asche wird nach Südwest und Süd verblasen. Die Luftqualität scheint gut.

Mittwoch 27. Oktober
Der Passatwind hat sich auf Meereshöhe auf 15 kn abgeschwächt. Die Inversion bleibt auf 1.500 m. Der Wind nimmt schnell ab, bläst auf 1.500 m noch mit 7 kn. Die Brisa schläft zeitweise ein, was die Belüftung vom Tal etwas behindert.

Donnerstag 28. Oktober
Passat auf Meereshöhe 14 kn, auf 1.500 m 13 kn, in El Paso weht wieder etwas Brisa. Aber in der Höhe wird der Nordostwind schwach, nur noch 5 kn blasen die Asche in den Südwesten. Die Inversion bleibt immer noch auf hohen 1.500 m.

Freitag 29. Oktober
Nur noch 11 kn Passat auf Meereshöhe. Der Wind nimmt mit zunehmender Höhe rasch ab und die Asche könnte wieder radial um den Vulkankonus fallen. Die Inversion sinkt auf die für die Jahreszeit typischen 1.000 m ab.

Samstag 30. Oktober
Immer noch relativ schwacher Passat auf Meereshöhe mit 11 kn. In der Höhe schwacher Wind aus Osten mit 8 kn, leicht nach SO drehend. Wahrscheinlich erneuter Wechsel zum Einfließen einer Luft-

masse afrikanischen Ursprungs. Diese gleitet auf der atlantischen Luftmasse auf und drückt die Inversion auf 800 m. Die Luftqualität im Valle kann beeinträchtigt werden. Die Asche wird über El Paso, Los Llanos in Richtung Puntagorda geblasen.

Sonntag 31. Oktober
Passat mit 13 kn auf Meereshöhe, in der Höhe immer noch SO-Wind der die Asche nach El Paso, Los Llanos und Puntagorda bläst. Die afrikanische Luftmasse hat die Inversion auf 500 m absinken lassen.

Vulkaninformation Montagabend

18:05 Auch am Nachmittag ist der Konus noch einmal zusammengestürzt und erneut hat sich viel Lava über die Westflanke ergossen. Seitdem klafft ein großer Einschnitt in Richtung West, aus welchem mindestens drei Lavaflüsse fließen. Auf der Nordseite ist nicht mehr viel ersichtlich. Trotzdem sehe ich, dass über dem Lavafluss, welcher nördlich des Callejón de La Gata bis nach La Laguna floss, immer noch Rauch aufsteigt. Dieser wird offensichtlich unterirdisch auch weiterhin mit Lava alimentiert, er ist aber auch heute nicht mehr weiter vorangekommen. Dies obschon Miguel Ángel Morcuende heute sagte, „die Lavaflüsse #1 und #4 werden alimentiert, die anderen sind praktisch zum Stillstand gekommen". Erst die nächsten Tage werden zeigen, ob dieser Einsturz nach Westen hin dahingehend Entlastung bringt, als dass die Lava nun wieder über die schon zerstörten Gebiete zum Delta ins Meer fließen kann.

Während ich den Bericht schreibe, hat sich die Situation schon wieder verändert. Vor ein paar Minuten, um ca. 18:25 Uhr, hat sich ein erneuter Kollaps des Konus ereignet und Lava ist über die NW-Flanke runtergelaufen. Es scheint auch, dass der nördlichste Lavafluss immer noch sehr aktiv ist. Ich sehe viel Rauch, dort wo ich ihn einsehen kann, und die Direktkamera von Cadena Ser zeigt aktuell, dass weitere Häuser südlich des Restaurants Sombrero brennen, in dem Bereich, welcher bisher verschont blieb. Die Seismizität ist gleichbleibend recht hoch, es fällt auf, dass die Beben in der tiefen Magma-

5.4. - Woche 6 (25. - 31. Oktober)

kammer nicht mehr so häufig sind. Und die Beben in der oberen Magmakammer auch leicht über die 10 km Höhe herauskommen.

Abb. 5.51. 23.10.

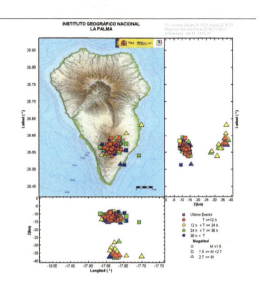

Abb. 5.52. Bebenkarte 23.10.

Der SO_2-Ausstoß wurde heute mit 53.600 t/Tag angegeben, nachdem er gestern bei 3.200 t/Tag war. Ich glaube, es macht erst Sinn, den SO_2-Ausstoß weiterhin zu verfolgen, wenn die Zahlen mehrmals nacheinander unter 1.000 t/Tag liegen. Das CO_2, welches über die ganze Cumbre Vieja ausgestoßen wird, ist immer noch rückläufig.

Einmal mehr wurde in der Pressekonferenz darauf verwiesen, dass auch stärkere Beben stattfinden können. Solche, wo auch mal Ziegel oder andere Gegenstände von Dächern fallen können. Die Bevölkerung wurde angewiesen, die Informationen der Behörden zu lesen und zu befolgen.

Gestern hat ein Erdrutsch kurz die Straße von Fuencaliente nach Casas El Charco versperrt. Ein paar große Steine sind darauf gefallen.

5. Blog: Oktober 2021

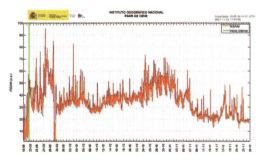

Abb. 5.53. Seismizität 24.10.

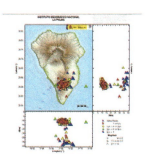

Abb. 5.54. 25.10.

Am Mittag um 13 Uhr war sie wieder frei und das Gelände kontrolliert.

Dienstag 26. Oktober

Vulkaninformation Dienstagmorgen

08:55 Gestern hat sich der Vulkan ja einige Male umgebaut, rund 5 größere Erdrutsche haben ihn neu geformt. Der neue Hauptkamin liegt nun gut 100 m unter dem Gipfel und ist nach Westen orientiert. Der Vulkan war in der letzten Nacht wieder lauter als zuvor, das liegt aber wahrscheinlich daran, dass der nun dahinter liegende Berg den Schall wie ein Klangkörper nach Westen leitet. Die Lava fließt im Moment offensichtlich mehrheitlich über die Colada #1. In diesem Gebiet habe ich heute Morgen über dem ersten Lavafluss eine neue Zunge südwestlich des Callejón de La Gata gesehen (Abb. 5.56; S.183). Wenn sie dort weiter fließt, dann würde sie keinen großen weiteren Schaden anrichten. Auf der Nordseite sehe ich kaum mehr Lava ausfließen. Die Colada #10, welche nach La Laguna floss, hat sich im Dorf nicht mehr bewegt. Aber auch heute steigt Rauch auf, sie ist also immer noch sehr heiß und wird vielleicht unterirdisch alimentiert. Die Seismizität ist immer noch hoch, viele Erdbeben ereignen sich hauptsächlich in der oberen Magmakammer im Bereich

5.4. - Woche 6 (25. - 31. Oktober)

von 10-14 km. Die Station Jedey zeigt wieder ein vertikales Anheben gegenüber der letzten Messung um 17 cm und ein Verschieben nach Süd um 3 cm. Alle anderen Stationen zeigen normale Werte. Das sollte heute in der Pressekonferenz diskutiert werden.

Die Inversion befindet sich im Bereich von 1.400 - 2.000 m dort haben wir noch keine Wetterstationen. Der Temperaturgradient darunter ist rund 0,8°C/100 m, pro 1.000 m nimmt die Temperatur also um 8°C ab. Das bremst die Brisa, welche im Moment in El Paso für frischen Wind sorgt, leicht ab. Sie wird wahrscheinlich nur ab und zu bis nach Los Llanos runter blasen. Die Luftqualität ist generell aber recht gut.

Abb. 5.55. 26.10. 19 Uhr

Abb. 5.56. 26.10. 08 Uhr

Vulkaninformation Dienstagnachmittag

16:45 Immer noch bekomme ich Zuschriften, dass Tajogaite gar nicht so heiße, dass das Gebiet auch nicht so heißen würde etc.. Ich bleibe dabei, mit der gleichen Freiheit, mit welcher ich zu einer Banane Radieschen sagen kann, nenne ich den Vulkan, bis er einen Namen hat, Tajogaite. Belehrungen habe ich nun genug gelesen. Bringt nichts, ich bin hier stur. Ich werde ihn nicht „der Vulkan der immer noch kein Name hat" nennen, sondern im Moment: Tajogaite.

Er hat sich ja gestern gänzlich umgebaut, was letztendlich zu deutlich mehr Lavafluss in Richtung West auf die Colada #1 führte. Der

Vulkan produziert heute immer wieder kleinere Explosionen. Aus etwas größerer Distanz konnte ich heute vom Fuß des Bejenado aus auch eine etwas nach Ost oder Südost abgesetzte Fumarole beim Vulkan sehen.

Die Pressekonferenz ergab noch höhere Werte an SO_2, die jetzt mit 40.800 t/Tag angegeben werden. Das CO_2 über die ganze Cumbre Vieja ist leicht auf 1.121 t/Tag angestiegen. Beides klare Anzeichen, dass die Eruption noch nicht vor einem Abklingen steht.

Die Station Jedey LP03 wurde auf der Pressekonferenz kurz angesprochen. Das Komitee gab die Verformung mit 10 cm an, aber gegenüber gestern sind es rund 17 cm. Fakten runterspielen, das lässt sie nicht verschwinden. Wer das tut, der hinterlässt ein schlechtes Gefühl. Traut euch die Wahrheit zu sagen liebe Wissenschaftler. Wir, das Fußvolk, sind nicht blöd und wenn ihr nicht wollt, dass ungute Gerüchte die Runde machen, dann müsst ihr offen und ehrlich kommunizieren!

Nun, meine Interpretation. Als erstes, die 17 cm Anhebung sind sicher kein gutes Zeichen. Es befindet sich ganz offensichtlich Druck im System, der nicht gänzlich abgebaut werden kann. Ich habe in der Abb. 5.58 (S.185) versucht, den Weg des Magmas und einen möglichen Einfluss auf die Messstation zu erklären:

Die obere Magmakammer befindet sich in einer Tiefe von 10-14 km im Bereich weit unter der Montaña Negra. Sie wird durch die Erdbeben angezeigt. Von dort steigt das Magma nach NW hoch, bis sie beim Vulkan als Lava ausgestoßen wird. Die Station LP03 ist in unmittelbarer Nähe zu diesem aufsteigenden Magma. Steigt nun der Druck an, entweder weil mehr Magma in das System gedrückt wird, oder weil der Ausfluss am Vulkan verstopft ist oder nicht ausreicht, dann kann dieser Druck das Gelände erhöhen. Solange die Erdbeben nicht nach oben steigen, kann man mit größter Sicherheit davon ausgehen, dass sich kein zweiter Vulkan bildet. Diese Erhöhung ist bei der Station Jedey im Moment mit 17 cm beachtlich und kann auch dazu führen, dass der Vulkan wieder lauter und explosiver werden kann.

Abb. 5.57. 26.10. 23 Uhr   **Abb. 5.58.** Situation Jedey

Mittwoch 27. Oktober

Vulkaninformation Mittwochmorgen

09:15 Guten Morgen liebe Leser. Die Nacht war mit guten Fenstern gut zu ertragen. Tajogaite hat aber seit gestern Abend aus seinen Rohren gefeuert und auch ab und zu Explosionen produziert. Der Hauptschlot ist auf dessen Westseite, dort wo der Vulkan vor zwei Tagen zusammengestürzt ist, der Nebenschlot auf dessen Südostseite. Heute morgen habe ich keine glühenden Lavafelder gesehen, die beachtliche Menge an Lava, welche ausfließt, scheint unterirdisch zu fließen.

Gestern habe ich etwas ausführlicher über die Geländeverformung bei Jedey, der Messstation LP03, gesprochen und erklärt, dass diese die einzige ist, welche sich über dem Weg des Magmas aus der Kammer zum Vulkan befindet. Der Druckabbau über den Vulkan hat nun offensichtlich ausgereicht und die Aufblähung ist gegen-

5. Blog: Oktober 2021

über der Messung von gestern um 10 cm zurückgegangen. Die Dramaqueens können Sie nun einfach herausfiltern: Gestern sprachen sie von einem möglichen Erdrutsch und bemühten wieder diese leidige Tsunami-Geschichte, heute sprechen sie von einem Messfehler.

Fakt ist, solche unangenehmen Dinge gehören halt einfach zu einem Vulkanausbruch dazu. Es sind mechanische Vorgänge, die einfach zu erklären wären, und solange der Vulkanausbruch andauert, werden wir wahrscheinlich wieder eine Aufblähung bei LP03 sehen.

Immer und immer wieder wird bei solchen Erscheinungen das alte Ward & Day -Tsunami-Papier hervorgehoben und der Prof. McGuire zitiert. Lassen Sie sich von dem nicht in die Irre leiten. Erstens ist die Studie von McGuire schon über 20 Jahre alt und kam, wie ich bereits schrieb zum Schluss, dass weitere folgen müssen, die er dann aber nicht machte, sondern seine Behauptung der Instabilen Flanke gebetsmühlenartig wiederholt. Prof. McGuire hat auch den Übernamen „Desaster Man". Die Wissenschaftler um und auch McGuire selbst arbeiten für das Benefield Hazard Research Centre, das Versicherungskonzerne berät, und McGuire ist sich nicht zu schade, auch Horrorszenarien mit dem Titel „A Guide to the End of the World - Everything you never wanted to know" zu publizieren.

Der sehr zu empfehlende „Geologische Wanderführer LA PALMA" von Rainer Olzem und Tim Reisinger geht darauf ein, da steht:

„Die Fakultät für Hoch-Tief-Bau und Geowissenschaften der Technischen Universität Delft in Holland hat 2006 die Berichte von Ward & Day und von McGuire einer wissenschaftlichen Plausibilitätsprüfung unterzogen. Die holländischen Wissenschaftler bescheinigten Ward, Day und McGuire einen völligen Mangel an bodenmechanischen Kenntnissen: Die Insel habe eine sehr stabile innere Struktur. Das Risssystem, das sich 1949 beim Ausbruch des San Juan entlang der Südwestflanke der Cumbre Vieja gebildet hatte, sei nur ein „harmloses Oberflächen-Phänomen" und sei einfach eine Absackung des Vulkans, wie es sie schon früher gegeben habe..."

5.4. - Woche 6 (25. - 31. Oktober)

Die Holländer modellierten die Insel höher und steiler und modellierten auch Explosionen, resultierend aus Wasser, das in einen aktiven Vulkan einfließt (phreatomagmatische Eruption). Der Druck verpuffte ausschließlich nach oben.

Korrektur

Wichtige Korrektur: Gestern habe ich mich nicht klar ausgedrückt. Ich war am Fuß des Bejenado und habe beim Vulkan an dessen Südost-Seite Fumarolen gesehen!

Natürlich nicht am Bejenado. Dieser ist seit über 600.000 Jahren inaktiv und es ist im Moment absolut unwahrscheinlich, dass sich nördlich des aktiven Vulkans in größerer Distanz Fumarolen bilden.

Ich habe den Text auch korrigiert.

Wetterprognosen

Aufziehende Herbststürme haben den Kern des Azorenhochs nach Süden geschoben. Wir bleiben unter dessen Einfluss. Mit nordöstlichen Winden wird ab und zu feuchtere Luft im Norden und Nordosten ankommen. Der Wind weht auf Meereshöhe und bis 2.000 m aus Nordost. Darüber aus Süd. Die Asche und schlechte Luft werden deshalb hauptsächlich nach SW geblasen. Da die Inversion mit 1.500 m recht hoch ist, kann sich SO_2 darunter auch über die Insel verteilen. Heute Morgen wurden in Puntagorda erhöhte SO_2-Werte gemessen.

Donnerstag 28. Oktober
Der Wind weht weiterhin auf Meereshöhe aus Nordosten hat aber auf 10 kn abgenommen. In der Höhe weht ein Nordwind, welcher mit zunehmender Höhe abnimmt. Die Inversion ist auf fast 2.000 m. Feuchte Luft wird im Tagesverlauf zur Insel verfrachtet, welche

zwischen 1.000 und 2.000 m Schichtwolken bilden kann. Aus diesen kann es lokal und vor allem nah an den Bergen auch regnen.

Freitag 29. Oktober
Der Passat ist mit 9 kn auf Meereshöhe eher schwach. Auch in der Höhe weht der Wind aus Nord bis Nordost nur schwach. Die Inversion sinkt deutlich ab, die Luft wird im Tagesverlauf rasch trocken und allfällige Wolken bis zu denen des Vulkans lösen sich auf. Die Asche wird auch am Freitag eher nach Süd verfrachtet.

Samstag 30. Oktober
Am Morgen weht der Wind in allen Höhenlagen noch schwach aus Ost, dreht aber ab Mittag in Richtung Südost. Wir kommen erneut unter den Einfluss einer Luftmasse afrikanischen Ursprungs, die trocken und wärmer ist. Calima bleibt wahrscheinlich aus. Die Asche wird dann nach El Paso und Los Llanos sowie in Richtung Puntagorda verfrachtet. Wenn der Vulkan viele Pyroklasten ausspuckt, wird ab Samstag wieder viel geputzt werden müssen. Eine tiefe Inversion auf 500 m kann unter dieser vereinzelt zu schlechten Luftverhältnissen führen.

Sonntag 31. Oktober
Wir bleiben unter dem Einfluss der afrikanischen Luftmasse. Der Wind weht sehr schwach aus Südost bis Süd. Die Asche kann somit in einem großen Radius um den Vulkan verteilt werden und auch am Flughafen zu Problemen führen. Die Inversion ist auf tiefen 500 m.

Montag 1. November
In den untersten Schichten kommt wieder Passat auf. Die 11 kn werden vielleicht in Sta. Cruz und am Flughafen zur Zufuhr von besserer Luft führen. Südliche Winde ab 1.500 m sorgen weiterhin dafür, dass El Paso, Los Llanos, aber auch der Rest des Nordens mit Asche eingedeckt werden kann. Die Inversion ist nach wie vor tief, auf rund 300 m.

Dienstag 2. November
Gleich wie am Montag, die Inversion beginnt aber leicht anzusteigen und wird auf 500 m erwartet.

5.4. - Woche 6 (25. - 31. Oktober)

An die Immobilienmakler

Ein Aufruf an die Immobilienmakler auf La Palma, die vielleicht auch den Blog lesen:

Wir wissen alle, über 7.000 Menschen mussten evakuiert werden. Die meisten sind provisorisch bei Freunden oder Familien untergekommen. Die Wohnsituation, in welcher sich einige Familien befinden, ist schlichtweg katastrophal. Soziale und psychische Probleme steigen mit jedem Tag der Ungewissheit und Evakuation an. Speziell Menschen mit Haustieren haben unglaubliche Schwierigkeiten, eine anständige Bleibe zu finden.

Auf der Insel hat es auch sehr viele Häuser, die als Feriendomizil benutzt werden und die nun leer stehen. Hier mein Vorschlag:

Könnten sich nicht die Immobilienmakler über ihre Mitbewerberschranken hinwegsetzen, zusammenkommen und einen Pool gründen um Besitzer solcher leerstehenden Immobilien zu gewinnen, ihr Haus während der Vulkankatastrophe zur Verfügung zu stellen?

Ich selber erhalte immer wieder Anfragen und helfe auch gerne weiter, es ist aber bei weitem nicht meine Kernkompetenz. Immobilienmakler verfügen über den Kundenstamm, das Beziehungsnetz und auch über das legale Wissen, wie man einen solchen Pool organisieren könnte.

Falls nicht schon geschehen, könntet Ihr euch vorstellen so was zu machen und damit viel Not zu lindern? Falls das schon passiert, könntet ihr mich informieren, damit ich das Projekt einem größeren Publikum vorstellen könnte? Herzlichen Dank!

5. Blog: Oktober 2021

Vulkaninformation Mittwochabend

18:45 Genau wie ich erwartet habe: Der Rückgang der Aufblähung am Jedey wurde kaum erwähnt. Einer schrieb mir noch auf Twitter, dass das unbestätigte Daten sein würden. Ja, weiß ich. Aber unbestätigt in beide Richtungen. Wir müssen uns einfach daran gewöhnen, dass es ganz viele Menschen gibt, denen es unglaublich viel Spaß macht, Unsicherheit zu verbreiten. Und das Internet ist halt das beste Mittel dazu.

Der Vulkan ist auch während des Tages explosiver. Alle 5 Minuten ein Schlag und es hört sich komisch an, aber ich kann kaum zwischen den Druckwellen und den Erdbeben unterscheiden. Wenn die Erdbeben stark sind wie heute Nachmittag ein mbLg 4,8 in 37 km Tiefe, dann wackelt wenigstens noch das Mobiliar, bei den Druckwellen nur die Fenster.

Aber die Explosionen haben offensichtlich dazu geführt, dass der Drucküberschuss, welcher gestern zu der Anhebung des Geländes bei der Messstation Jedey von 17 cm geführt hat, heute, wie berichtet, um 10 cm abgenommen hat.

Tajogaite hat heute Abend drei Schlote. Aus dem SO-Schlot wird sehr viel pyroklastisches Material ausgeworfen. Der Schlot auf dem Gipfel ist fast inaktiv und aus dem Westschlot fließt weiterhin viel Lava. Wahrscheinlich auch aus dem SO-Schlot, den kann ich aber von Tacande aus nicht einsehen.

Die SO_2-Werte wurden heute in der Pressekonferenz mit immer noch astronomischen 37.350 t/Tag angegeben. Wir erinnern uns, bei 100 t/Tag können wir aufatmen.

Die meiste Lava fließt über die Colada #1 und türmt sich dort immer höher auf. Dabei füllt sie auch bisher ausgesparte Räume auf. Aber auch über die Colada ganz im Süden zwischen Camino Calvario und

5.4. - Woche 6 (25. - 31. Oktober)

Abb. 5.59. 27.10. 16 h   **Abb. 5.60.** Callejón 16 h

Camino Lucia stößt die lange unbeweglich gebliebene Lava plötzlich weiter nach Westen. Ein genaueres Bild können wir uns dann morgen machen. Es werden immer weniger Videos geteilt, die Leute haben andere Sorgen.

Während ich die Information schreibe, gehen die Explosionen weiter und drücken mir schon wieder die geschlossenen Fenster leicht nach innen. Ich denke, das gibt mal wieder eine unruhige Nacht. Man kann halt nicht alles haben. Ohne Ticket in der ersten Reihe sitzen und dann noch ausrufen, geht gar nicht!

Donnerstag 28. Oktober

Vulkaninformation Donnerstagmorgen

09:30 Tajogaite hat sich in der Nacht etwas milder gezeigt als noch angenommen. Die Explosionen haben am späten Abend fast aufgehört. Dass sich der Druck abbauen konnte, bestätigt auch die Messung der Station Jedey LP03. Die vor zwei Tagen kommunizierte Aufblähung um 17 cm ist auf das Niveau von vorher zurückgegangen. Immer noch sind hauptsächlich die zwei Kamine West und Südost aktiv. Über die Südseite scheint auch viel Lava zu fließen und unten in Richtung Todoque alte Lavaflüsse neu zu alimentieren. Leider sehe ich auch wieder Rauch, welcher meist von brennenden Häusern herkommt. Ich habe versucht, aufgrund von Bildern die ich gemacht habe, die Region einzugrenzen, es ist mir nicht gelungen. Wir sprechen vom Gebiet des südlichsten Lavaflusses, Camino Lucia, El Hoyo Todoque, Chá Carmen. Für genauere Informationen müssen wir die Drohnenaufnahmen abwarten. Die Erdbeben gehen weiter. Die Seismizität ist in der letzten Woche eher leicht angestiegen. Die obere Magmakammer zeigt indessen eine klare Obergrenze von minus 9-10 km. Angesichts der Datenlage scheint ein zweiter, vom jetzt aktiven Vulkan abgesetzter Vulkanausbruch immer noch sehr unwahrscheinlich.

Heute weht bis weit über 2.000 m Nordostwind, darüber Süd. Die Asche wird also auch heute über evakuiertes Gebiet und den Atlantik getragen. Der Flughafen scheint normal zu funktionieren. Die Inversion bleibt hoch, zwischen 1.400 und 2.000 m.

Formular für Aufenthalt im Sperrgebiet

Wenn Sie sich länger im Sperrgebiet aufhalten müssen, weil Sie arbeiten haben, die dauern, dann hat das Ayuntamiento Los Llanos ein Formular bereitgestellt.

Vulkaninformation Donnerstagnachmittag

15:30 Die Pressekonferenz ist einmal mehr vorbei. Die wichtigsten Antworten: Die Colada #1, #3 und #7 sind aktiv. Die #1 ist die erste, welche das Delta südlich der Montaña Todoque gebildet hat. Die #3 ist eine, die für etliche Tage stillstand, nun im südlichen Teil von Todoque ihr Unwesen treibt und bereits wieder einige Häuser überrollt hat (Abb. 5.61; S.195). Sie ist recht klein, viskös und kommt deshalb langsam voran. Das Gebiet ist aber dicht besiedelt. Die #7 ist diejenige südlich der Montaña La Laguna. Diese kommt extrem langsam voran, steht nun aber nur noch 84 m vor dem Meer.

Die Deformation bei der LP03 in Jedey ist zurück, die Wissenschaftler

5.4. - Woche 6 (25. - 31. Oktober)

haben keinen Konsens, warum das passierte. Die Direktorin, María Blanco, hat aber die Druckthese, die ich auch aufgeführt habe, als wahrscheinlichste Erklärung dargestellt.

Der SO_2-Ausstoß ist auf 16.350 t/Tag zurückgegangen, damit aber immer noch viel zu hoch. Die Cumbre Vieja zeigt seit ein paar Tagen ein Ansteigen der CO_2-Emission auf 1.680 t/Tag. Die Seismizität ist gleichbleibend hoch, eher in den letzten zwei Tagen leicht angestiegen.

Das Militär (UME) hat im evakuierten Gebiet in den letzten Tagen rund 300 Dächer von Asche befreit. Ein Journalist sagte, dass die Besuche bei Augenärzten in Los Llanos um 30 % angestiegen seien. Direktor Morcuende meinte, dass er diese Zahl nicht bestätigen könne, weil er es nicht wisse, dass aber das Tragen eines Augenschutzes, um die kleinen Aschepartikel nicht in die Augen zu bekommen, nicht verkehrt sei. (Dies wird ja eigentlich schon seit Tagen gesagt: FFP2 Maske und Augenschutz).

Tunnel gesperrt

15:38 Ondacerolapalma meldet, dass der neue Tunnel in Richtung Osten im Moment gesperrt ist, da sich eine Unfall ereignete. Die Twitterseiten von 112 und Cabildo La Palma geben nichts bekannt. Der einzig offene Weg wäre demnach im Moment die Reise über Garafia. Da lohnt sich das Warten wahrscheinlich doch.

16:02 Der Tunnel ist offensichtlich nun einspurig befahrbar. Zwei Autos liegen auf der linken Spur auf dem Dach.

Angel Inmobiliaria

Herr Bernd Blume von der Angel Inmobiliaria hat sich bei mir gemeldet und mir mitgeteilt, dass er sich bereits seit Anbeginn einsetzt bei der Vulkankrise um zu helfen, wo er und sein Team es können. Er schreibt:

5. Blog: Oktober 2021

„Bezüglich Unterkünfte Vermittlung ist mir soeben wieder eine Vermittlung gelungen, das gibt uns Kraft, die wir auch dringend benötigen, weil das Telefon von morgens bis Abends nicht mehr still steht, Kunden im Büro stehen oder Emails schreiben. Mehr geht gerade nicht, rund 80-90 % unserer Arbeitszeit setzen wir für die Hilfe ein und berechnen aus Prinzip keinen Cent dafür. Wie gesagt, wir tun dies alles wirklich gerne und solange, wie wir es wirtschaftlich und psychisch durchhalten und machen kein Aufhebens darum, denn wir sind der festen Überzeugung, dass das so gehört. Wir lieben die Menschen auf dieser wunderbaren Insel und sind glücklich, dass wir etwas zurückgeben können, was einfach selbstverständlich ist."'

Manchmal kann man das Unmögliche möglich machen, manchmal nicht. Wenn jemand bezüglich Unterkunft Hilfe braucht, dann darf er mit Herrn Bernd Blume in Kontakt treten.
+ 34 922 40 16 24 / + 34 647 87 28 94

Melden Sie bitte auch, wenn Sie Ihr Haus zur Verfügung stellen möchten! Die Nachfrage ist größer als das Angebot.

Danke Bernd! Auch für mich ist es eine große Erleichterung zu wissen, dass ich Anfragen an einen Fachmann weiterleiten darf.

Freitag 29. Oktober, Tag 40

Vulkaninformation Freitagmorgen

10:15 Das Biest war zum Glück in der Nacht etwas ruhiger, als ich gestern Abend noch angenommen hatte. Obschon gestern in der Pressekonferenz gesagt wurde, die Colada #3 sei klein und viskös und komme langsam voran, fließt sie immer noch am Rand der südlichsten Linie runter. Diese Colada #3 ist heute knapp nördlich des Restaurants Canguro über die Straße geflossen und hat weiter unten den Almacén Covalle zerstört. Sie scheint nun mit der Colada #9 verbunden zu sein.

5.4. - Woche 6 (25. - 31. Oktober)

Ich habe im Luftbild 5.62 (S.195) von heute Morgen die Bezeichnung der verschiedenen Coladen - so wie ich sie aus der Pressekonferenz verstanden habe - eingefügt. Die #1 ist diejenige, welche zum Meer fließt und das Delta gebildet hat.

Abb. 5.61. 28.10. Colada #3   **Abb. 5.62.** Luftbild 29.10.

Die Seismizität und auch die Deformationen sind etwas zurückgegangen. In der Nacht gab es ganz leichten Ascheregen in El Paso. Die Windverhältnisse sind aber auch heute noch gut, er weht aus Nordost auch bis in größere Höhen und bläst die Asche über evakuiertes Gebiet in Richtung El Hierro.

Über das Wochenende wird ein größerer Ansturm an Vulkan-Touristen erwartet. Das Cabildo hat rigorose Kontrollen angekündigt, will keine Touristen in die Nähe des Vulkans lassen, sondern einen Busbetrieb vom alten Flughafen Buenavista zur Kirche beim Sombrero organisieren. Das scheint wieder so eine Hauruck-Übung zu sein, die gestern Abend noch kommuniziert wurde. Auch in Los Llanos und El Paso könnte man die Autos parken lassen und damit wenigstens die eh schon leidende Wirtschaft auf der Westseite unterstützen. Wenn ein Tourist den Bus vom Flughafen nehmen muss, bei der Kirche ausgeladen wird und wieder zurückfährt, dann lässt er nicht einen Cent im Valle.

5. Blog: Oktober 2021

Häuser und Apartments gesucht!

Wie gestern kommuniziert, dürfen Sie sich, wenn Sie Hilfe in Bezug auf eine temporäre Unterkunft benötigen, an Herrn Bernd Blume von Angel Inmobiliaria wenden.

Weil die Nachfrage deutlich größer als das Angebot ist, melden Sie sich auch bei Herrn Blume, wenn Sie eine Immobilie haben, die Sie während der Vulkankrise nicht bewohnen und zur Verfügung stellen möchten. Besser helfen können Sie im Moment kaum!

Angel Immobilien SL / Plaza de España n°2
E-38760 Los Llanos / La Palma, Spanien / CIF B76521608

Tel. +34 922 40 16 24 / Móvil: +34 647 87 28 94

Vulkaninformation Freitagabend

17:55 Der Vulkan ist heute Nachmittag wieder extrem laut. Die Schallwellen lassen einfach verglaste Fenster erzittern und sind für die Anwohner nervenzehrend. Warum das so ist, weiß wahrscheinlich nur der Vulkan, denn alle Parameter sehen eigentlich eher gut aus. Der SO_2-Ausstoß ist auf 15.000 t/Tag zurückgegangen, immer noch viel zu viel um von einem langsamen Abklingen zu sprechen, der CO_2-Ausstoß der gesamten Cumbre Vieja beträgt rund 1.370 t/Tag. Die Colada #3 kam in der letzten Nacht relativ rasch voran und floss 20 m nördlich des Camino Aniseto über die Hauptstraße. Das sind nur 115 m entfernt vom Camino de La Marta, welcher als Ausfahrt aus Puerto Naos benutzt wird. Wird diese Ausfahrt zerstört, können größere Fahrzeuge nicht mehr nach Puerto Naos gelangen. Die Straße über Cuatro Caminos ist zu eng und hat auch zu enge Kurven.

Die Seismizität ist in etwa gleichbleibend, die Beben konzentrieren sich hauptsächlich auf den Bereich der oberen Magmakammer. Es

5.4. - Woche 6 (25. - 31. Oktober)

sind keine Anzeichen von aufsteigendem Magma in einem anderen Bereich als dem des Vulkans feststellbar. Auch die Deformationen sind stabil oder leicht rückläufig.

Die Verantwortlichen von PEVOLCA und des Cabildos haben ihre für das lange Wochenende verordnete Kontrolle mit Busbetrieb vom alten Flughafen nicht noch einmal überdacht. Weil Montag Allerheiligen ist, wird ein großer Besuchsansturm erwartet, aber es bleibt momentan dabei, dass diese Touristen zwar auf die Westseite gebracht werden, mit dem Konzept aber effektiv daran gehindert werden, auch nur einen Cent hier zu lassen. Sogar der Bus ist kostenlos. Es wurde noch einmal darauf hingewiesen, dass Fußgänger Warnwesten tragen sollen. In der Tat laufen Vulkanjäger manchmal wie wilde Hühner durch die Gegend und speziell bei Dämmerung muss man als Autofahrer extrem aufpassen, um nicht einen zu überfahren. Auf der LP-212, dem Stück, das von El Paso bis zur Echedey noch befahren werden kann, stellten die Vulkanjäger, welche meist in Schwarz gekleidet sind, ihre schwarzen Stative auf die schwarze Straße. Bisher nur ein Wunder, dass es keine schweren Unfälle gab.

Wetter: Die Kanaren sitzen in einem Hochdruckgebiet. Der Wind weht relativ schwach. Ein Höhentief über dem südlichen Rand der Westsahara bringt ab morgen Mittag leichten Südostwind ab 2.000 m, darunter weht ein schwacher NO-Passat. Es ist auch morgen davon auszugehen, dass ein Anteil der Vulkanasche über diese Grenze von 2.000 m hoch getragen werden kann und damit mit SO-Wind nach El Paso, Los Llanos und weiter in den Nordwesten der Insel geblasen wird. Der Hauptteil der Asche wird im unteren Bereich noch eher nach SW geblasen. Die Inversion kommt auf 800 m runter, die PEVOLCA sieht das als Problem, ich aber noch nicht, denn damit ist der Vulkankegel über der Inversion und der große Anteil des Schadstoffausstoßes auch darüber. Unter der Inversion haben wir noch mit den Ausgasungen, allenfalls Bränden und der Lava, die vielleicht ins Meer fließt, zu kämpfen, was dann die Luftqualität vermindern kann. Das Problem wird morgen durch den schwachen Passat verursacht. Dieser bläst mit nur 8 kn und ist so nicht in der Lage, das Valle im Lee richtig zu belüften.

Samstag 30. Oktober

Vulkaninformation zum Wochenende

09:50 Wer heute Morgen um 07:24 Uhr nicht schon wach war, den hat wahrscheinlich das mbLg 5,0 Erdbeben in 35 km Tiefe geweckt. Ein etwas längeres das in Tacande in zwei kurz aufeinanderfolgenden Schüben gespürt wurde. Meine Einschätzung auf der Mercalli-Skala eine IV, andere haben ihm eine V gegeben.

Dann stinkt es draußen in El Paso nach H_2S. Dieses übelriechende und sehr giftige Gas, das nach faulen Eiern riecht, kann der Mensch zum Glück schon in geringsten Konzentrationen feststellen. Die Nase gewöhnt sich aber daran und nach einiger Zeit riecht man nichts mehr. Wenn es so stinkt, würde ich mal nicht draußen Turnübungen machen und auch die Haustiere einen Moment drinnen lassen. Es hat sich gezeigt, dass diese lokalen Konzentrationen schnell wieder verdünnt werden. Die Luftqualität wird vom Messsystem als gut befunden, die messen aber SO_2, kein H_2S.

Schon früh sah man heute aus El Paso einen Lavafluss sehr südlich. Dieser ist jetzt offensichtlich rund 1,2 km nördlich von Puerto Naos ins Gebiet von las Hoyas geflossen. Dort wo bereits die südlichste Lavazunge vorgestoßen ist (Abb. 5.63; S.199).

In Bezug auf die Asche hat sich leider die Wetterprognose bestätigt, in Tacande fielen letzte Nacht erneut rund 1 mm. Wie sich das entwickelt, werde ich in einer später zu erarbeitenden Wetterprognose noch publizieren. Für heute schon mal dies: Wir befinden uns im Zentrum eines Hochdruckgebietes. Damit weht fast überall nur ein schwacher Wind, was die Durchlüftung erschwert. Im Tagesverlauf wird sich lokal Thermik entwickeln, welche Luft vom Meer ansaugt und die Durchmischung der Luft übernehmen wird. Ab 3.000 m weht Ost bis Südostwind mit rund 7 kn. Der Passat nimmt auf Meereshöhe im Tagesverlauf nur leicht zu. Die Inversion befindet sich im Moment

5.4. - Woche 6 (25. - 31. Oktober)

auf etwa 1.000 m Höhe. Die größeren Ascheteilchen werden radial um den Krater fallen, feinere werden in der Höhe in Richtung Puntagorda geblasen. Der Flughafen ist im Moment in Betrieb.

Abb. 5.63. Las Hoyas 30.10. ⋄

Abb. 5.64. El Paso

Donnergrollen

10:35 Im Moment vernimmt man im Valle ab und zu ein Donnergrollen. Die feine Vulkanasche, welche ausgestoßen wird, lädt sich dabei auf und diese Ladungen werden dann über Blitze wieder abgebaut. Vielleicht erhalten wir im Tagesverlauf Bilder von den Blitzen.
In El Paso fällt immer noch viel Asche und ich will meine Kamera dem nicht aussetzten. Ein bisschen Asche im Teleobjektiv und das Problem ist kaum mehr zu beheben.

5. Blog: Oktober 2021

Wetterprognose

11:15 Dunkel ist es im Valle geworden. Nach der Prognose ein sonniger, wolkenfreier Tag, aber der Vulkan macht mal wieder einen Strich durch die Rechnung. Jeder Tag anders, auch heute. Die elektrischen Entladungen sahen wir ja auch schon, aber so heftig wie heute glaube ich nicht. Leider bleibt die Wetterlage den ganzen Tag gleich. Der Vulkan wird also den Rhythmus bestimmen. Der Ascheregen mal intensiver, mal weniger. Ein ganz schwacher Nordostwind auf 1.500 m lässt die Ostseite im Moment ohne Asche und den Flughafen offen. In der Höhe wird die Wolke in Richtung Puntagorda verfrachtet.

Sonntag 31. Oktober
Uhrenumstellung. Ab heute haben wir wieder UTC auf den Kanaren. Der Passat hat auf Meereshöhe auf 11 kn zugenommen. Aber schon auf 1.500 m dreht die Windrichtung auf das im Valle nicht beliebte SO. Die Inversion geht auf 500 m runter. Der Passat ist etwas schwach um den Teil unter der Inversion auf der Westseite zu belüften. Wenn der Vulkan weiterhin Asche produziert, wird die in die gleiche Richtung wie am Samstag verblasen.

Montag 1. November
Allerheiligen, ein Feiertag.
Der Passat bläst mit 14 kn auf Meereshöhe, auf 1.500 m immer noch SO-Wind mit 7 kn darüber wenig Wind und ganz hoch ein Nordwind. Die Inversion bleibt auf 500 m, die Situation mit der Asche gleich. Sie wird auch am Montag fast rund um den Vulkan und dann in Richtung Puntagorda fallen.

Dienstag 2. November
Der Passat bleibt in etwa gleich mit 13 kn auf Meereshöhe. Immer noch leichter SO-Wind auf Höhe der Cumbre Nueva mit 7 kn. Über 3.000 m weht ein Nordostwind, welcher anzeigt, dass wir in Bezug auf die Windrichtung langsame Änderungen erwarten können. Die Inversion ist leicht auf 600 m angestiegen.

5.4. - Woche 6 (25. - 31. Oktober)

Mittwoch 3. November
Der Passat weht immer noch gleichbleibend. Mit 14 kn auf 1.500 m setzt sich im Westen auch langsam der NO Wind durch. Die vorausgesagten 8 kn werden aber nur im obersten Teil von El Paso für Brisa sorgen, gut, dass der Auswurf des Vulkans nun wieder nach SW geblasen wird. Ab 3.000 m weht ein Nordwestwind mit 10 kn, der mit zunehmender Höhe auf Ost dreht. Inwieweit das den Betrieb am Flughafen beeinträchtigen könnte, muss man abwarten. Die Inversion auf 600 m. Es wird feuchtere Luft nach La Palma verfrachtet, im Nordosten und Osten kann es zeitweise etwas regnen. Man kann endlich mit Reinigen beginnen, die weiteren Tage ist kaum Ascheregen im Valle zu erwarten.

Donnerstag 4. November
Der Passat auf Meereshöhe nun 15 kn, was nicht nur den Osten gut belüftet, es scheint aus auszureichen, um im Lee Wirbel zu erzeugen, welche das Valle mit frischer Luft versorgen. Die Inversion steigt auf 1.800 m, bedingt durch das Nähern einer Kaltfront aus NO. Diese bringt vor allem in Nordosten einige Regenfälle. Über der Cumbre Nueva bläst auch NO-Wind mit 11 kn, welcher in El Paso Brisa verursacht und auch etwas Regen über die Cumbre tragen wird. Über 3.000 m hauptsächlich Nordwind, welcher die Situation mit der Asche weiterhin entspannt.

Freitag 5. November
Der Passat auf Meereshöhe verstärkt sich auf 20 kn. Auch auf 1.500 m bläst ein NO Wind mit 16 kn. Die Inversion ist immer noch auch 1.500 m, was in El Paso zu Brisa führen wird. Diese kann auch weit ins Valle runter blasen. über 3.000 m auch Nordost, darüber Nordwind. Die Asche bleibt fern vom Valle.

5. Blog: Oktober 2021

Ascheblitz

12:41 Da ist er auch schon, der fotografische Beweis für die Entladungen von heute Morgen (Abb. 5.65; S.202).

Abb. 5.65. Entladung am Vulkan

Die Aschenhöhe in Tacande ist nun 2 mm. Sie ist sehr fein, was einer zusätzlichen Dachbelastung von rund 2 kg/m² entspricht.

Vulkaninformation Samstagabend

18:25 Der Ascheregen hält an, auch ist es immer noch dunkel im Valle. In Tacande fielen heute 3 mm. Das messe ich im Moment mit meinem Backup-Regenmesser der sehr genau ist.
Obschon ich die Paneele meiner Fotovoltaik immer wieder geputzt habe, ist die Ausbeute marginal, gerade mal 0,21 kWh, wo normalerweise 15-20 kWh produziert werden. Dieses Putzen hätte man sich sparen können (Abb. 5.66; S.206). Aber auch das große Asche schippen kann man sich im Moment noch sparen. Die Wetterlage hält ja leider noch ein paar Tage an (Wetterprognose S.200).

5.4. - Woche 6 (25. - 31. Oktober)

Die Pyroklasten, welche mit Energie aus dem Vulkanschlot geschleudert werden, laden sich immer noch auf, und ab und zu hört man den Donner der Entladungsblitze.

Die Colada #3, welche uns schon gestern Sorgen bereitete, hat die Klippe erreicht. Wahrscheinlich wird sie nicht ins Meer gleiten, da das Delta der Eruption vom San Juan noch viel Fläche bietet um sich auszuweiten. Die Lava ist über das Restaurant Canguro geflossen, hat dieses zerstört. Sie befand sich heute Mittag rund 60 m nördlich des Restaurants Mariposa. Die Kreuzung Marta / Hoyo Todoque, welche als Ausfahrt für die Lastwagen aus Puerto Naos wichtig ist, ist auch noch frei, aber auch dort ist die Lava bis auf rund 100 m an die Kreuzung gekommen.

Das Beben heute Morgen von 5,0 mbLg war das bisher stärkste. Es wurde in der Pressekonferenz noch einmal hingewiesen, dass die Beben in Spanien nicht nach der Richterskala bewertet werden (darum das mbLg). Auf der Richterskala würde das mbLg 5,0 ungefähr einem 4,5 entsprechen, meinte María José Blanco. Es sei immer noch möglich, dass sich auch stärkere Beben bilden würden, die auf der Mercalli-Skala eine VI und, zögernd sagte sie, auch eine VII erreichen könnten. Dies würde einem mbLg von ungefähr 5,8 entsprechen. Wenn man sich bei einem stärkeren Beben im Haus befindet, soll man nicht herausrennen, sondern drin bleiben und sich schützen. Am besten unter einem Türrahmen oder einem Tisch.

Sonntag 31. Oktober

Vulkaninformation Sonntag

08:05 Uhrenumstellung vollbracht, endlich wieder etwas normalere Zeit, der Sonne angepasster, jetzt steht sie heute um 12:55 Uhr im Zenit. In der Nacht ist der Vulkankegel wieder teilweise kollabiert und viel Lava floss über die Westflanke. Genau West ist immer gut, denn so fließt die Lava über die Colada #1, welche sich als

5. Blog: Oktober 2021

erste bildete. Seit gestern sind in Tacande rund 15 mm Asche gefallen. Das entspricht bei der feinen Asche einem Gewicht von fast 15 kg/m^2. Die vormals gereinigten Dächer sind schon wieder voll. Die Asche hat den vorausgesagten Weg genommen und heute Morgen habe ich sowohl vom Muchacho als auch aus Puntagorda Bilder mit Asche gesehen. Im Valle ist es am schlimmsten, die Straßen sind schwarz, in der Nacht ist das Autofahren extrem gefährlich, aber auch am Tag. Es fehlen die Markierungen und die Straßen sind rutschig. Wenn man mit Vorderradantrieb auf steilen Straßen anhalten muss, kommt man kaum noch weg. Die extrem kleinen Ascheteilchen können tief in die Lungen vordringen und Entzündungen hervorrufen! Es wird von den Behörden dringend geraten, draußen FFP2 Masken und auch Augenschutz zu tragen!

Die Seismizität ist in etwa gleich hoch. Heute kamen keine Meldungen rein, wonach die Bevölkerung ein Beben gespürt hat. Alles konzentriert sich auf die zwei Magmakammern und es gibt keine Anzeichen einer Veränderung. Gleiche Tiefe, keine Bodendeformationen feststellbar. Im Gegenteil, weiter entfernte Stationen zeigen schon länger einen langsamen Rückgang der Deformationen.

Wetter:
Das Hoch hat sich leicht nach Norden verschoben. Sein Kern nun zwischen den Kanaren und Madeira. Deshalb kommt auf Meereshöhe heute etwas Passat auf, welcher in Sta. Cruz und am Flughafen frische Luft heranführt. Auf der für das Valle kritischen Höhe bläst der Wind schwach mit 5 kn aus SO, dreht im Tagesverlauf nach Süd und nimmt noch leicht an Stärke ab. Schwache 5 kn blasen die Asche nach Nordwest und Nord. Genügend langsam, dass auch heute der größte Teil im Valle runterkommt. Die Inversion befindet sich auf rund 800 m. Die Luftqualität ist im Moment gut.

Die Entlastung für das Valle kommt aber erst am Dienstagabend. Mit leicht aufkommendem NO Wind auf 1.500 m nimmt die Asche dann wieder den Weg über evakuiertes Gebiet.

5.4. - Woche 6 (25. - 31. Oktober)

Vulkaninformation Sonntagabend

17:50 Die Eruption ist stabil, es werden von den Vulkanologen keinerlei Anzeichen gesehen, dass sie bald zu Ende sein würde. Zwar ist der Schwefeldioxid Ausstoß seit etwa 5 Tagen abnehmend, heute waren es noch 7.700 t/Tag. Und jetzt wollte ich gerade schreiben, es gab kaum Beben mit einer Stärke die wahrgenommen wurden, und 17:53 Uhr Booom. Das Beben war gefühlt mindestens gleich des großen vor zwei Tagen, das mit mbLg 5,0 bewertet wurde. Aber es kommt natürlich auch auf die Tiefe an. Ich warte die Auswertung aber nun nicht ab. Also auch hier keine Zeichen einer Veränderung zum Positiven. Nach wie vor werden die Lavaflüsse #1, #3 und #9 alimentiert. Der Lavafluss #1 hat sich zum Teil sehr hoch aufgetürmt. Es wird von Stellen mit 30 Metern Höhe berichtet.

(Nachträglich stellte sich heraus, das Beben um 17:58 Uhr war eines mit mbLg 5,0).

5. Blog: Oktober 2021

Abb. 5.66. Fotovoltaik am 31. Oktober

6. Blog: November 2021

6.1. - Woche 7 (1. - 7. November)

Montag 1. November

Vulkaninformation Montagmorgen

08:30 „Dunkel wie in einer Kuh drin" sagt der Schweizer, wenn er meint, dass es wirklich dunkel ist. Woher der Ausdruck kommt, das weiß ich nicht. Auch nicht, wie viele Schweizer schon in einer Kuh drin waren, aber es ist draußen wirklich dunkel.

Aus dem SO-Kamin wird derzeit sehr viel Asche ausgeworfen. Aus dem Westkamin immer noch viel Lava. Größere Erdbeben gab es in der Nacht nicht, aber immer noch sehr viele auch über mbLg 3, welche zeigen, dass das gesamte System immer noch sehr aktiv ist. Deformationen wurden keine beobachtet, es scheint, dass im Moment kein zusätzlicher Druck aufgebaut wird.

Die Windprognose für heute sagt ab 1.500 m praktisch Windstille voraus. So steigt die Aschewolke, angetrieben von der Dynamik des Auswurfs und der Thermik der Hitze des Vulkans hoch und fällt dann irgendwie radial runter. Letzte Nacht gab es in Tacande vielleicht „nur" einen Millimeter, aber der Papiertest, indem ich ein weißes Blatt Papier ein paar Minuten draußen hinlege, beweist es: Immer noch fallen extrem kleine Partikel runter, genau die, welche klein

6. Blog: November 2021

und scharf sind, damit tief in die Lungen vordringen können und deshalb gesundheitsschädlich sind. Auch sind viele Straßen nicht geräumt. Die Autos wirbeln auch hier die feinen Staubteilchen auf. Umluft einstellen oder die Lüftung abstellen ist sicher nicht verkehrt. Der Flughafen ist im Moment noch in Betrieb, könnte im Tagesverlauf aber auch von Asche betroffen werden.

Der Direktor der Pevolca, Miguel Morcuende, hat einen langen Artikel veröffentlicht, in welchem er voraussagte, dass die Eruption noch zwei Monate andauern wird. Nun ernst nehmen kann ich solche Aussagen in keiner Art und Weise. Der gleiche Herr Morcuende hat am Tag des Ausbruchs dafür gesorgt, dass die Alarmstufe auf Gelb blieb, damit gezeigt, dass seine Prognosen gar nichts Wert sind und auch er hat über Teile von Tazacorte eine dreitägige Ausgangssperre verhängt, bis er begriffen hatte, dass die Lava nun doch nicht ins Meer fließen wollte. Meteorologen würde man mit einer solch schwachen Leistung entlassen.

Heute ist Allerheiligen. Obschon auf La Palma nicht wie in anderen lateinischen Ländern ein extremer Kult um die Verstorbenen gemacht wird, ist es Tradition an diesem Tag der Verstorbenen auf dem Friedhof zu gedenken. Der Friedhof in Las Manchas ist aber nicht zugänglich und so wird eine externe Feier durchgeführt.

Auch die Streitkräfte beteiligen sich an dieser Feier. Zu diesem Zweck werden heute um 12.00 Uhr mittags Angehörige der UME, der Notfalltruppe der Armee, eine Mahnwache auf der Montaña Tenisca aufstellen, um die Bürger beim Gedenken und der Ehrung Verstorbenen zu begleiten.

Anschließend wird ein Superpuma-Hubschrauber des 46. Luftwaffengeschwaders des Luftwaffenstützpunktes Gando (Gran Canaria) die genannte Stelle überfliegen und einen Kranz für alle Verstorbenen an einer Stelle in der Nähe des Friedhofs Las Manchas niederlegen. Wie das mit dem derzeitigen radialen Auswurf der Asche des Vulkans gelingen soll, werden wir sehen.

6.1. - Woche 7 (1. - 7. November)

Wetterprognose

11:55 Die Kanaren befinden sich auch heute in einem Hochdruckgebiet mit Kern über Madeira, Abb. 6.1 (S.211). Auf Meereshöhe weht Passat, der auf der Ostseite frische Luft zur Insel bläst. Der Wind nimmt mit zunehmender Höhe rasch ab und bleibt bis über 4.000 m sehr schwach. Dies lässt die Vulkanasche praktisch vertikal aufsteigen und dann radial um den Vulkan fallen. Zwischen 600 m und 1.400 m ist die Luft isotherm geschichtet, die Temperatur bleibt gleich. Auch eine solche Schichtung ist ähnlich einer Inversion, wirkt wie ein Deckel und lässt nicht viel Belüftung zu.

Dienstag 2. November
Auf Meereshöhe bläst ein Passat mit 14 kn. Auf 1.500 m herrscht immer noch fast Windstille und ab 2.000 m beginnt ein Westwind mit rund 7 kn. Die Inversion ist tief auf rund 600 m. Der Westwind in der Höhe kann Ascheteile in den Osten blasen und zu Problemen am Flughafen führen. Die Asche, welche darunter fällt, verteilt sich immer noch in einem Radius um den Vulkan.

Mittwoch 3. November
Passat mir rund 12 kn auf Meereshöhe, auf 1.500 m kaum Wind und auf 2.000 m Nordwind. Es kommt eine leichte Entspannung auf, da ein Teil der Asche nun in Richtung Süd geblasen wird. Ab Mittag ist im Nordosten und Osten etwas Niederschlag möglich. Die Inversion auf 900 m wirkt positiv auf die Luftqualität.

Donnerstag 4. November
Auf Meereshöhe 17 kn Nordostwind, auf 1.500 m auch Passat mit 9 kn und ab 2.000 m ein NNO- bis Nordwind, welcher die Asche in den Südwesten oder Süden blasen wird. Am Morgen streift La Palma eine Kaltfront. Diese wird im Nordosten und Norden, Regen bringen. Da die Luft sehr feucht und instabil ist, ist es auch möglich, dass Regen im Westen fallen kann. Dächer sollten deshalb bis spätestens Mittwoch einigermaßen gereinigt sein.

6. Blog: November 2021

> ***Freitag 5. November***
> Zunehmender Passat auf Meereshöhe und auch auf 1.500 m mit 17 kn. In El Paso und vielleicht sogar bis Los Llanos weht die Brisa, welche frische Luft ins Valle bringen wird. Auch auf 2.000 m weht ein Nordostwind mit 8 kn welcher sicherstellt, dass die Asche in den Südwesten geblasen wird. Die Kaltfront ist abgezogen, lässt aber eine hohe Inversion auf 1.500 m zurück. Diese lenkt den NO-Wind über der Cumbre Nueva ab und beschleunigt ihn noch.
>
> ***Samstag und Sonntag 6./7. November***
> Der Passat ist noch stärker geworden. Er bläst nun mit bis 22 kn auf Meereshöhe. Auch über die Cumbre Nueva bläst Nordostwind mit fast 20 kn. Die Inversion ist immer noch hoch auf 1.500 m, was für die Brisa einen Beschleunigungseffekt bewirkt. Es ist gut möglich, dass der Wind weit ins Valle runter bläst, vielleicht sogar bis aufs Meer. Das Valle wird gut belüftet, die Luftqualität ist gut und die Asche wird weiterhin weg vom Valle über evakuiertes Gebiet und dann ins Meer geblasen.

Neue Colada

12:18 ElApurón meldet: „Es wurde festgestellt, dass sich eine Lavazunge in Richtung Süden gelöst hat und dabei Land im unteren Teil des Montaña Cogote betroffen ist, das bisher nicht beschädigt wurde. Diese Situation führt zu neuen Schäden durch die Eruption, die in der Region des Aridanetals große Zerstörungen sowohl an Häusern als auch an Anbauflächen und öffentlichen Infrastrukturen verursacht."

Luftbild Cogote

In Abb. 6.2 (S.211) ein Luftbild auf die Montaña Cogote, rechts davon der Friedhof von Las Manchas. Dahinter die Montaña Rajada, um welche sich beide Lavaflüsse ranken, und in gleicher Linie das Biest.

6.1. - Woche 7 (1. - 7. November)

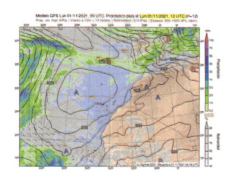

Abb. 6.1. Bodenwetterkarte vom 1. November

Abb. 6.2. Montañas Cogote & Rajada 1. November

Vulkaninformation Montagabend

17:15 Er flog also doch, der Helikopter, aus welchem viele Blüten abgeworfen wurden. Nur musste er küstennah fliegen. Eine Annäherung an den Friedhof von Las Manchas wäre aufgrund des Aschefalls nicht in Frage gekommen.
Die Pressekonferenz ergab folgende Informationen: Der Ascheausstoß ist nach wie vor sehr hoch. Das wird mit einer „Gasificación" des Vulkans erklärt. Was das bedeutet, wurde nicht erwähnt. Der SO_2-Ausstoß, welcher als ein wichtiges Maß für die Dynamik des Ausbruchs gilt, ist seit einigen Tagen rückläufig und erreicht 4.990 t/Tag. Der CO_2-Ausstoß der gesamten Cumbre Vieja ist aber immer noch leicht zunehmend auf 1.500 t/Tag. Letzterer soll einen Überblick über den Zustand der gesamten Cumbre Vieja geben. Das CO_2, welches direkt im Umfeld des Vulkans gemessen wurde, ist auch zurückgehend. Es hat sich eine neue Colada gebildet, die als #11 bezeichnet wird, Abb. 6.3 (S.212). Sie fließt auf der Nordseite der Montaña Cogote durch und war während der Pressekonferenz noch 200 m von Carretera El Hoyo Todoque entfernt.

Es scheint als wahrscheinlich, dass die Hauptstraße ein weiteres Mal von Lava überflossen wird und dann das Verkehrskonzept für Puerto

6. Blog: November 2021

Abb. 6.3. #11 vor Cno Marta

Abb. 6.4. Situation 5.11.

Naos nicht mehr funktioniert. Der einfahrende Verkehr wurde von Jedey zur Plaza Glorietta und dann runter über das Tenniszentrum geführt. Der wegfahrende Verkehr über den Camino Majada (beim Mariposa), Camino Real de Todoque und Camino Marta. Dieser Rundkurs wird wahrscheinlich bald nicht mehr möglich sein. Damit hat Puerto Naos nur noch eine Zufahrt, die aber für große Fahrzeuge nicht geeignet ist. Es muss eine Lösung her und relativ rasch eine Notstraße gebaut werden. Wo, wann und wie das geschehen soll, wurde noch nicht mitgeteilt.

Die Seismizität ist immer noch hoch, aber abnehmend, speziell die tiefen Beben haben in der Anzahl abgenommen. Die reine Anzahl der Beben ist aber nicht das einzige Maß der Dinge. Es fanden auch sehr starke Beben in dieser Tiefe statt. Wir erinnern uns, ein Beben der Magnitude 5 ist 32 mal stärker als eines mit Magnitude 4. Man kann also 32 Beben mit Magnitude 4 messen, bis man die gleiche Energie eines Bebens der Stufe 5 erhält. Ob auch die freigegebene Energie abgenommen hat, wurde nicht mitgeteilt.

Auf der Ostseite, direkt nach dem neuen Tunnel, habe ich auch feinen Ascheregen festgestellt. Der Flughafen wurde aber von den kleinen Maschinen der Binter angeflogen.

6.1. - Woche 7 (1. - 7. November)

Dienstag 2. November

Vulkaninformation Dienstagmorgen

08:30 Heute hören wir zumindest eine Auswirkung der gestern erwähnten „Gasificación", der vermehrten Gasbildung in dem Magma. Der Vulkan hat wieder seine Düsentriebwerke gezündet und lärmt wie ein Kampfjet. Dieser Lärm ist aber nicht konstant, sondern wellenartig, zu und abnehmend. Normalerweise spüre ich in meinem Haus die Erdbeben nur, wenn diese wirklich stark sind. Letzte Nacht wurde ich aber zweimal von eher schwachen Beben mit mbLg 3,4 und 3,6 in rund 14 km Tiefe geweckt. Ja, schwach ist relativ. Vor zwei Monaten hätte ich noch ganz anders argumentiert.
Die Luftqualität ist im Valle etwas durchzogen. Los Llanos fällt wieder mit erhöhten CO-Werten auf. Das Kohlenmonoxid bindet sich viel besser an das Hämoglobin der roten Blutkörperchen und behindert damit den Sauerstofftransport, sodass bereits bei einem CO-Gehalt der eingeatmeten Luft von nur 0,1 % das Gesamthämoglobin je zur Hälfte Sauerstoff und CO bindet. Eingeatmetes Kohlenmonoxid baut sich langsam wieder ab. Vielleicht sind die Llanesen deshalb heute einfach etwas schlapper als sonst.
Die Asche wird, wie vorausgesagt, mit leichten Westwinden in der Höhe in Richtung Flughafen verfrachtet. Das SIGMET meldet Asche von 0 bis 11.000 ft, also bis auf etwa 3.400 m. Auch im METAR steht VA, also Vulkanasche. Bisher ist keine Maschine gelandet und ich glaube, das wird den ganzen Tag so bleiben.

Die Seismizität ist über die letzte Woche gesehen gleichbleibend, findet aber eher in der oberen Magmakammer zwischen 10 und 15 km Tiefe statt.

Eine Delegation von Hilfskräften hat gestern noch den verlassenen Friedhof von Las Manchas besucht, eine kleine Feier abgehalten und dabei auch eine Orchidee mit einem Schild „Von allen für alle" dagelassen. Vielleicht ein kleiner Trost für all die Menschen, die den Friedhof an Allerheiligen nicht besuchen konnten.

6. Blog: November 2021

Bilder die den Stand der Lavaflüsse, speziell den des neuen #11 belegen, habe ich bisher noch keine gesehen. Das werde ich später melden. Muss nun wieder zum Aschenschippen...

Vulkaninformation Dienstagabend

20:52 Über 100 Millionen Tonnen Material soll der Vulkan schon ausgestoßen haben. Da sind die 270 Tonnen Asche, welche auf meinem Grundstück gefallen sind eine kleine Nummer. Sie halten mich aber immer noch auf Trab. 60 % der Dachflächen sind gereinigt, morgen geht es weiter, deshalb die Info in Kurzform:

Tajogaite war den ganzen Tag über sehr laut, was auf einen erhöhten Gasanteil in dem Magma schließen lässt. Jetzt am Abend hat der Lärm etwas abgenommen. Der SO_2-Ausstoß hat sich wieder auf 22.000 t/Tag erhöht. Dies in einer Folge von einer Absenkung während einigen Tagen. Ob das ein Ausreißer ist, werden wir morgen sehen. Das maximale Beben war 4,6 mbLg gestern Abend um 20:24 Uhr in 16 km Tiefe. Es wurde sogar auf Gomera und Teneriffa gespürt. Die Seismizität ist gleichbleibend und Deformationen hat man keine festgestellt, im Gegenteil, die vom Vulkan weiter entfernten Stationen zeigen immer noch einen Trend zur Normalisierung an. Der Flughafen war, wie befürchtet, den ganzen Tag nicht in Betrieb, das wird wahrscheinlich auch morgen Mittwoch noch so sein. Die Belastung mit kleinen Partikeln ist zeitweise sehr hoch, weshalb die Verantwortlichen mahnen, sich nur in dringenden Fällen außerhalb des Hauses aufzuhalten und dann mindestens FFP2 Masken zu tragen.

Die verschiedenen Coladen, vor allem die Erste, erhalten immer noch sehr viel Zufluss an Material. Die Colada #11, welche die Straße Todoque - Secadero bedroht, stand heute während der Pressekonferenz um 14 h noch ca. 200 m östlich und kam offensichtlich nur sehr langsam voran.
Das Konzept einer Notstraße oder des Ausbaus der bestehenden Zufahrt nach Puerto Naos wird geprüft. In den nächsten zwei Wochen

wird spätestens mit dem Bau begonnen. Parallel wird auch das Konzept einer Verbindung per Schiff mit Puerto Naos geprüft. Die Armee ist daran Abklärungen zu treffen. Das wäre in erster Linie eine Vereinfachung für die Bauern, welche ihre Bananen bewässern müssen.

Mittwoch 3. November

Vulkaninformation Mittwochmorgen

08:30 Bevor ich zur Information über die allgemeine Lage komme, eine Bitte: Wenn Sie in Gebiet mit starkem Aschenfall wohnen, denken Sie auch an unsere gefiederten Freunde. Ich sehe in Tacande schwärme von Kanarengirlitzen. Leider finden diese Körnerfresser seit dem Aschenfall kaum mehr Futter. Auch Amseln haben es schwer, letzteren kann man auch Apfel oder Birnenstückchen anbieten. Vogelfutter kann man in vielen Geschäften kaufen, auch im HyperDino.

Wasser für die Tiere kann man auch effizient offerieren: Legen Sie einfach ein nicht hohes Tongefäß unter die Bewässerung und lassen das Wasser in dieses laufen. Es füllt sich dann automatisch beim Bewässern mit frischem Wasser und läuft über. Mit dieser Methode habe ich im Garten auch keine Probleme mehr mit Ratten, die die Schläuche zerbeißen. Diese Tongefäße für die Küche kann man fast überall günstig erwerben. Sie sollten nicht zu groß sein, damit ein Tier, das reinfällt, auch wieder rauskommt.

Vulkaninformation:
Die letzte Nacht war wieder etwas ruhiger, nachdem der Dienstag ja extrem laut war. Tajogaite hüllt sich heute Morgen in eine Wolke und die Lavaflüsse sind schlecht zu sehen. Gestern Abend ist der Konus erneut zerfallen und viel Lava ist über die Westseite runtergeflossen, Video auf Twitter (QR-Code S.356). Heute Morgen um 07:27 Uhr bebte die Erde sehr stark. Das Beben wurde auf der ganzen Insel gespürt und auch auf allen Kanarischen Inseln gemessen. Ihm wur-

de letztendlich die Stärke von mbLg 4,9 zugeordnet und auf der Mercalli-Skala mit IV-V verspürt. Ich gebe ihm auch eine IV, denn es ist weder Geschirr zerschlagen worden, noch habe ich Schäden am Haus gesehen, aber es war das bisher stärkste und am längsten andauernde Beben, welches ich gespürt habe. Es fand in der unteren Magmakammer in einer Tiefe von 36 km statt.

Deformationen sind bei allen Stationen rückläufig, auch die anfällige LP03 in Jedey zeigt nochmal einen Rückgang um 1 cm gegenüber gestern und damit den zweittiefsten Wert seit dem Ausbruch.

Die Seismizität war rückläufig. Das hat sich nun mit dem 4,9 Beben wieder etwas korrigiert. Die Tiefen der Beben sind gleichbleibend, auch hier keine Auffälligkeiten.

Die Luftqualität erachte ich im Moment als schlecht. Die SO_2-Werte bei der Messstation Dos Pinos zeigen 361 µg/m^3 (Desfavorable) und man sollte anstrengende Tätigkeiten im Freien meiden. In etwa zwei Stunden setzt wahrscheinlich Thermik ein, die dann die Luft etwas besser mischen wird. Einen etwas ausführlicheren Wetterbericht erarbeite ich etwas später.

Artikel in ElApurón

Juan Capote
Veterinärmediziner, Biologe und Forschungsprofessor

schrieb einen Artikel, welcher heute in ElApurón unter dem Titel „Lava und Risiken" veröffentlicht wurde. Er zeigt eine weitere Sicht, diesmal auch auf Schicksale der Bauern. Ich versuchte den Artikel so gut wie es geht auf Deutsch zu übersetzen, ohne die Wortwahl zu ändern, deshalb erscheint das Deutsch zeitweilig etwas „holprig":

6.1. - Woche 7 (1. - 7. November)

Juan Capote: "In letzter Zeit gab es einen Medienrummel um die Hunde, die aus der Isolation in der Lava dieses verdammten Vulkans gerettet wurden. Die Meinungen reichen von der Verherrlichung bestimmter männlicher Attribute des Palmeros bis hin zur Verleugnung und sogar zum Schelmenstreich. Was auch immer es ist und was auch immer von der zuständigen Untersuchungsstelle angegeben wird, die Hunde sind sicher, im Gegensatz zu den Verdächtigungen einiger Tierschützer. Die morphologische Ähnlichkeit zwischen einem der Hunde, der im kritischen Moment fotografiert wurde, und dem später in einem Video gefilmten Hund ist offensichtlich, aber was mich überzeugt hat, ist die Aussage meines Kollegen César Bravo, Tierarzt, der trotz des Verlustes seines eigenen Hauses eine wichtige Rolle in dieser Krise gespielt hat. Er sagt: Die Hunde wurden versorgt und befinden sich in einem Tierheim. Ich kenne César schon lange genug, um sagen zu können, dass er ein tadelloser Profi ist, einer von denen, die perfekt zu unterscheiden wissen zwischen den Momenten, in denen man zärtlich und lustig sein kann, und denen, in denen man ernsthaft und äußerst streng sein muss. Deshalb ist er, vielleicht zu seinem eigenen Erstaunen, zu einem unbestrittenen Führer unseres Berufsstandes geworden, der bereits Geschichte schreibt.
Ich möchte jedoch betonen, dass der Fokus der Medien auf diese Hunde die wahre Tragödie überschattet hat, die andere Tiere und ihre Besitzer erlitten haben. Als ich vor einigen Tagen auf La Palma war, konnte ich die meisten der Ziegenhirten und Ziegenzüchter treffen, die unter den direkten Folgen des Vulkans gelitten haben. All diese Menschen wurden vertrieben, auch wenn einige noch ihre Anlagen hatten, die vermutlich durch das Gewicht der Asche beschädigt waren und immer unter der Bedrohung standen, dass sich der Verlauf der Lava ändern könnte. Andere haben sie zusammen mit ihren Häusern verloren und einer von ihnen musste mit ansehen, wie seine Herde, die er normalerweise im Vulkangebiet weidete, verbrannte, wobei er die Hälfte seines Viehs verlor und enorme Anstrengungen unternehmen musste, um die Restlichen zu heilen, was den radikalen Verlust seiner Produktion bedeutete. Ich habe die Emotionen von hartgesottenen Männern und tapferen Frauen gesehen, die überwältigt waren, weil ihre Ziegen infolge eines übereilten Transports Fehlgeburten erlitten oder sogar gestorben sind. Ich ha-

6. Blog: November 2021

be sie sagen hören, dass sie den Verlust von Maschinen und Einrichtungen in Kauf nehmen, dass sie aber den Tod ihrer Tiere nicht ertragen könnten... Und inmitten von so viel Leid muss eine Figur, Leonardo Anselmi, ein unscheinbares und prominentes Mitglied einer Tierschutzgruppe, auftreten und sagen, dass die Bauern ihre Ziegen unter schrecklichen Qualen sterben ließen, um die Versicherung zu kassieren. Und das Schlimmste ist, dass er das in den nationalen Medien sagt und die sich nicht einmal die Mühe gemacht haben, die Nachrichten zu überprüfen. Hören Sie, Leonardo, ich glaube, ich weiß mehr über die Ziegenhaltung auf den Kanarischen Inseln als Sie, und ich kann Ihnen sagen, dass ich noch nie gehört habe, dass Landwirte ihre Tiere versichern. Sie sind ein Verleumder, dem man viele Abqualifizierungen zuschreiben kann, sicherlich nicht die, die mit Tieren zu tun haben, denn diese Wesen verdienen es nicht, dass ihre Namen mit Ihrem in Verbindung gebracht werden. Deshalb werde ich ihn nicht als Schwein oder Ratte bezeichnen und schon gar nicht nach Ähnlichkeiten mit dem männlichen Fortpflanzungsorgan der Art suchen, über die ich schreibe. Ich nenne Sie jetzt etwas anderes, etwas Kanarisches: Sie sind ein rebenque, wissen Sie nicht, was das auf unseren Inseln bedeutet? Nun, ich werde es Ihnen auch nicht sagen. Ich möchte Ihnen nur eines sagen: Keiner der betroffenen Hirten, die nicht einmal annähernd Ihre Schuhgröße haben, hat das Handtuch geworfen. Sie stehen immer noch und versuchen, wieder auf die Beine zu kommen. Wissen Sie, warum? Diese Menschen tragen Lava und Klippen dort, wo du nichts als Groll hast: in ihre Seelen.
Juan Capote"

(Ein Rebenque ist ein ein unbeholfener Mensch, einer der langsam begreift. Er ist so ungeschickt, dass er es nicht versteht, selbst wenn man es ihm erklärt. Rebenque kann auch für ein unproduktives Tier verwendet werden und ist auch die Bezeichnung für eine Peitsche).

6.1. - Woche 7 (1. - 7. November)

Vulkaninformation fällt aus

Heute Abend gibt es mal keine Vulkaninformation. Leider habe ich den ganzen Tag Asche weggeführt. Ich mag keine Recherchen mehr durchführen und auch keine langweiligen Pressekonferenzen anschauen. Nur kurz, er ist im Moment etwas ruhiger und in El Paso ist heute kaum neue Asche runtergekommen. Morgen mehr, auch zu Wetter :-).

Donnerstag 4. November

Vulkaninformation Donnerstagmorgen

08:20 Der Vulkan in der Region, die Tajogaite genannt wird - schreibe ich immer so, auch wenn ich mindestens 5 mal belehrt wurde, dass er nicht so heißt - war in der Nacht etwas ruhiger, macht aber jetzt wieder Krach. Ein An- und Abschwellen des Lärms in einem Rhythmus von etwa 15 Sekunden. Er hat heute einen Hauptkamin ganz auf der Spitze und produziert, wenn auch weniger, auch weiterhin Asche. Aus dem Westkamin sieht man Rauch aufsteigen (Video per QR-Code auf S.356).

In der gestrigen Pressekonferenz wurde ein weiterer Rückgang des Schwefeldioxidausstoßes gemeldet. Auch der Umstand, dass in der unteren Magmakammer in einer Tiefe um 30 km nur noch wenige Beben stattfanden wurde euphorisch aufgenommen, um gleich zu prognostizieren, dass der Vulkan noch im November erlischt. Ich bin da vorsichtiger geworden. Solange wir noch so viele Erdbeben in der oberen Magmakammer haben, bin ich zurückhaltend mit euphorischen Prognosen. Ein weiterer Parameter, der gestern auch sehr gut aussah, war ein weiterer Rückgang der Inflation bei der Station LP3 in Jedey. Das hat sich aber heute wieder korrigiert, also auch noch nichts mit Nachhaltigkeit. Immerhin, die Seismizität scheint generell etwas abzunehmen und heute Morgen wurde ich auch nicht aus dem Bett geschüttelt. Dafür gestern auf dem Dach beim Asche schippen.

6. Blog: November 2021

Geholfen hat es nichts. Die Asche hat sich keinen Millimeter bewegt, nur ich...

Die Colada #11, welche die Ausfahrt für große Fahrzeuge aus Puerto Naos beim Camino La Marta bedrohte, ist im Moment einige Meter nördlich stehengeblieben. Trotzdem wurde schon gestern mit dem Ausbau einer weiteren Straße begonnen.

Heute bläst der Wind aus Nordost, auch auf 1.500 m ist Nordostwind vorausgesagt. Die Asche und die schlechte Luft werden nach SW über evakuiertes Gebiet geblasen. Am Abend dreht dann der Wind auf Nord und es ist gut möglich, dass Asche nach Fuencaliente gelangen kann.

Am Nachmittag erreicht La Palma eine schwache Kaltfront aus Nordost. Dies wird zu Niederschlägen im Norden, Nordosten und Osten führen. Bereits im Vorfeld der Front hat sich die Inversion aufgemischt. Freie Fahrt für Luftmassenaustausch sozusagen. Dies bedeutet auch bessere Luftqualität. Der Wind weht mit bis 10 kn über die Cumbre Vieja, das kann bedeuten, dass auch etwas Feuchtigkeit über die Cumbre nach El Paso geblasen wird. Dann kommt die riesige Thermikquelle, der Vulkan, zum Tragen. Dieser saugt die Luft um sich herum an, wird auch die ankommende Feuchtigkeit ansaugen und weit hoch tragen lassen. Es ist wahrscheinlich, dass auch er damit lokale Regenfälle produziert, die in Las Manchas fallen können.

Deformation Radar

9:22 Hier was für die Verschwörungstheoretiker und Tsunami-Liebhaber. Schon das letzte Mal, als das Radarbild im Norden und Nordosten nur noch rot zeigte, haben sie ihre YouTube-Filmchen gedreht und über die 20 cm Erhöhung der Insel schwadroniert. Das alles kommt auch Prof. McGuire entgegen, der ja mit solchem Schund Versicherungsgesellschaften hilft ihre Produkte an den armen, Tsunami geplagten Ami zu bringen.

6.1. - Woche 7 (1. - 7. November)

In der Zwischenzeit haben die Verantwortlichen auch den Vermerk ins Bild geschrieben: „... Podría contener deformaciónes no reales causado por señales atmosféricas y errores de desarollo."

Abb. 6.5. 4.11. **Abb. 6.6.** Deformationsbild Radar

Abb. 6.6 (S.221) ist automatisch aus Radarmessungen eines Satelliten generiert. Diese sind anfällig für Störungen. Und wenn der Norden und Nordosten vom Passat angeströmt werden und sich dort Wolken befinden, kommt dann so was heraus.

Also den Panikmodus wieder auf Ruhe schalten. Es handelt sich nur um harmlose Interferenzen.

Wetterprognose

Heute Nachmittag wird uns, wie bereits berichtet, eine schwache Kaltfront aus NO überziehen. Es wird zunehmend bewölkt und in der zweiten Nachmittagshälfte kann es in Norden und Osten etwas Niederschlag geben. Auch im Westen wird feuchte Luft zugeführt.

Diese kann vom Vulkan über die produzierte Wärme angesaugt werden, weit nach oben steigen und in Windrichtung auch zu Niederschlägen führen. Der Wind auf Meereshöhe 14 kn Passat, auf 1.500 m noch 11 kn und auch auf Höhe des Muchacho NO-Wind. Rauch und Asche werden heute über evakuiertes Gebiet weggeblasen. Der Flughafen sollte angeflogen werden können.

Freitag 5. November
Auf Meereshöhe hat der Passat zugenommen. Er weht mit 20 kn. Auf Höhe der Cumbre weht er bis zum frühen Nachmittag noch schwach, aber dann setzt in El Paso die Brisa ein. In größerer Höhe auch Nordostwind. Die Luftqualität ist recht gut, der Passat und die Inversion auf 1.500 m sorgen für Zufuhr von frischer Luft.

Samstag 6. November
Noch stärkerer Passat, nun mit 24 kn. Über die Cumbre Nueva bläst auch ein Wind mit 20 kn. Die hohe Inversion auf 1.500 m wirkt auf diesen beschleunigend und in El Paso weht starke Brisa. 50 km/h können fast problemlos erreicht werden. Wahrscheinlich weht die Brisa auch bis nach Los Llanos runter, vielleicht sogar bis auf das Meer. Der starke Wind verfrachtet Asche und schlechte Luft in Richtung Südost. In der Linie Vulkan - Leuchtturm Bombilla kann sich eine Konvergenzzone mit schlechter Luftqualität bilden. Diese erreicht aber El Paso und Los Llanos nicht.

Sonntag 7. November
Auch am Sonntag weht auf Meereshöhe noch starker Nordost-Passat mit 23 kn. In der Höhe der Cumbre Nueva hat der Wind nur leicht auf 17 kn abgenommen. Wir werden in El Paso auch am Sonntag die Brisa spüren. Die Inversion immer noch auf 1.500 m und der Höhenwind welcher auch aus Nordost bläst, sorgen dafür, dass auch am Sonntag schlechte Luft und Asche nach SW geblasen werden.

Montag 8. November
Der Passat weht mit 20 kn, hat also leicht abgenommen. Auf Höhe der Cumbre Nueva wehen noch 15 kn, nun aber Ostwind, und über

6.1. - Woche 7 (1. - 7. November)

2.000 m SO-Wind. Die Inversion ist auf 1.000 m abgesunken und bremst die Brisa ab welche nur noch bis El Paso bläst. Es kann sein, dass im Valle wieder etwas Asche fällt.

Mittwoch 10. November
Der Passat hat sich auf Meereshöhe auf 11 kn abgeschwächt. Die Brisa ist in El Paso eingeschlafen, denn über die Cumbre Nueva wehen nur noch 8 kn Ostwind. Auch auf 2.000 m Ostwind, noch höher leichter SO-Wind. Die Inversion ist auf 1.000 m. Bedingt durch den schwachen Passat wird das Valle etwas schlechter durchlüftet. Die Luftqualität könnte sinken und der schwache Ostwind fördert die Verteilung von etwas Asche im Valle.

Der **Flughafen** scheint bis zum 10. November keine Probleme mit Asche zu bekommen und sollte immer operativ sein.

Vulkaninformation Donnerstagabend

18:35 Tajogaite ist heute wieder etwas milder gestimmt. Der Lärm kommt hauptsächlich von Donner, der nach Entladungen entsteht. Die Aufladung entsteht durch Reibung von Aschepartikeln und der SO-Schlot stößt davon wieder eine Menge aus. Es ist mir vorhin gelungen, einen Blitz zu filmen. Das Video finden Sie über QR-Code auf S.356. Den Blitz bei Sekunde 15.

Der Vulkan zeigt nach wie vor viel Variabilität, er verändert auch sein Aussehen laufend. Heute fließt viel Lava in Richtung Westen. Davon sehen wir in El Paso nicht viel. Die Lava soll aber hauptsächlich den bestehenden Lavafluss #1 alimentieren. Die Coladen #3, #6 und #11 erhalten nur noch wenig Lava. Die Seismizität ist in etwa gleich, vor allem konzentriert sie sich immer noch auf die obere Magmakammer. Die Stärke kam in den letzten 24 Stunden nicht über mbLg 3,6 hinaus. Die Deformationen sind nah am Vulkan stabil, weiter weg immer noch leicht zurückgehend.

Die SO_2-Produktion sei langsam zurückgehend, heute wurden aber 29.400 t/Tag angegeben. Das CO_2 über die ganze Cumbre Vieja gemessen steigt immer noch leicht an und liegt bei 1.850 t/Tag.

Freitag 5. November

Vulkaninformation Freitagmorgen

08:30 La Palma befindet sich an der Südseite eines Hochdruckgebietes, dessen Kern sich langsam in Richtung Biskaya bewegt. Mit SO-Winden werden immer wieder Pakete feuchter Luft an die Ostseite geblasen. Der Hauptregen durch die schwache Kaltfront ist in der Nacht gefallen, es kann aber im Osten immer wieder Niederschläge geben. Auch im Westen kann es nah am Berg ab und zu etwas Chirizo geben. Der Passat kommt bereits heute Morgen mit Böen in El Paso an. Er verstärkt sich im Tagesverlauf und kann dann bis weit ins Valle runter blasen. Vielleicht erreicht er sogar das Meer.

Wo Wind weht, ist es empfehlenswert Schutzbrillen und gut anliegende FFP2 Masken zu tragen, denn die feine Asche wird aufgewirbelt und überallhin verblasen. Der Wind hat auch einen positiven Effekt: Die Luftqualität in Bezug auf SO_2 wird deutlich besser.

Ein weiteres Problem, das ich im Garten feststellte, sind mit Asche überladene Yucca-Pflanzen. Es sind bei mir im Garten mit Getöse schon zweimal große Verzweigungen abgebrochen und es war gut, stand niemand darunter, denn die Dinger sind sehr schwer!

Der Vulkan erschien in der Nacht recht leise. Ich dachte schon, er sei Inaktiv. Das ist aber dem Wind geschuldet, welcher den Lärm nun nach SW wegbläst. Er produziert auch heute extrem viel Asche und Lava, Abb. 6.4 (S.212). Letztere fließt hauptsächlich über die erste Colada in Richtung Todoque und scheint im Moment keine weiteren Schäden anzurichten. Diese Colada wächst immer mehr in die Höhe. Vor ein paar Tagen wurde schon über Höhen von 30 m berichtet.

6.1. - Woche 7 (1. - 7. November)

Auch aus der Colada nach La Laguna, welche sich im Moment nicht bewegt, steigt immer noch Rauch auf.

Die Seismizität zeigt immer noch eine leicht zurückgehende Tendenz. Die Beben finden nach wie vor hauptsächlich in der oberen Magmakammer in einer Tiefe von 10-15 km statt.

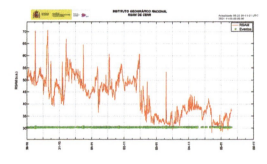

Abb. 6.7. Seismizität am 5. Nov.   **Abb. 6.8.** Planung Notstraße

Der Vulkan hat in seinen 46 Tagen bereits um die 120 Millionen m^3 Lava ausgestoßen. Es wird angenommen, dass Lava ~ 3/4 des Volumens entspricht, das heißt es kommen noch rund 40 Millionen m^3 Asche dazu.

Die Verkehrskontrollen im Bereich der Plaza de Tajuya und in Los Llanos de Aridane mit großem Besucherandrang zur Beobachtung des Vulkanausbruchs werden am Wochenende verstärkt und die Verkehrsführung mit einer Abfahrt von El Paso durch das Viertel Hermosilla und der Rückfahrt über die Hauptstraße von Los Llanos nach El Paso könnte wieder eingeführt werden. Die Guardia Civil führt vermehrt Kontrollen durch und wer im Halteverbot trotzdem parkt, um seine Foto vom Vulkan zu schießen, wird mit Bußgeld belegt.

6. Blog: November 2021

Zugang nach Naos heute

10:50 Gerade erreicht mich eine Meldung, dass im Moment niemand mehr nach Puerto Naos gelassen wird. Offensichtlich hat sich im Bereich El Charco erneut ein Steinschlag ereignet. Die Meldungen kommen von zwei unabhängigen Stellen, ich habe aber kein Bildmaterial, um es zu verifizieren.

Vulkaninformation Freitagabend

17:45 Der Vulkan ist immer noch sehr ruhig, wahrscheinlich bläst die recht starke Brisa den Schall einfach weg. Die Seismizität scheint wieder etwas am Zunehmen zu sein, Beben habe ich indessen keine gespürt. Heute Nachmittag wurden grüne Wolken beobachtet. Am Abend sieht man aus El Paso gelbe Ablagerungen am nördlichen Rand des Konus. Wahrscheinlich handelt es sich dabei um Schwefel.

Heute waren sie wieder alle da, der Ministerpräsident Sánchez, der Präsident der Kanarischen Inseln, Torres, und der Präsident von La Palma, Mariano Hernández Zapata. Wir erhalten also nach wie vor viel Aufmerksamkeit, gut so, denn es gibt überall sehr viel zu tun. Eine neue Straße muss her, und das schnell. Die Lava hat zwar an der Ausfahrt für große Lastwagen 100 m vor dem Camino Marta gestoppt. Dass das so bleibt, will aber niemand glauben. Die Ein- und Ausfahrt aus Puerto Naos wurden in einem Rundlauf organisiert. Rein über die Plaza Glorietta und das Tenniscenter, raus in Richtung Mariposa und dann den Camino Majada hoch (Abb. 6.8; S.225; in grün). Letztere Straße ist auch die einzige Zufahrt für Lastwagen. Die Einfahrt über die Plaza Glorietta verfügt über eine kurze 90°-Kehre die von größeren Lastkraftfahrzeugen nicht bewältigt werden kann. Heute, in der Pressekonferenz, wurde mitgeteilt, dass die Arbeiten in rund 10 Tagen abgeschlossen sein sollen. Wo die Straße durchführt, wurde nicht gesagt. Auf der Karte war aber die Piste über die Colada de San Juan eingetragen, die ich in der Abb. 6.8 (S.225) rot gepunktet übertragen habe.

6.1. - Woche 7 (1. - 7. November)

Weiter soll eine Verbindung über das Meer eingerichtet werden. Entsprechendes Militär ist bereits aufgeboten worden. Dann wird auch ein Haufen Geld für die Gemeinden zur Verfügung gestellt, damit diese die Soforthilfen verstärken können und es sollen für Evakuierte Boni zum kostenlosen Benutzen der Guaguas abgegeben werden. Sánchez, der seit dem Vulkanausbruch La Palma bereits zum 6. Mal besuchte, möchte auch die Solidarität von ganz Spanien gegenüber La Palma zum Ausdruck bringen. Er erwähnte noch einmal, dass das Parlament La Palma schnell als Katastrophengebiet eingestuft hatte, was den Weg für umfassende Hilfe erst frei macht. Nächsten Dienstag treffen sich die Minister erneut, um über weitere Hilfsmaßnahmen zu beschließen. Bereits € 18,8 Millionen wurden zur Unterstützung der Landwirtschaft und Fischerei versprochen. Den Palmeros soll auch das Reisen noch einmal mehr vergünstigt werden. Es wurde von „100 % Bonificación de transporte aereo" gesprochen, was bedeuten würde, dass Palmeros und Palmeras kostenlos auf andere Inseln reisen könnten. Ob das so ist, muss ich aber noch prüfen.

Der Vulkan ist weiter aktiv, dessen Aschesäule war gestern 3.500 m hoch. Das Schwefeldioxid wurde mit 31.300 t/Tag angegeben, eine leichte Erhöhung gegenüber der Meldung vom Donnerstag (28.400 t/Tag). Die Tendenz sei aber immer noch abnehmend, betonte die Direktorin Carmen López. Die Lava fließt auf die bestehenden Lavaströme, hauptsächlich die Colada #1. Die Seismizität ist gleichbleibend, stärkstes Beben war ein mbLg 4,5 in 35 km Tiefe.

Für das Wochenende werden Personenwagen aus El Paso erneut über die steile Straße über Hermosilla nach Los Llanos geleitet. Diese soll einspurig geführt werden. Die Rückfahrt dann über die LP-2 / LP-3. Man will damit die Hauptstraße entlasten und für Notfallfahrzeuge freihalten.

Die Bevölkerung wurde angewiesen beim Reinigen von Ziegeldächern, die steil und nicht gut zugänglich sind, die Hilfe der Gemeinde anzufordern. Man möchte Unfälle verhindern.

Samstag 6. November

Vulkaninformation Samstagmorgen

08:45 Gestern wurden im Tagesverlauf grünliche Wolken gefilmt, am Abend sah man Ablagerungen von Schwefel am oberen Rand des Vulkankonus. Schwefel soll gemäß IGN entstehen, wenn der Gasanteil deutlich zurückgeht. Es würde auf eine Veränderung der Verhaltens, aber nicht auf eine Abnahme der Aktivität schließen lassen. Heute Morgen steigt aus dem SO-Schlot wieder eine riesige dunkle Aschewolke hoch. Asche entsteht durch die Entgasung des Magmas. Also war das gestrige Spiel ein kurzes Intermezzo. Die Asche wird im Moment nach SW über evakuiertes Gebiet und in den Atlantik geblasen.

Erneut sehen wir bei der Station LP03 Jedey eine Deformation nach oben von +10 cm gegenüber gestern. Horizontale Verschiebungen gibt es bei Jedey kaum. Es scheint sich also erneut Druck aufzubauen, der im Moment noch nicht über den Vulkanschlot abgebaut wird.

Dann sehen wir erstmals seit dem Ausbruch auch Deformationen an der Station LP01 in Fuencaliente. Was dort auffällt, ist eine Deformation nach oben von +4 cm, eine nach Westen von 15 cm und nach Norden von 4 cm. Alle Messungen in Fuencaliente zeigen einen großen Schwankungsbereich von bis zu +/- 8 cm. Die Verschiebungen sind ungewöhnlich, da sich die Magmakammer im Norden befindet und eine Deformation eher nach Süden hin zu erwarten wäre. Handelt es sich vielleicht um eine Fehlmessung? Ich hoffe die Pressekonferenz heute Mittag bringt etwas Klärung.

Parallel dazu hat auch die Seismizität wieder zugenommen (Abb. 6.9; S.231). Das stärkste Beben in der letzten Serie war ein mbLg 4,0 in 11 km Tiefe heute morgen um 01:39 Uhr. Die Beben in der tieferen Magmakammer haben eher abgenommen.

6.1. - Woche 7 (1. - 7. November)

In der Gesamtbetrachtung ist mit diesen Informationen leider eher wieder mit einer Zunahme der Vulkanaktivität zu rechnen.

Die Brisa bleibt heute stark und nimmt in der Nacht auf Sonntag sogar noch leicht zu. Die prognostizierten Spitzenwerte von 50 km/h wurden in Tacande mit 53,1 km/h erreicht.

Zufahrt geschlossen

10:00 Die Zufahrt nach Las Manchas / Puerto Naos wurde infolge schlechter Luftqualität geschlossen. Die Werte in Casas El Charco im Moment:

462 µg/m^3 Schwefeldioxid (SO_2), was hoch ist. Ab 500 µg/m^3 gilt die Luft als sehr schlecht und ab 750 µg/m^3 als alarmierend.

Vulkaninformation Samstagabend

19:40 Die Deformation der Station LP3 Jedey sei bereits wieder rückläufig, wurde in der Pressekonferenz gesagt. Die Daten von Fuencaliente wurden nicht erwähnt und es fragte auch kein Journalist danach. Wir werden also bis morgen warten müssen, um zu sehen, ob normale Werte folgen. Heute war die Luftqualität zeitweise schlecht. Speziell in Los Llanos hat man immer wieder zu hohe Kleinstpartikel gemessen. Dies bekommt man aber leicht in den Griff: Verlassen Sie das Haus nicht ohne FFP2 Maske.
Die Seismizität sei etwas zurückgehend und auch der Tremor sei auf tieferem Niveau. Der CO_2-Ausstoß der Cumbre Vieja liegt bei 1.900 t/Tag, der SO_2-Ausstoß immer noch bei hohen 26.000 t/Tag, etwas tiefer als gestern. Immer noch wird sehr viel Lava produziert. Diese fließt zum größten Teil über die Colada #1, die erste, und führt dort dazu, dass sich diese immer höher auftürmt. Zuflüsse zu Colada #3 und ganz minimal auch Colada #11 wurden festgestellt. Gestern war in El Charco und Puerto Naos die Elektrizität ausgefallen. Das Problem konnte gegen 21 Uhr abends behoben werden.

6. Blog: November 2021

Die Involcan hat einen Tweet auf englisch übersetzt, das aber falsch. Das Resultat interpretierte man so, dass die Montaña Cogote ausgebrochen sei. Dabei wollten sie sagen, dass sie den Vulkan von der Montaña Cogote aus fotografiert hätten. Diese falsche Übersetzung hat in den USA, die noch immer nicht von der Tsunami-Idee abzubringen sind, gleich wieder Wallungen ausgelöst. Aber es bleibt bei einer Insel und einem Vulkan. Das reicht auch.

Sonntag 7. November

Vulkaninformation Sonntagmorgen

08:56 Die gestern Abend eingesetzten Explosionen hielten zum Glück nicht lange an und die Nacht verlief eher leise. Dabei half auch der Nordost-Passat, welcher zum Glück immer noch bläst und auch die Schadstoffe weitgehend von El Paso und Los Llanos fern hält. Am Abend setzte eine Phase mit weniger Ascheproduktion ein. Heute Morgen wieder das bekannte Bild. Aus dem SO-Kamin wird viel Asche ausgestoßen, aus dem westlicher gelegenen Lava und Rauch.
Die Karten der Deformationen wurden heute Morgen nicht erneuert. Die gestern ersichtlichen Deformationen der Station LP01 in Fuencaliente wurden überarbeitet und sind nun im Normalbereich. Die Seismizität geht weiter zurück und zwar nicht nur in der unteren Magmakammer, sondern auch in der zweiten, in einer Tiefe von 10-15 km gelegenen.

Das Cabildo Insular informiert die Bürger, dass in Teilen von Los Llanos, Tazacorte und El Paso die Luft aufgrund von kleinen Aschepartikeln die aufgewirbelt werden, schlecht ist. Es wird empfohlen, draußen immer FFP2 Masken zu tragen.

6.1. - Woche 7 (1. - 7. November)

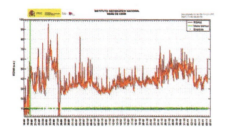
Abb. 6.9. Seismizität am 6. Nov.

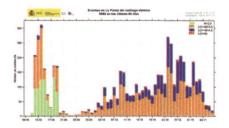
Abb. 6.10. Beben bis 7. Nov.

Wetterprognose

Ein Hochdruckgebiet mit Kern zwischen den Azoren und Portugal bringt auch heute viel Passatwind. Dieser weht bis in Höhen von über 3.000 m. Eine hohe Inversion über der Cumbre Nueva auf rund 1.500 m führt dazu, dass sich die Windstärke im Lee, also auf der Westseite, noch verstärkt. Dies führt zu Brisa, welche heute in der Tat bis zum Meer runter weht.

Montag 8. November

Der Passat weht auf Meereshöhe stark und erreicht 20 kn. In allen weiteren Höhenlagen weht auch NO-Wind um die 15 kn. Die Inversion ist auf 1.000 m abgesunken und wird die Brisa welche immer noch El Paso erreichen kann, abbremsen. Es ist nicht mehr wahrscheinlich, dass diese bis zum Meer runter bläst. Der starke Wind auf Meereshöhe wird aber die Luft in den Norden und Süden ansaugen. Die Luftqualität wird im Valle ganz gut, in El Charco und in Puntagorda könnte sie zeitweise schlecht werden.

Dienstag 9. November

Immer noch flotter Passat mit 20 kn auf Meereshöhe, auch in den Höhenlagen bis über 3.000 m weht NO-Wind. Auch am Dienstag kann die Brisa El Paso erreichen, fließt aber nicht bis zum Meer runter, denn auch am Dienstag bremst eine Inversion auf 1.000 m. Die Luftqualität im Valle ist recht gut, in Puntagorda und Casas El Charco kann sie zeitweise schlecht sein.

Mittwoch 10. November
Der Passat hat auf Meereshöhe auf 14 kn abgenommen. Auch über die Cumbre wehen nur noch 11 kn. Dies gepaart mit einer Inversion auf 1.000 m lässt die Brisa wahrscheinlich nicht mehr bis nach El Paso runter fließen. Auch die Ansaugeffekte im Lee durch den Wind auf Meereshöhe schwächen sich ab. Die Luftqualität kann darunter auch im Valle leiden. Der Wind ist ab 1.500 m auch recht schwach aus NO, wenn wieder viel Asche produziert wird, dann kann sich diese nun besser radial ausbreiten und wenn auch nicht extrem, aber doch das Valle erreichen.

Donnerstag 11. November
Immer noch schwacher Passat mit 11 kn, der Wind in der Höhe auch NO, aber mit nur 5 kn in allen Höhenlagen bis 3.000 m recht schwach. Auch am Donnerstag gilt, dass sich ab und zu Asche ins Valle verirren könnte. Die Inversion ist wieder auf 1.500 m angestiegen. Das verteilt die Schadstoffe etwas besser. In den Morgenstunden kann aber die Luft trotzdem schlecht sein, bis um ca. 11 Uhr im Westen langsam die Thermik einsetzt, die die Luft aufmischt.

Freitag 12. November
Immer noch eher schwacher Passat auf Meereshöhe mit 10 kn, auf 1.500 m werden 13 kn vorausgesagt. Dies gepaart mit einer Inversion auf 1.500 m lässt die Brisa wieder bis El Paso wehen. Windstärke nimmt dann mit zunehmender Höhe ab, die Richtung bleibt gleich NO. Die Asche wird über evakuiertes Gebiet nach SW und auf das Meer geblasen.

Samstag 13. November
Der Passatwind nimmt zu auf 15 kn auf Meereshöhe. Auf 1.500 m weht auch ein NO-Wind mit 12 kn. Die Inversion auf 1.500 m. Die Brisa weht auch am Samstag in El Paso. Die Windrichtung in größerer Höhe immer noch NO. Auch am Samstag bläst der Wind die

6.1. - Woche 7 (1. - 7. November)

> Asche vornehmlich über evakuiertes Gebiet und auf das Meer.
>
> Diese Prognosen basieren auf dem GFS-Modell. Das für La Palma weniger zuverlässige ECMWF-Modell zeigt ab Donnerstag ein völlig anderes Bild in Bezug auf die Windrichtung. Nach dem ECMWF-Modell soll es am nächsten Montag sogar sehr stark regnen. Wir werden in den nächsten Tagen sehen müssen, inwieweit sich die Modellrechnungen annähern.

Vulkaninformation Sonntagabend

19:00 Die Pressekonferenz ergab folgende zusätzliche Information: Gestern Abend ab ca. 18 Uhr ist plötzlich wieder deutlich mehr Lava ausgeflossen. Diese Lava hat sich aber über bestehende Coladen, vornehmlich die #1, gelegt und gestern und auch heute keine weiteren Schäden angerichtet. Das stärkste Beben in den letzten 24 Stunden war ein mbLg 4,8 in einer Tiefe von 35 km, welches von der Bevölkerung auf der Mercalli-Skala mit IV eingestuft wurde. Wie schon berichtet ist die Inflation der Messstation Jedey LP03 wieder zurückgegangen. Alle weiteren Messstationen zeigen eher eine Entlastung an. Auch der SO_2-Ausstoß hat sich verringert und betrug 10.000 t/Tag. Der Trend ist seit 25.9. langsam abnehmend. Der Ausbau der Notstraße für schwere Fahrzeuge geht weiter. Heute war für mich aber nicht ganz klar, ob die Straße, welche ich mal aufzeigte, gemeint ist, oder ob die bestehende Zufahrt über Jedey, Cuesta Blanca Tenniscenter, ausgebaut wird. Es wird nun mit allen zur Verfügung stehenden Mitteln Asche wegtransportiert. Auch in Las Manchas. Dort hat man in den Coladas de San Juan in der Nähe der Lucha-Halle ein Gebiet als Lagerstätte ausgewiesen.

Heute Nachmittag war der Vulkan manchmal fast still, er stieß nur noch weißen Rauch aus. Am Abend ist aber die Ascheproduktion wieder angelaufen. Die oben genannten Parameter, welche sich in eine gute Richtung entwickeln, lassen leichte Hoffnung aufkeimen, dass wir den Höhepunkt der Eruption überschritten haben. Aber ich wiederhole mich immer wieder: Einem Biest soll man nicht trauen.

(Nachträglich stellte sich diese Aussage als richtig heraus. Der 7. November war der 49. Tag. Der Ausbruch dauerte 85 Tage, der Zenit der Eruption war in der Tat überschritten).

6.2. - Woche 8 (8. - 14. November)

Montag 8. November, Tag 50

Vulkaninformation zum Wochenbeginn

11:00 Gestern Abend ab und zu noch laut, dann in der Nacht deutlich leiser. Deutlich hat auch die Seismizität abgenommen. Letzte Woche verzeichneten wir noch Spitzenwerte der freigegebenen Energie von 500 MWh, die nun auf 10 MWh abgesunken sind. Ein Zeichen in die richtige Richtung, doch ist ein weiterer Anstieg noch immer nicht auszuschließen.

Die Beben finden immer noch mehrheitlich in der oberen Magmakammer statt. Das scheint auch ein gutes Zeichen zu sein. Der Nachschub kommt ja aus der tieferen Kammer und dort bewegt sich im Moment nicht mehr sehr viel. Auch heute morgen früh schien die Lava mehrheitlich über die Colada #1 zu fließen und diese weiterhin in der Höhe ansteigen zu lassen. Es wurden keine weiteren Deformationen registriert. Die Station Jedey LP03 ist im unteren Bereich der Werte nach Ausbruch. Zwar raucht der Vulkan noch aus allen Schloten, aber das Gesamtbild, das er abgibt, ist eher das eines erschlaffenden Kerls. Nichts mehr von pubertärem Rumgehopse, eher verkatert steht er dort und motzt auf tiefem Level. Trotzdem trauen wir ihm noch nicht. Sogar wenn er seinen wirklich letzten Atemzug gemacht hat, ist es weise, abzuwarten.

6.2. - Woche 8 (8. - 14. November)

Abb. 6.11. 8. Nov. 15 Uhr

6. Blog: November 2021

Vulkaninformation Montagabend

17:58 Zuerst kurz zum Wetter. Das ECMWF-Modell hat nun den Regen für Montag nicht mehr drin. Einmal mehr hat sich offensichtlich das GFS durchgesetzt. Eigentlich warten wir ja alle auf Niederschläge. Im letzten Jahr hatten wir in El Paso zur gleichen Zeit schon 44 l/m², jetzt sind es nicht mal 2, aber Regen und Vulkan sind zwei Dinge die sich auch nicht so vertragen. Regnet es in die SO_2-Wolke rein, dann entsteht schweflige Säure und damit saurer Niederschlag. Vielleicht besser, dass diese Gase im Moment auf das Meer ziehen. Das machen sie mehrheitlich auch während den nächsten Tagen. Da sich ja das GFS durchzusetzen scheint, bleibt es noch länger bei der Passatlage.

Die meisten Parameter zeigen eine Abnahme der Aktivität des Vulkans. Die Seismizität ist, wie bereits berichtet tief, Deformationen hat es keine nennenswerten mehr gegeben und die Stationen weiter weg vom Vulkan zeigen einen anhaltenden, leichten Rückgang. Das SO_2 ist immer noch auf recht hohem Level, es wurden heute zwei verschiedene Messungen genannt, 16.600 t/Tag und 23.100 t/Tag. Warum nun zwei Werte genannt werden ist nicht erklärt worden. Wenn wir uns aber erinnern, dass dieser Wert bei 100 sein sollte, ist noch viel Luft nach unten drin. Weitere Messungen haben ergeben, dass das Magma aus nicht mehr so großer Tiefe stammt, was einen Rückgang des Zuflusses bedeute, sagte die Direktorin Carmen López. Die Lava fließt immer noch über die zentrale Fläche, vornehmlich über die Colada #1. Die weiteren Lavaflüsse zeigen kaum Bewegung. Die offiziellen Wissenschaftler wollen sich nicht auf ein mögliches Ende der Eruption festlegen. Man brauche weitere Daten, es sei noch nicht soweit. Man müsse noch abwarten, antwortete man auf die Fragen der Journalisten.

Andere nicht offizielle Wissenschaftler sehen das Ende in Sicht.

Der Autor der Seite „Volcanes y Ciencia Hoy" wagt, einen Zeitrahmen zu nennen: „Wenn es (in dieser Situation) noch 48 Stunden wei-

tergeht, haben wir nach 7 Tagen eine 90 % Sicherheit, dass es aufgehört hat". Dieser endgültige Stopp wird noch „viele Tage in Anspruch nehmen". Nach seinen Berechnungen wird dies etwa zwei Wochen dauern. Warten wir ab. Wenn Vulkanologen in einem schlecht sind, dann sind es Prognosen. Das haben wir ja schon am eigenen Leib erlebt :-).
Interessant noch: Heute gab es auf Fuerteventura ein Signal, das wie ein vulkanischer Tremor aussah. Diese Ausschläge der Seismometer haben rund 10 Stunden angehalten und sind nun wieder am Verschwinden.

Dienstag 9. November

Vulkaninformation Dienstagmorgen

08:55 Der Vulkan hüllt sich heute Morgen in eine Wolke. Aber ein Hyperlapse-Video das ich auf Twitter publizierte, enthüllt seine Aktivität (QR-Code S.356). Auch die heißen Lavafelder entwickeln thermische Aufwinde und Wolken.
In der letzten Nacht wurde spekuliert, ob ein Lavafluss zwischen den beiden bestehenden die Playa Nueva erreichte. Bilder deuteten darauf hin, aber Nachtaufnahmen sind schwer einzuschätzen. Warten wir mal noch aktuelle Bilder ab.
Die Seismizität ist immer noch deutlich tiefer als letzte Woche und auch Deformationen wurden keine gemessen. Dies lässt nun schon die ersten ein Loblied auf das Ende der Eruption singen. Es sei noch zu früh, meint die Direktorin der IGN, Carmen López, und erinnert daran, dass wir erst vor ein paar Tagen noch eine Anhebung des Geländes im Bereich Jedey von 9 cm gesehen haben. Das System hätte Energie und man müsse längere Datenreihen mit rückläufigen Parametern sehen, bevor man solche Schlüsse ziehen könne. Vielleicht besser, etwas zurückhaltend zu sein. Wenn sich das Biest wieder aktiviert, ist man sonst total frustriert.

Die Schulen in Los Llanos, El Paso, Tazacorte, Tijarafe, Puntagorda bleiben auch heute geschlossen. Dies als Vorsorge vor möglicher schlechter Luftqualität. Der Unterricht wird online durchgeführt.

Es zeichnet sich ab, dass sich in einer Woche im Westen von La Palma ein Tiefdruckgebiet bildet. Ist dem so, wird sich im Vorfeld die Windrichtung ändern und SO- oder SW-Wind einsetzen, der allfällige Asche dann wieder ins Valle tragen kann. Dazu kommen mögliche Regenfälle. Beides Umstände, welche in der derzeitigen Situation Probleme bereiten könnten. Ich werde versuchen, die Wettersituation später etwas intensiver zu analysieren und dann einen Wetterbericht schreiben.

Straßenbau

Die spanische Transportministerin hat La Palma besucht und zusammen mit den lokalen Politikern Sofortmaßnahmen und Pläne besprochen, um das abgeschnittene Las Manchas und Puerto Naos so schnell wie möglich wieder zugänglich zu machen.

Zu diesen Maßnahmen gehören auch Sofortmaßnahmen, die € 1,8 Mio. kosten und heute beginnen, um eine neue Zufahrtsstraße zwischen Puerto Naos und Las Manchas de Abajo auszubauen. Sie wird den Rettungsdiensten, den Landwirten und den Evakuierten einen effizienteren Zugang ermöglichen. Die Arbeiten beginnen an beiden Enden der derzeitigen Straße und werden gleichzeitig durchgeführt. Insgesamt werden vier Raupenbagger, sieben Lastwagen, eine Schaufel zum Verteilen von Material, eine Straßenwalze und ein Wassertankwagen eingesetzt. Dieses Projekt soll innerhalb eines Monats, also bis Mitte Dezember, fertiggestellt werden.

Auch die künftige Küstenstraße von Tazacorte nach Puerto Naos, für die eine Investition von € 48 Mio. erforderlich ist, wurde als Projekt mit staatlicher Priorität angegangen.

Die Pressemitteilung ist indessen nicht ganz verständlich. Es wird auch von einer Straße, die vom Hoyo Verdungo die LP-211 verbinden soll, gesprochen. Ob dies ein weiterer Ausbau der Notstraße ist, oder eine dritte Verbindung, wird nicht klargestellt. Hilfreich wären in solchen Fällen immer Karten, zumindest für mich.

Vulkaninformation Dienstagabend

17:59 Was heute morgen noch nicht klar war, ist es jetzt. Die Lava fließt nun leicht südlich der ersten Fajana runter und wird wahrscheinlich auch noch den letzten Rest der Playa de Los Guirres zudecken. Der Vulkan produziert deutlich weniger Asche, aber der Zufluss von Lava ist offensichtlich immer noch groß. Diese Lava fließt hauptsächlich in der ersten Colada runter, wie man in der Abb. 6.12 (S.240) von heute morgen sehen kann.

(Nachträglich werden wir erfahren, dass der Vulkankonus am 9. November mit 1.231 m über Meer seine höchste Höhe erreicht hat. Am Ende der Eruption wird sie 10 m tiefer, auf 1.221 m sein).

Der SO_2-Ausstoß hat sich noch einmal vermindert und wird im Bereich von 9 - 13.000 t/Tag angegeben. Der Trend ist seit längerem rückläufig. Auch die Seismizität hat abgenommen und alle Stationen außer der von Jedey zeigen auch leicht rückgängige Deformationen. Jedey stagniert +/-. Wenn diese Trends noch 10 Tage anhalten, können wir wahrscheinlich davon ausgehen, dass das Ende der Eruption in Sichtweite kommt. Aber nicht zu früh feiern, das Biest könnte uns immer noch einmal überraschen.

Mittwoch 10. November

Vulkaninformation Mittwochmorgen

08:45 Der spärliche Rest der Playa de Los Guirres wird mit spektakulär anmutenden Lavaflüssen auch noch verdeckt. Die Lava hat nun auch dort das Meer erreicht. Immerhin sind durch den Abfluss über die Colada #1 keine weiteren Häuser zu Schaden gekommen.

Abb. 6.12. Zentraler Lavafluß #1 9. Nov.

Abb. 6.13. Playa de Los Guirres 10. Nov. ⋄

Der Vulkan scheint heute morgen deutlich weniger aktiv als auch schon. Ab und zu schleudert er eine Aschewolke in die Luft, aber der Ablauf ist nicht mehr kontinuierlich. Die Seismizität ist immer noch tief, aber ich habe heute Morgen um 04:24 Uhr auch mal wieder ein Beben mbLg 3,7 in einer Tiefe von 14 km als leicht gespürt. Vertikale Deformationen sind keine gemessen worden. Ein paar Millimeter in Jedey, das scheint aber in der Bandbreite der Schwankungen zu liegen.

Notstraße

10:35 Ich bin nicht ganz sicher über den letztendlich beschlossenen Straßenverlauf der Notstraße, welche die LP-213 mit der LP-211 verbinden soll. Aber die Abb. 6.14 (S.241) ist zumindest im westlichen Bereich korrekt. Wahrscheinlich auch der obere östliche Verlauf. Eine weitere Karte, die Alternativen aufzeigte, ist im September erstellt worden und dort führt die Straße über das Lavafeld zum Camino Chano Carmona auf die LP-211. Sie ist wahrscheinlich nicht korrekt, da gestern in ElTime gemeldet wurde, man wolle die Coladas de San Juan schonen und würde deshalb einen südlicheren Verlauf wählen.

6.2. - Woche 8 (8. - 14. November)

Heute wurde vom Cabildo de La Palma zusätzlich beschlossen, eine Anlegestelle für Schiffe in Charco Verde zu bauen. Sie soll dazu dienen, Puerto Naos und El Remo mit dem Hafen Tazacorte zu verbinden. Die Arbeiten sollen bis Ende Dezember fertiggestellt sein. Der Betonsteg wird die Verbindung in diese Gebiete deutlich verkürzen, bis eine neue Straße aus dem Norden errichtet werden kann.

(Das Projekt „Anlegestelle" wurde später nach La Bombilla verlegt, wo es durch hohe Gaskonzentrationen auch nach der Eruption laufend verzögert wurde).

Vulkaninformation Mittwochabend

17:55 Die Ruhe von heute Morgen hielt nicht lange an. Gegen Mittag spuckte der Vulkan wieder jede Menge Asche aus verschiedenen Kaminen. Dazu kam, dass in der tieferen Magmakammer plötzlich wieder Beben auftraten. Man sieht das gut in der Abb. 6.15 (S.241). Lange ruhig und plötzlich wieder Action. Das kann aber gut oder schlecht gedeutet werden. Entweder ist erneut Magma in die Kammer geflossen, was schlecht wäre, oder der Druck ist in der Kammer gesunken und sie strukturiert sich um, was gut wäre.

Abb. 6.14. Notstraße Hoyo Verdungo   **Abb. 6.15.** Beben über Zeit und Tiefe

Wir müssen also einmal mehr etwas abwarten, bis wir sehen, was es mit den Beben auf sich hat. Wo das SO_2 gestern noch mit 9-13.000 t angegeben wurde, ist es heute wieder bei 31-43.000 t/Tag. Wir haben aber schon gesehen, dass diese Angaben extremen Schwankungen unterworfen sind. Der Trend sei nach wie vor zurückgehend.

Ein Beben von mbLg 4,8, das heute um 11:10 Uhr in einer Tiefe von 34 km stattfand, wurde auf der ganzen Insel mit unterschiedlicher Intensität gespürt. Diese reichte auf der Mercalli-Skala bis auf IV.

Viele Stromleitungen sind unterbrochen. Das Versorgungsnetz ist anfällig geworden. Um die Sicherheit bei der Versorgung mit elektrischer Energie zu erhöhen, sollen nördlich und südlich der Lavaströme zwei provisorische Notstromzentralen eingerichtet werden. Eine in Los Llanos mit einer Kapazität von 9 MWh und eine in Las Manchas mit einer Kapazität von 4 MWh. Die Anlagen sind offensichtlich bereits unterwegs und sollen am Wochenende eintreffen.

Donnerstag 11. November

Vulkaninformation Donnerstagmorgen

09:36 Letzte Nacht um 03:38 Uhr erschütterte ein Beben mit mbLg 5,0 in einer Tiefe von 37 km die Insel. Es wurde von vielen als das bisher stärkste Beben beschrieben. Ich bin auch aufgewacht und beurteilte es als IV-V auf der Mercalli-Skala. Auch aus Teneriffa kamen unzählige Meldungen, dass das Beben mit bis III gespürt wurde.

In der Abb. 6.16 (S.243) sieht man die freigesetzte Energie. Da ein Beben der Magnitude 5 rund 32 mal stärker ist, als eines mit Magnitude 4, ist der Einfluss eindrücklich. 6 Stunden später sieht man aber, dass sich der Vulkan nicht reaktiviert hat, im Gegenteil, er produziert im Moment kaum Asche, nur weißen Rauch. Die sensible Station Jedey LP03 zeigt auch gegenüber gestern einen leichten Rückgang der Deformation. Da Vulkanologie auch etwas „multifunctional guesswork" ist, kann es mit diesen Beobachtungen durchaus sein, dass sich die untere Magmakammer aufgrund von weniger Zulauf umstrukturiert und wir uns weiter auf dem Weg zur Abnahme der Eruption befinden. Wenn wir in den nächsten Tagen weitere solche Beben registrieren, ohne dass sich der Vulkan nennenswert reaktiviert, würde ich dies als positives Zeichen interpretieren.

6.2. - Woche 8 (8. - 14. November)

Wenn mir jemand vor zwei Monaten erklärt hätte, dass ich im November starke Erdbeben als positives Zeichen interpretieren würde, hätte ich die Person für verrückt erklärt. So entwickelt man sich weiter :-).

Immer noch fließt die Lava bei der Playa de Los Guirres ins Meer.

Eine thermische Inversion haben wir heute nicht. Der Wind weht bis in großer Höhen aus NO bis Ost und bläst die Wolke über evakuiertes Gebiet ins Meer. Die Luftqualität ist relativ gut. Das Kohlenmonoxid ist im Moment in Los Llanos leicht erhöht. Das wird sich aber beim Einsetzen der Thermik ab ca. 11 Uhr verbessern. Eine detailliertere Wetterprognose erarbeite ich später.

Lava-Delta

11:40 Wie man aus der vom Cabildo publizierten Luftaufnahme entnehmen kann, haben sich das Delta der Colada #1 und das neue der Colada #2 bei der Playa de Los Guirres verbunden, Abb. 6.17 (S.243). Vom Strand ist kaum mehr was übrig, das Restaurant steht noch, aber die Aussicht auf die Lava vor der Nase ist nur noch mäßig attraktiv. Zudem ist die Zufahrt ja durch die Colada #9 blockiert worden.

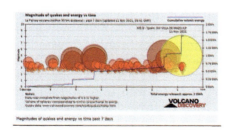

Abb. 6.16. 11. Nov. Beben der letzten 7 Tage

Abb. 6.17. Playa de Los Guirres, Colada #1 und #2

6. Blog: November 2021

Nachtrag Los Guirres
11. November 12:15 Uhr

Die Lava hat heute um ca. 11:45 Uhr auch das Restaurant Los Guirres erreicht, dieses in Brand gesteckt und wird es überrollen.

Leider ist auch dieser Ort nun nur noch in der Erinnerung erhalten.

Abb. 6.18. Rest. in Brand ◊

Wetterprognose

12:08 La Palma befindet sich heute am südlichen Rand eines Hochdruckgebietes, dessen Kern sich zwischen den Azoren und Portugal befindet. Auf La Palma hält deshalb die Passatströmung auf Meereshöhe an. Dieser bläst heute mit 13 kn. Mit zunehmender Höhe nimmt der Wind auf 6-9 kn ab, bläst aber immer noch aus Nordost. Der Vulkan produziert im Moment kaum Asche, sondern weißen Rauch. Dieser wird mit den Passatwinden in Richtung Südwest geblasen. Die Inversion befindet sich gemäß Prognose auf 1.000 m, gemessen ist sie im Moment wahrscheinlich auf 1.500 m. Dies könnte dazu führen, dass die Luftqualität in El Charco und in Tijarafe / Puntagorda zeitweise schlechter ist. Die Thermikentwicklung, welche je nach Sonnenschein im Westen um etwa 11 Uhr beginnt, hilft die Luft aufzumischen und deren Qualität zu verbessern.

6.2. - Woche 8 (8. - 14. November)

Freitag 12. November
Auch am Freitag Nordost-Passat mit 15 kn auf Meereshöhe. Auf 1.500 m bläst er um die Mittagszeit auch mit 13 kn, was in El Paso etwas Brisa geben könnte. Ab 2.000 m eher NNO-Wind. Die Inversion immer noch auf rund 1.500 m. Der große Teil der Asche und der Gase wird in den Südwesten geblasen.

Samstag 13. November
Passatwind mit 13 kn auf Meereshöhe. Die Windstärke nimmt mit zunehmender Höhe schnell ab. Auf 1.500 m wehen noch 6 kn NO-Wind. Es wird etwas feuchtere Luft nach La Palma geführt. In vielen Gebieten wird es schnell bewölkt mit einer Wolkenbasis auf rund 1.100 m. Im Nordosten kann es etwas regnen. Da der Wind in der Höhe schwach ist, können sich je nach Entwicklung des Vulkans Asche und Gase eher radial verbreiten und an dessen Rand auch El Paso und Los Llanos beeinflussen.

Sonntag 14. November
Der Wind hat auf 12 kn Passat auf Meereshöhe abgenommen. Auch auf 1.500 m wehen noch 10 kn NO-Wind was im oberen Teil von El Paso zu Brisa führen kann. Auf 2.000 m weht ein schwacher Wind mit 5 kn aus NO. Die Inversion sinkt auf 1.000 m ab. Das Valle wird nicht mehr so gut durchlüftet, was je nach der weiteren Entwicklung des Vulkans zu Problemen mit der Luftqualität führen könnte.

Montag 15. November
Der Wind wird auf Meereshöhe mit 5 kn Ost vorausgesagt. Mit zunehmender Höhe könnte sich eine SO-Strömung durchsetzen. Auf 1.500 m werden 7 kn SO prognostiziert und auch in weiterer Höhe ein Südost- bis Südwind. Die Inversion ist auf 1.500 m angestiegen. Der Montag ist mit dieser Prognose der kritischste Tag für das Valle. Produziert der Vulkan wieder Asche, so könnte die in El Paso, Los Llanos, Tazacorte und in kleineren Mengen auch bis Puntagorda niedergehen.

6. Blog: November 2021

> **Ab Dienstag 16. November**
> Ab nächsten Dienstag setzen sich langsam wieder Nordostwinde durch. Diese nehmen im Tagesverlauf langsam zu. Am Mittwoch weht wahrscheinlich in El Paso wieder die Brisa, welche den Ort mit frischer Luft versorgt. Die Inversion bleibt auf 1.500 m. Am kommenden Donnerstag könnte im Osten und Norden etwas Regen fallen. Es wird wieder mehr feuchte Luft nach La Palma geführt.

Vulkaninformation Donnerstagabend

17:40 Heute Nachmittag hat sich ein erneuter Einsturz bei dem unteren Kamin ereignet und ein Teil des Lavasees ist über die WNW-Flanke ausgelaufen. Dies würde den Fluss der Lava über die Colada #1 und #9 zum großen Delta bei der Playa de Los Guirres nicht beeinflussen. Die Zunahme der Beben sei die stärkste sowohl in der Anzahl der Beben als auch in derer Magnitude seit Beginn der Eruption. Die Direktorin, Carmen López, wollte sich auch nach drängenden Fragen der Journalisten nicht äußern, was das genau zu bedeuten habe, und meinte nur, dass es keine Modelle gebe, die die Erdbeben mit der Intensität eines Vulkans in direkte Verbindung bringen würden. Aber der Grundton war eher negativ. Meine Theorie einer möglichen Umstrukturierung der unteren Magmakammer wurde nicht mal andeutungsweise erwähnt. Das Prognosemodell für Erdbeben würde eine hohe Wahrscheinlichkeit für weitere starke Beben ergeben, wurde erklärt. Also auch hier keine wirkliche Entwarnung. Wir werden einmal mehr abwarten müssen, was in den nächsten Tagen passiert. Denn es wird von Seiten der Wissenschaftler wieder gesagt (und das geht schon 53 Tage so), dass es noch zu früh sei, um Schlüsse zu ziehen. Stimmt: Schlüsse werden erst dann gezogen, wenn uns die Realität eingeholt hat. Das gleiche Spiel. Sie wissen es einfach nicht, können, wollen oder dürfen das aber nicht so sagen.
Die SO_2-Werte sind immer noch sehr hoch und wurden mit 30.000 - 50.000 t/Tag angegeben. Die Satellitenmessungen würden immer noch einen abnehmenden Trend erkennen lassen. Ich notiere mir die Werte seit einem Monat und kann mit den Angaben aus der Presse-

konferenz keine Abnahme, eher eine Zunahme feststellen. Der Tremor sei auf tiefem Niveau und Deformationen wurden keine nennenswerten festgestellt. Die Obergrenze des Vulkankegels sei schon ein paar Tage stabil und betrage 1.131 m.

Es wurden auch Angaben zu den Straßen gemacht. Die LP-2 ist die mit den größten Schäden, sie ist auf 2.172 m verschüttet worden, danach kommt die LP-212 mit 1.527 m und am wenigsten verschüttet ist die LP-211 mit 933 m.
Die zwei Stationen zur Erzeugung elektrischer Energie werden im oberen Teil von Los Llanos (Osten) und diejenige für Las Manchas im Bereich der Plaza Glorietta installiert.

Freitag 12. November

Vulkaninformation Freitagmorgen

09:55 Die Nacht war eher ruhig. Der Vulkan hat wenig Lärm verursacht, aber immer noch sehr viel Lava ausgestoßen. Sie erleuchtete die Wolken die ganze Nacht in Rot, welches ein etwas unwirkliches Bild ergab (Abb. 6.19; S.248). Die Lava floss über die bestehenden Coladen runter in Richtung Playa de Los Guirres.

Heute Morgen um 8:29 Uhr ereignete sich noch einmal ein Beben, diesmal mit mbLg 4,3 in einer Tiefe von 38 km welches von der Bevölkerung mit III-IV gespürt wurde. Das erste gespürte seit dem gestrigen mit 5,0. Ich merkte eine kurze Vibration und ein Schrank knackte, also maximal eine III. Die Karte der Beben der letzten drei Tage, Abb. 6.21 (S.250), zeigt immer noch eine klare Separierung der zwei Magmakammern.

Deformationen wurden bei der LP03 Jedey weiterhin keine mehr festgestellt. Der Vulkan selbst ist heute Morgen auch eher ruhig und produziert kaum Asche und Rauch. Die Seismizität ist generell gesehen eher tief. Vielleicht ist an meiner unwissenschaftlichen Theorie

6. Blog: November 2021

Abb. 6.19. Rot beleuchtete Wolken am 11. Nov. 20:30 Uhr

einer möglichen Umstrukturierung der unteren Magmakammer doch eine Hand oder ein Fuß oder beides dran; oder ist Wunsch Vater des Gedankens? Wir werden es erst rückwirkend beurteilen können.

Gestern hat die von der Lava betroffene Fläche die 1.000-ha-Grenze überschritten. Wir sind jetzt bei 1005,8 ha, was 1,4 % der gesamten Fläche der Insel entspricht.

Der Wind bläst heute auf Meereshöhe aus Nordost, ein zügiger Passatwind, der auch noch auf 1.500 m weht und in El Paso etwas Brisa und frische Luft bringt und auch die Wolke vom Vulkan in Richtung SW bläst. Auf 2.000 m ist es fast windstill. Falls der Vulkan wieder zulegen würde und seine Asche auf diese Höhe gelangt, könnten Teile wieder radial runterfallen, also auch im Osten. Am Nachmittag nimmt auch auf dem Muchacho die Windstärke wieder etwas zu. Es werden rund 10 kn NO prognostiziert. Die Inversion ist auch heute hoch und die schlechte Luft kann infolge des Ansaugeffektes nach Puntagorda und Casas El Charco gelangen, wobei der Temperaturgradient mit 0,8°C/100 m Temperaturabnahme gut ist, dazu im Moment im Westen die Sonne scheint. Das heißt, es entsteht schnell auch Thermik, die frische Luft vom Meer ansaugt und diese mit der schlechten vermischt.

Podcast auf Podz-Glidz

Letzte Woche gab ich Lucian Haas, der über Gleitschirmfliegen publiziert, ein längeres Interview über La Palma, den Vulkan und das Fliegen. Dieses Interview hat er nun als Podcast publizierte.

Sie können diesen Podcast kostenlos anhören. Der QR-Code befindet sich auf S.357.

6. Blog: November 2021

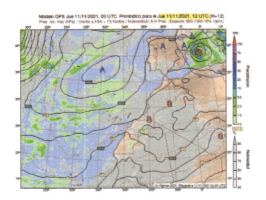

Abb. 6.20. Bodenwetterkarte für den 11. November 2021

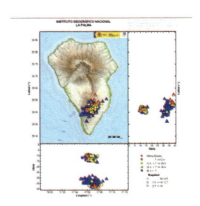

Abb. 6.21. Bebenkarte vom 12. November 2021

Vulkaninformation Freitagabend

18:05 Alles etwas ruhiger heute. Die Seismizität ist nach wie vor recht tief und auch die Erdbeben haben an Anzahl und Intensität abgenommen. Dazu kommt, dass auch der vulkanische Tremor, also das Vibrieren des aufsteigenden Magmas, auf tiefem Level ist. Der SO_2-Ausstoß hat sich auch verringert, es wurden für gestern Werte von 7-21.000 t/Tag angenommen.
Ein kleiner Ausbau der Straße von der Cuesta Blanca / Plaza Glorietta / Tenniscenter wurde fertiggestellt. Dort haben sie offensichtlich ein paar Kurven entschärft. Bilder gibt es keine. Die Colada #9, das ist die südlichste, erhält neben Colada #1 und #2, die das erste große Delta bilden, auch wieder Zulauf von Lava. Im Großen und Ganzen sieht der Vulkan auch heute Abend eher ruhig aus. Er produziert wenig Asche und viel weißen Rauch. Weißer Rauch sei Wasser, hat man uns vor paar Tagen gesagt, und offensichtlich ist noch viel Wasser im System, das aber nicht zu Explosionen führt.

6.2. - Woche 8 (8. - 14. November)

Samstag 13. November

Vulkaninformation Samstagmorgen

11:05 Die Zufahrt nach Las Manchas und Puerto Naos ist heute nicht mehr möglich. Im Gebiet werden viel zu hohe SO_2-Werte gemessen und es werden keine Fahrzeuge hineingelassen.

Heute Morgen wurde die ganze Insel von einem Beben der Stärke mbLg 5,0 aufgeweckt. Ich empfand es als IV auf der Mercalli Skala, einige haben ihm aber auch eine VI gegeben. Die erste VI, die ich seit dem Ausbruch sehe. Das Beben wurde auch auf Teneriffa verspürt. Es fand in einer Tiefe von 38 km statt, also in der unteren Magmakammer. Es haben sich kaum weitere Beben ereignet. In der Tat war das 5,0 heute Morgen erst das zweite, welches seit Mitternacht registriert wurde. Da sich seit dem letzten starken Beben keine Verstärkung der Vulkanaktivität eingestellt hat, lasse ich meine Theorie des Druckabfalls und der Umstrukturierung in dieser Kammer, welche ja positiv wäre, so stehen.

Der Vulkan ist auch heute recht ruhig. Von der Nordseite sieht man den Lavafluss nicht, doch er produziert nach wie vor viel Lava und auch Gase. Diese werden heute nicht weggeblasen, die Brisa ist schon früh eingeschlafen. Die Rauchsäule steigt deshalb fast vertikal hoch, bis sie auf rund 2.000 m mit einem NW-Wind nach SO verblasen wird. Auch im Osten um den Nambroque hat man bereits kontaminierte Luft gesehen. Der Wind wird aber im Tagesverlauf auch in der Höhe wieder auf NO drehen. Die Werte der Luftqualität im Valle sind gut, dies bestätigt auch meine Nase. Ich war vorhin auch kurz in Los Llanos und auch dort roch es nicht nach Vulkan. Die vertikale Deformation der Station Jedey LP03 ist auf dem tiefsten Stand seit des Vulkanausbruchs zurückgegangen und auch der Tremor ist recht tief. Wir befinden uns also weiter in einer Phase allgemein tieferer Aktivität.

6. Blog: November 2021

Erstes Todesopfer

12:55 Es wird heute Mittag von einem ersten Todesopfer berichtet. Ein 70-jähriger Mann aus El Paso wurde in El Corazoncillo (Las Manchas) heute morgen tot in einem Haus gefunden, dessen Dach einstürzte. Der Mann ist begleitet in das Gebiet gefahren, um das Dach von Asche zu reinigen. Als er gestern nicht zurückkam und er sich auch bei seiner Familie nicht meldete, wurde noch in der Nacht eine Suchaktion gestartet. Diese war zunächst erfolglos. Erst heute Morgen konnte der Mann dann in einem Haus tot aufgefunden werden. Die Guardia Civil untersucht den Fall und auch den Umstand, warum es zum Dacheinsturz kam.

Diese traurige Geschichte könnte die Behörden dazu bewegen, die Reinigungsarbeiten für Privatpersonen nicht mehr zuzulassen. Zumindest muss aber der Ablauf angepasst werden. Wenn man nur begleitet in das Gebiet kann, sollte auch sofort gesucht werden, wenn jemand nicht zum vereinbarten Zeitpunkt zur Rückfahrt erscheint.

Abb. 6.23 (S.253) von der Bodegón Tamanca veranschaulicht, wie hoch sich die Asche dort bereits angesammelt hat.

Vulkaninformation Samstagabend

18:05 Dass ich nicht so gut auf den technischen Direktor der PEVOLCA, Herrn Morcuende, zu sprechen bin, weil er partout auch nach über 50 Tagen Eruption nicht das geringste Interesse zeigt, die einfachsten Sachen zu lernen und immer noch von Magma, das nach Todoque fließt spricht, obschon das flüssige Gestein, wenn es an die Oberfläche kommt, Lava heißt, mag mir als kleinlich nachgesagt werden. Dass er heute aber den ersten Todesfall, der unter seiner Obhut als Verantwortlicher für die Sicherheit geschah, in der Pressekonferenz nicht als erstes erwähnte, ja sogar vergaß, und sich erst erinnerte, als ihn Pressevertreter darauf angesprochen haben, ist nicht mehr schusselig, das ist eher charakterschwach.

6.2. - Woche 8 (8. - 14. November)

Abb. 6.22. Vulkan am 13.11.

Abb. 6.23. Eingang Bodegón Tamanca ◊

Wie es genau zu dem Todesfall kam, wird, wie ich schon erwähnt habe, untersucht. Auch ob es wirklich ein einstürzendes Dach war. Im Moment werden wie immer in solchen Fällen sofort die verschiedensten Theorien im Netz verbreitet. Diese reichen von Unfall über Suizid bis zu toxischen Gasen. Einmal mehr tut man gut daran, abzuwarten, was das Untersuchungsergebnis ergibt.

Der Vulkan war den ganzen Tag über schwach. Auch die Seismizität ist nach dem starken Beben heute Morgen wieder zurückgegangen. Der SO_2-Ausstoß wurde mit 14.000 - 20.000 t/Tag angegeben, was immer noch sehr hoch ist. Die Lava fließt auch heute über die bestehenden Coladen, zwei Ströme kommen vom Vulkan, vereinen sich im Bereich Todoque und trennen sich weiter unten wieder. Die meiste Lava fließt vornehmlich im Moment über die #1, welche als erste das Meer erreichte und das Delta formte. Weiter werden aber auch die Colada #2 (Rest. Los Guirres) und die #9 (die südlichste) mit Lava versorgt. Der Tremor bleibt schwach, Deformationen wurden auch in der Pressekonferenz keine gemeldet. Das mit Lava bedeckte Gebiet hat sich noch einmal um 9,3 ha auf 1.019 ha erhöht. Um die Mittagszeit war der Wind plötzlich sehr schwach und die Gaswolke begann sich bedrohlich auszudehnen. Der Passat hat dann aber wieder eingesetzt und hält Gas und Asche im Moment vom Valle fern.

Sonntag 14. November

Vulkaninformation Sonntagmorgen

10:45 Heute morgen früh um 5:27 Uhr wurde die Insel wieder von einem Erdbeben geweckt. Der Vulkan respektiert auch den Sonntag nicht. Es fand erneut in der unteren Magmakammer in einer Tiefe von 37 km statt, mit einer Magnitude mbLg von 4,7. Ein weiteres ereignete sich vor 10 Minuten, mit vorläufigen Daten von 4,5 in einer Tiefe von 33 km.
Der Vulkan selbst ist heute zwar nicht laut, aber er produziert wieder deutlich mehr Rauch und Asche. Der Wind weht in der Höhe nur schwach aus Nordost. Deshalb kann heute sowohl die Luftqualität schlecht werden, als auch wieder etwas Asche im Valle fallen. Die Station Jedey LP03 verzeichnet wieder ein leichtes Anheben von 2 cm und eine Verschiebung nach Süd von 1 cm gegenüber der Messung von gestern. Das sind keine Zeichen der Abschwächung, sondern eines erneuten Druckanstiegs. Also muss ich wohl oder übel meine Theorie der Umstrukturierung in der unteren Magmakammer beiseite legen.
Dazu hat auch der vulkanische Tremor nach dem Beben heute morgen wieder zugelegt. Wenn man die neue Bebenkarte von Volcano Discovery, Abb. 6.24 (S.255), anschaut, dann ist die blaue Linie, welche die freigegebene Energie darstellt, praktisch linear. Die Anzahl der Beben hat zwar abgenommen, sie wurden aber einfach stärker. Es sieht leider danach aus, dass wir auch die nächste Woche mit Vulkan und Erdbeben verbringen werden. Eine Wetterprognose für die nächsten Tage werde ich später erarbeiten.

6.2. - Woche 8 (8. - 14. November)

Nummerierung Coladen

Es scheinen verschiedene Pläne der Nummerierung der Lavaflüsse im Umlauf zu sein. Die Abb. 6.25 (S.255) entspricht dem, was ich auch in der Pressekonferenz notiert habe. Darauf fehlt zwar noch die #11, welche einen kleinen Appendix nach Süden der #10 darstellt. Das entsprechende .kmz Google File kann mit QR-Code auf S.357 heruntergeladen werden.

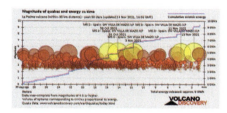

Abb. 6.24. Verlauf der Erdbeben letzte 30 Tage

Abb. 6.25. Nummerierung der Lavaflüsse

Wetterprognose

Sonntag 14. November
Über die Azoren zieht ein langgestrecktes Tiefdruckgebiet mit Regen. Dies führt bei uns zu einer Abschwächung des Windes in allen Höhenlagen. Am Morgen startet der Sonntag noch schön, aber schnell bilden sich Wolken. Der schwache Wind verhindert ein Wegblasen der Asche und der Gase des Vulkans. Somit ist es wahrscheinlich, dass sich diese radial ausweiten und auch im Valle teilweise Asche niedergehen kann. Die Windverhältnisse verändern sich während des Tages kaum. In der Nacht auf Montag kommt sogar etwas SO-Wind auf, welcher dann bis in die Morgenstunden noch vermehrt Asche ins Valle blasen kann.

Montag 15. November
Das Tiefdruckgebiet südlich der Azoren bleibt praktisch stationär. Es bringt uns kaum Feuchtigkeit, lässt aber den Passat fast einschlafen. Auch der Montag ist geprägt von recht schwachem Wind. Auf Meereshöhe bläst der Passat mit 11 kn und bringt frische Luft in die tieferen Lagen der Ostseite, auf 1.500 m noch schwache 7 kn NO-Wind der aber mit zunehmender Höhe auf Süd dreht. Asche, die bis auf Höhe vom Muchacho gelangen kann, wird in Richtung Norden, also El Paso, Los Llanos und unter Umständen bis Garafia geblasen. Die Inversion ist auf 1.500 m, was wiederum zu schlechter Luftqualität in Casas El Charco, Tijarafe und Puntagorda führen kann.

Dienstag 16. November
Das Tief bleibt immer noch stationär mit dem gleichen Einfluss auf die Windstärke. Der Passat weht auf Meereshöhe mit nur 10 kn, auf 1.500 m mit nur 4 kn, und ab 2.000 m schwache 2 kn Nordwind. Die Aschesäule wird auch am Dienstag aufsteigen und allfällige Asche radial um den Konus verteilen. Dass Probleme am Flughafen entstehen, ist nicht auszuschließen. Die Inversion bleibt auf 1.500 m, was aus Erfahrung zu hoch ist und eher Probleme mit der Luftqualität mit sich bringt.

Mittwoche 17. November
Ein Hoch hat sich nordwestlich der Azoren eingestellt, lässt die Windstärke bei uns etwas zunehmen und bringt auch feuchtere Luft zu den Kanaren. Diese kann im Nordosten und Osten zu Regen führen. Der Passat hat auf Meereshöhe auf 16 kn zugenommen und bläst auch auf 1.500 m noch mit 15 kn. Das belüftet weiterhin die tiefen Lagen auf der Ostseite und lässt auch im oberen Teil von El Paso, wahrscheinlich bis in die Stadt, Brisa entstehen, die für frische Luft sorgt. Auf 2.000 m noch 9 kn NO-Wind und weiter in der Höhe Nordwind. Der Flughafen ist mit diesen Prognosen in Betrieb.

Donnerstag 18. November
Ein Höhentief über Madeira sorgt dafür, dass die Inversion nach oben wegsteigt und sehr feuchte und instabile Luft kann überall zu

6.2. - Woche 8 (8. - 14. November)

hohen Wolken und Regen führen. Der Wind auf Meereshöhe ist eher schwach mit 11 kn aus Nordost, auf 1.500 m nur noch deren 8 kn und auf 2.000 m noch 6 kn. Immer aus Nordost. Das wird den größten Teil der produzierten Gasen und Asche über evakuiertes Gebiet und ins Meer blasen.

Freitag 19. November
Wir kommen in einen Bereich von schwachem Wind auf Meereshöhe. Da der Wind nach GFS-Modell nun aus West bläst, und das bis über 2.000 m, kann dies zu Problemen am Flughafen führen, wenn der Vulkan immer noch Asche ausstößt. Die schwach windige Lage mit Westeinfluss bleibt den ganzen Tag über bestehen. Die Luft ist etwas trockener und es wird in vielen Teilen der Insel recht sonnig werden.

Vulkaninformation Sonntagabend

18:15 Schon fast wieder ist ein Tag vorbei, einer, an welchem einmal mehr die Wolke des Vulkans vor der Sonne stand. Es war recht kalt in El Paso, nur am Bejenado schien die Sonne. Weiter südlich war alles unter dem Einfluss einer großen Wolke vom Vulkan. Auch fiel wieder etwas Asche, nicht sehr viel, aber es reichte schon wieder um die Paneels der Fotovoltaik abzudecken, und zwang uns draußen wieder mit FFP2 Maske herumzulaufen.
Die wichtigste Information der Pressekonferenz war die, dass die Lava immer noch durch Kanäle in die Deltas fließt. Heute wird aber die Colada #9 (die südlichste) am stärksten alimentiert. Die Coladen #1 und #2 erhalten auch Lava, aber deutlich weniger. Die anderen Coladen werden nicht mehr versorgt. Der Wert des SO_2 ist 2.000-4.000 t/Tag immer noch viel zu hoch, aber deutlich tiefer als in den letzten Tagen. Einen richtigen Trend kann man immer noch nicht ausmachen, die Kurve sieht etwas aus wie die Sierra Nevada.

6.3. - Woche 9 (15. - 21. November)

Montag 15. November

Vulkaninformation Montagmorgen

10:10 Die Nacht war ruhiger. Zwar gab es ein Beben mit mbLg 4,4 um 03:53 Uhr in 38 km Tiefe, das von einigen als Mercalli III eingestuft wurde, aber so gerumpelt wie am Sonntagmorgen hat es nicht. Die vertikale Deformation von 2 cm, welche gestern bei der Station LP03 Jedey festgestellt wurde, hat sich gänzlich zurückgebildet. Es wurde heute der tiefste Wert seit der Eruption festgestellt. Dieser Wert ist immer noch 15 cm über der Situation vor der Eruption. Er wird sich aber wahrscheinlich nicht mehr zurückbilden, weil das Magma ja nach dem Beenden der Eruption nicht einfach ausfließt, sondern im Kanal allmählich erstarrt.
Leider trifft die Prognose in Bezug auf die Windwerte genau zu und in Los Llanos ist es dunkel, in El Paso rieselt Asche herunter und die Luftqualität ist, wie in der gestrigen Wetterprognose befürchtet, in Casas El Charco, Tazacorte, Los Llanos, Tijarafe und Puntagorda schlecht. Es handelt sich um hohe SO_2-Werte, die kann man nicht einfach mit einer FFP2 Maske herausfiltern. Um SO_2 und H_2S herauszufiltern, braucht es eine Schutzmaske mit gelber (SO_2) und grauer (H_2S) Farbmarkierung.
(Broschüre mit Filtercodes über QR-Code auf S.357).

Deshalb die offiziellen Messdaten beobachten und wenn diese erhöht sind, besser im Haus bleiben.

Die Presse schreibt in der Zwischenzeit, dass der Vulkan immer weniger Energie habe. Das ist korrekt, aber man sollte sich besser an die Aussage der Direktorin des IGN halten, María José Blanco bekräftigt, dass es notwendig sei, „eine rückläufige, aber anhaltende Tendenz zu sehen". Wir sehen die rückläufige, nun muss diese auch noch anhaltend sein, und das braucht einige Tage.

6.3. - Woche 9 (15. - 21. November)

Luftqualität

11:42 Man kann fast die Uhr danach stellen. Pünktlich zum Einsetzten der leichten Thermik gegen 11 Uhr verbessert sich die Luftqualität überall. Der Mischungseffekt ist nicht zu unterschätzen. Achtung, die Problematik mit den Kleinstpartikeln PM10 besteht weiter. Diese regnen derzeit bis nach Puntagorda runter. Es wird dringend empfohlen, draußen dicht anliegende FFP2 Masken zu tragen.

Lava im Meer

12:12 Die Lava, welche nun auch vom Cabildo Insular sowie von ElApurón und Morcuende immer noch fälschlicherweise als Magma bezeichnet wird, hat an einer weiteren Stelle in Bombilla, exakt im Bereich El Charcón, das Meer erreicht (s. Kreise in Abb. 6.26; S.259). Dies ist die dritte Stelle und wenn der Zufluss an Lava weitergeht, wird sich das Ganze wahrscheinlich zu einer einzigen Isla Baja verbacken.

Abb. 6.26. Lavafluss in La Bombilla am 15. November

6. Blog: November 2021

Vulkaninformation Montagabend

18:40 Heute wurden El Paso, Los Llanos, aber auch der Norden einmal mehr mit Asche eingedeckt. Zeitweise war es extrem dunkel. Der Wind drehte am Mittag leicht in Südrichtung und blies Asche und Gas in Richtung Riachuelo. Dort wollte ich eigentlich mit den Hunden raus, bin dann letztendlich im Cubo de La Galga gelandet.

Jeder Tag bringt was anderes. Heute war der Tag der kleinen Tornados. Dutzende wurden über Lavaströmen oder am Vulkankonus gefilmt und ins Netz gestellt. Wir hatten heute einen hohen Temperaturgradienten. Die Lufttemperatur nahm praktisch durchgehend von Meereshöhe bis zur Inversion um 0,87°C/100 m ab. Dies fördert die Thermik und auf heißen Oberflächen eben auch diese lokale und kleinräumige Tornados.

Der Schwefeldioxidausstoß wird mit 1.900 - 2.000 t/Tag angegeben, also wieder etwas tiefer als gestern. Hoffen wir, dass der Trend anhält. Es fließt wieder mehr Lava in der Mitte der Coladen #4 und #7. Dieser Lavastrom ist immer noch über bestehenden. Dazu werden auch noch die Coladen #1 und #2 wie gestern alimentiert. Die Seismizität ist immer noch leicht abnehmend.

In Bezug auf die Inversion wird immer noch der gleiche Fehler gemacht. Die Inversion sei auf 1.600 - 1.700 m, das würde die „dispersión" der Gase erleichtern, sagte der Direktor der PEVOLCA, Morcuende. Wir haben in den letzten Wochen gelernt, dass die Inversion unter dem Vulkankonus sein muss, damit die Gase darüber entweichen können, also am besten auf 900 m. Ist sie über dem Vulkankonus, der im Moment eine Höhe von rund 1.130 m aufweist, dann können diese eben nicht gut nach oben entweichen und verteilen sich im Valle und bis nach Casas El Charco und Puntagorda. Speziell die Morgenstunden sind wegen des Bergwindes schlecht. Das wird wahrscheinlich auch morgen, Dienstag, so sein. Der Wind immer noch schwach, die Inversion auf 1.500 m –> schlechte Luft.

6.3. - Woche 9 (15. - 21. November)

Dienstag 16. November

Vulkaninformation Dienstagmorgen

08:47 Auch in der letzten Nacht ist in El Paso noch Asche gefallen, in der letzten Episode waren es 1,2 mm. Im Moment produziert der Vulkan kaum Asche, nur Rauch. Wie ich in der Wetterprognose schon mitteilte, hat es kaum Wind, was die Ausbreitung der Asche radial um den Vulkan ermöglicht. Das heißt auch zum Flughafen und in der Tat hat sich auch diese Befürchtung bewahrheitet, die ersten Flüge sind heute nicht gelandet. Die Luft riecht nach Schwefel. Die Gase werden am Morgen noch mit dem Bergwind hinunter ins Valle geblasen, das wird sich aber gegen 11 Uhr ändern. Der Temperaturgradient ist hoch, das heißt, die Luft kühlt sich pro 100 m Höhe stark ab, was die Thermikentwicklung fördert. Weil zudem keine Inversion vorhanden ist, wird die vorhandene Luft thermisch gegen Mittag mit frischer Atlantikluft vermischt.

Die Seismizität ist tief, Deformationen an der Station LP03 habe ich auch heute keine gesehen und der Vulkan steht da, pufft etwas vor sich hin, wie ein alter Mann, der irgendwie nicht mehr mag. Wenn sich das so weiter entwickelt, dann könnte die Eruption in diesem Monat noch Geschichte werden. Wir hoffe es sehr. Endlich mit Aufräumen und Wiederaufbau beginnen können, ist der Wunsch aller.

Das Tief westlich von den Kanaren, das für die schwach windige Phase verantwortlich war, füllt sich im Tagesverlauf auf. Der Passat beginnt sich langsam zu verstärken und in der Nacht auf morgen, Mittwoch, kommt in El Paso Brisa auf. Weil der Wind erst ab 3.000 m auf schwachen NW dreht, wird der Flughafen höchstwahrscheinlich problemlos angeflogen werden können.

6. Blog: November 2021

Vulkaninformation Dienstagabend

18:20 Ein paar Recherchen und Asche schippen. So hat sich der heutige Tag gestaltet. Die knapp 2 mm in El Paso bringen eben doch 2 kg auf jedem Quadratmeter. Im Garten haben wir schon einen Kegel aufgeschüttet, der wie eine Minivulkanausgabe aussieht. Zum Glück nur Attrappe :-).

Die Luftqualität hat sich im Tagesverlauf schnell verbessert. Das radiale Ausbreiten der Asche hat in der Tat bis in den Nachmittag zu Problemen am Flughafen geführt. Dann hat der Ostwind wieder etwas zugelegt und die Situation im Osten entschärft.

Immer noch stellen wir einen langsamen Rückgang der Vulkanaktivität bei allen relevanten Parametern fest, und man sieht es ihm auch an, er wirkt kraftlos verglichen mit den Anfängen. Der Hauptfluss an Lava geht in die Colada #9, die südlichste. Dort hat sie wieder zu einer Zunahme von 14,5 ha geführt. Es ist derzeit die einzige Colada, die sich vorwärts schiebt und in Teilen auch das Meer erreicht. Dies hat heute wegen der ohnehin schon sehr hohen Luftfeuchtigkeit zu sehr großen Cumuluswolken geführt (Abb. 6.27; S.263).

Weiter fließt noch Lava in Lavaröhren in Richtung der Colada #4 und #1 und #2. Der SO_2-Ausstoß wurde mit 3.000 - 3.500 t/Tag angegeben, auch ein leichter Rückgang.
Der Passat nimmt nun auch auf 1.500 m zu und wird morgen und auch am Donnerstag in El Paso Brisa bringen und Rauch und Asche über evakuiertes Gebiet und dann ins Meer blasen. Ab Freitag steht ein Wetterwechsel bevor. Die Windrichtung wird auf Nordwest drehen, was dann je nach Aktivität der Vulkans erneut zu Problemen am Flughafen führen kann. Spätestens am Donnerstag werde ich eine neue, längerfristige Wetterprognose erarbeiten.

6.3. - Woche 9 (15. - 21. November)

Abb. 6.27. Cumulus über der Lava ◇

Mittwoch 17. November

Vulkaninformation Mittwochmorgen

10:00 Die Seismizität hat in der oberen Magmakammer wieder zugenommen. Gestern wurde uns gesagt, dass diese Beben wahrscheinlich auch noch nach dem Ende der Eruption weitergehen. Der Passat bläst Asche und Gase im Moment über evakuiertes Gebiet. Puerto Naos darf heute aufgrund der schlechten Luftqualität weder über Land noch über den Seeweg angefahren werden. Nördlich der Montaña Todoque habe ich heute Morgen ein Feuer gesehen. Wir werden etwas abwarten müssen, um zu hören, ob sich die Colada #4 oder #5 wieder aktiviert hat.

Involcan hat heute die bisher produzierte Energie der Vulkaneruption berechnet. Diese wird mit 286,2 TWh (Tera-Wattstunden) angegeben. Damit könnte man La Palma für 1.159 Jahre mit elektrischer Energie versorgen (gemessen am Verbrauch im Jahr 2020). Für alle Kanarischen Inseln würde diese Energiemenge für 36 Jahre reichen. Unglaubliche Summen an Energie wurden bisher freigesetzt.

Wir stehen vor einem profunden Wetterwechsel, der unvorteilhafte Windrichtungen, aber auch viel Regen im Westen bringen kann. Dieses Wetter kann zusammen mit der Vulkaneruption zu weiteren Problemen führen. Das Wetter sollte deshalb spätestens ab Freitag genau beobachtet werden. Ich werde in Kürze die entsprechende Prognose publizieren.

Wetterprognose bis nächsten Dienstag

10:15 Uhr *Mittwoch 17. November*
La Palma ist unter dem Einfluss eines Hochdruckgebietes nordwestlich der Azoren, der Passat hat schon am Dienstagabend zugelegt und in El Paso bläst die Brisa mit gut 20 km/h. Asche und Gase werden in Richtung evakuiertes Gebiet und auf den Atlantik geblasen.

6.3. - Woche 9 (15. - 21. November)

Die Inversion ist auf 1.500 m, der Temperaturgradient mit einer Temperaturabnahme von 0,85°C/100 m hoch, was zusätzlich für Thermik und Belüftung sorgt. Im Nordosten kann es zeitweise regnen.

Donnerstag 18. November
Ein Trog Höhenkaltluft schiebt sich in Richtung der Kanaren. Diese verursacht ein Aufsteigen der Luftmassen. Die Inversion wird nach oben weg gemischt. Der Passat hat sich generell etwas abgeschwächt. Er weht am Mittag auf Meereshöhe noch mit 11 kn, auf 1.500 m mit 6 kn. Das sollte gerade reichen, dass im Valle keine Asche fällt. Nimmt der Wind noch mehr ab, was gegen Abend der Fall sein wird, könnte auch wieder Asche im Umkreis des Vulkans fallen. Leichte Niederschläge im Nordosten sind möglich. Durch die instabile Luftmasse können sich aber auch anderswo Wolken auftürmen. Ascheteilchen fördern die Tropfenbildung und es kann auch auf der Westseite lokal regnen.

Freitag 19. November
Der Tag kündigt einen Wetterwechsel an. Über Madeira hat sich ein Tiefdruckgebiet gebildet. In der Höhe ein großer Kaltlufttropfen (Spanisch DANA). Dieser fördert eine vertikale Bewegung der Luft. Diese steigt also auch ohne Thermik auf und lässt so überall Wolkenbildung zu. Der Wind ist auf Meereshöhe fast eingeschlafen. Ab 1.500 m hat die Windrichtung auf West gedreht. Er weht am den ganzen Tag schwach mit 5 kn und auf 2.000 m mit 10 kn. Die Windrichtung ist unvorteilhaft für den Flughafen. Je nach Ascheproduktion des Vulkans kann dies zu Problemen führen. Inversion hat es keine, Feuchtigkeit, die aufsteigt, kondensiert auf etwa 900 m, bildet Wolken, die weiter aufsteigen, was gerade mit Aschenteilen in der Luft zu lokalen Niederschlägen führen kann. Lokale Regenfälle sind auf der ganzen Insel möglich.

Samstag 20. November
Der Wind weht auf Meereshöhe aus Südost, dreht dann auf 1.000 m auf Süd und weiter auf Südwest. Er ist weht immer noch schwach, was auch weiterhin eine radiale Ausdehnung von allfälliger Asche

fördert. Es kann auch wieder Asche im Valle runterfallen, aber auch Sta. Cruz ist in der möglichen Windrichtung. Es scheint sich zudem eine stabilere Schichtung mit Inversion auf ca. 1.500 m zu bilden. Diese Höhe ist schlecht für die Luftqualität, da Gase darunter schlecht nach oben entweichen und sich über bewohntes Gebiet verteilen können. Die Niederschlagswahrscheinlichkeit ist für den Samstag deutlich geringer.

Sonntag 21. November
Ein Tief über den Azoren bestimmt immer mehr den Wetterverlauf auf La Palma. Der Wind hat in der Nacht auf Sonntag die Windrichtung auf SW geändert und an Stärke zugelegt. Er weht auf Meereshöhe mit 13 kn, auf 1.500 m mit 14 kn und auch auf Höhe Muchacho weht SW-Wind mit 15 kn. Es wird im Tagesverlauf zunehmend bewölkt. Die Feuchtigkeit kondensiert auf rund 1.000 m und kann dann aufgrund fehlender Inversion weit hochsteigen. Obschon die Wettermodelle kaum Regen voraussagen, sind solche Wetterlagen prädestiniert auf der Westseite auch schon vor dem Eintreffen der Front zu starken Regenfällen zu führen. Allfällige Asche wird nun in Richtung Sta. Cruz geblasen.

Montag 22. November
Das Tief über den Azoren ist stationär. Nach dem GFS-Modell erreicht uns am Mittag eine Regenfront. Nach dem ECMWF-Modell erreicht uns die Front bereits um Mitternacht. Fronten aus SW können im Westen der Insel zu weiteren, zum Teil starken Niederschlägen führen. Die Wolkenbasis liegt auf rund 900 m. Der Wind weht in allen Höhenlagen aus Südwest bis zum Muchacho mit rund 15 kn. Produziert der Vulkan weiter Asche, wird diese auch am Montag in Richtung Sta. Cruz geblasen.

Dienstag 23. November
Das GFS-Modell rechnet noch stärkeren SW-Wind, nun auf Meereshöhe mit 18 kn, und auf 1.500 m 20 kn und mit weiterer Höhe noch zunehmend. Da wir auch am Dienstag unter Tiefdruckeinfluss stehen werden und sich deshalb keine Inversion gebildet hat, wird der Wind wahrscheinlich böig bis nach Sta. Cruz wehen können.

6.3. - Woche 9 (15. - 21. November)

Probleme am Flughafen infolge von Windböen sind auch möglich. Zusätzlich wird auch allfällig produzierte Asche vom Vulkan in diese Richtung geblasen. Die Modelle sind sich nicht ganz einig, aber es sieht sehr danach aus, dass auch am Dienstag unter Umständen im Westen viel Regen fallen kann.

Zusammenfassend steht ein Wetterwechsel bevor. Die Windrichtung ändert auf Süd, später auf Südwest. Asche und Gase können mit dieser Windrichtung in bewohntes Gebiet geblasen werden. Probleme können am Freitag am Flughafen wegen Asche und in der kommenden Woche, speziell am Dienstag, infolge des starken Windes entstehen. Weiterhin sind ab Sonntag starke Regenfälle nicht ausgeschlossen. Diese können mit der Asche zu lokalen Überschwemmungen führen und auch Straßen mit Asche unbefahrbar machen. Steilwände wurden durch die Beben bereits instabil. Der Regen kann auch hier zu lokalen Steinschlägen führen. Es ist wichtig, die Wetterentwicklung täglich genau zu beobachten und dann gefährdete Gebiete zu meiden!

Vulkaninformation Mittwochabend

17:10 Die gleichen Medien, welche gestern noch das Lied des erlöschenden Vulkans gesungen haben, sind heute angesichts der Tatsache, dass die Seismizität wieder zugelegt hat, gleich wieder im Panikmodus. Man muss ihm Zeit lassen, der Vulkan hört nicht einfach so auf. In der Tat haben die Beben gegenüber der letzten paar Tage deutlich zugenommen. Ich habe auch einige gespürt. Wenn man aber die freigegebene Energie der Beben über die letzten 30 Tage in Abb. 6.28 (S.269) ansieht, dann gab es immer solche Sprünge. Es ist also nichts Besonderes und wir müssen wohl oder übel damit leben, dass dies auch noch eine Weile so weitergeht. Ich bin indessen nicht pessimistisch. Die Deformationen haben sich überall zurückgebildet und das ist schon mal ein Zeichen dafür, dass weniger Druck im System ist. Es fließt wahrscheinlich mehr raus als rein. Wir brauchen einfach Geduld. Das ist nicht so einfach. Heute hat sich der Tag wirklich wie Armageddon gestaltet. Wir hatten viel Aschenproduktion, soviel, dass es auch gleich wieder Blitze gab. Dann wird im mittleren Kamin (von El Paso aus gesehen) viel Wasser mit ausgestoßen. Die Wolke ist weiß und das Wasser reagiert sogar zum Teil mit SO_2 und dem H_2S, indem es wieder Ablagerungen von elementarem Schwefel produziert. Der unterste, westlichste Schlund produziert mehr SO_2, dessen Rauchfahne ist bläulich. Dann war das gesamte evakuierte Gebiet infolge miserabler Luftqualität gesperrt, auch das Personal der Entsalzungsanlage wurde abgezogen, und die Brisa hat die noch nicht verdichtete feine Asche, welche auf den Straßen immer wieder von den Autos aufgewirbelt wird, zu veritablen, ungesunden Staubstürmen aufgeblasen.

Der SO_2-Ausstoß hat indessen noch einmal auf einen Wert von 2.000 - 3.000 t/Tag abgenommen, der zweittiefste Wert, seitdem ich vor einem Monat begonnen habe die Zahlen der Pressekonferenz zu notieren.

Die Menge an Lava hat etwas abgenommen. Die gestern noch alimentierten Coladen haben keinen oder nur wenig Zulauf. Aber die Colada #5 nördlich der Montaña Todoque wird wieder mit Lava versorgt und ist heute weiter in Richtung Westen vorgestoßen. Dabei wurden auch weitere Plantagen, eventuell auch Häuser überrollt.

Donnerstag 18. November, Tag 60

Vulkaninformation Donnerstagmorgen

08:30 Die gestrige etwas ruhigere Phase wurde dann wieder von viel Ascheproduktion abgelöst. Heute Morgen präsentiert sich der Vulkan, indem er viel Asche produziert und weniger Rauch. Die Erdbebenserie ging weiter, ist aber in Bezug auf die Seismizität schon wieder leicht am Zurückgehen und hat nie die Höhe von Ende Oktober erreicht, Abb. 6.29 (S.269). Trotzdem wurden auch in der letzten Nacht wieder einige Beben von der Bevölkerung verspürt. Interessant, ein eher schwaches Beben von mbLg 3,8 habe ich um

6.3. - Woche 9 (15. - 21. November)

00:30 Uhr gespürt (das Erste unter mbLg 4, das ich überhaupt bemerkte) und es wurde von der Bevölkerung mit bis Mercalli V bewertet. Das sicher auch, weil es in nur 11 km Tiefe stattfand. Die Beben konzentrieren sich auf die zwei Magmakammern in 10 km respektive 35 km Tiefe, wobei sich auch ein paar Beben in Tiefen von 8-9 km ereigneten. Die Station Jedey hat sich in den letzten 4 Tagen wieder leicht vertikal angehoben (2 cm in 4 Tagen). Das scheint in der Bandbreite der normalen Schwankungen seit Beginn der Eruption zu sein. Der vulkanische Tremor, die durch aufsteigendes Magma verursachten Schwingungen, hat sich seit gestern auch wieder vermindert.

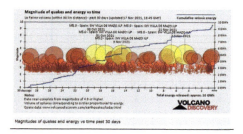 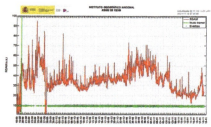

Abb. 6.28. Beben der letzten 30 Tage   **Abb. 6.29.** Seismizität bis zum 18.11.

Wetter:

Das Hochdruckgebiet hat sein Zentrum in die Biskaya verschoben. Auf 5.500 m hat sich ein Trog von Höhenkaltluft bis zu den Kanaren vorgeschoben. Diese Höhenkaltluft führt zu einem großflächigen Aufsteigen der Luftmasse. Wir erkennen dies bereits jetzt an dem Umstand, dass die Inversion schon jetzt über 2.500 m hoch ist und im Tagesverlauf wahrscheinlich verschwindet. Wenn sich bei einer solchen Wetterlage Wolken bilden kann die Feuchtigkeit ungehindert weiter hochsteigen und dann lokal zu Niederschlägen führen. Ascheteilchen fördern die Bildung von Wassertropfen, weil sich die Feuchtigkeit an der rauen Oberfläche gut anlagern kann.

Die Windstärke vermindert sich ab Mittag auf den für Luftqualität und Asche relevanten Höhen, was eine Ausdehnung der Asche radial um den Vulkan fördert. Es kann im Verlauf des Nachmittags deshalb auch wieder Asche bis nach El Paso und Los Llanos gelangen. Bevor es feucht wird, gehe ich nun wieder Asche schippen.

Vulkaninformation Donnerstagabend

18:15 Noch gerade Glück gehabt. Bin genau rechtzeitig zum Beginn des Regens mit den wichtigsten Dächern fertig geworden. In Tacande hat es bis jetzt 5 l/m^2 geregnet. Das sind die höchsten Werte seit dem 28. April 2021.

Am Vulkan sah man, dass es an einigen Stellen schneller trocken wurde, die sind ganz offensichtlich heißer. Davon habe ich ein Video gepostet (QR-Code S.357). Auch heute fließt die Lava hauptsächlich zwischen Todoque und La Laguna runter. Der Lavafluss #4 ist noch 300 m von der Küste entfernt, kommt aber kaum vorwärts. Die anderen Coladen, die #1 und die #9 erhalten nur noch sehr wenig Zufluss. Das Delta im Meer, von welchem die einen Palmeros sagen, es sei eine Fajana, die anderen es sei eine Isla Baja, ist jetzt 43 ha groß und gestern noch einmal 0,85 ha gewachsen. Das Meer hat an einigen Stellen schon Sand hingebracht und so ein paar ganz neue kleine Strände geschaffen. Die Seismizität ist wieder am Abnehmen und auch vertikale Verformungen werden keine berichtet. Dann war noch eine Frage in der Pressekonferenz betreffend der neuen Straße. Diese soll ja innerhalb eines Monats fertiggestellt werden. Da gestern infolge der schlechten Luftqualität nicht gearbeitet werden konnte, wurde von einem Journalisten nach der Fertigstellung gefragt. Der Verantwortliche ist zuversichtlich, dass sie den gebotenen Monat sogar leicht unterbieten können.

Freitag 19. November, 2 Monate

Vulkaninformation Freitagmorgen

09:35 Schnell sind heutzutage Informationen verbreitet, schnell auch solche, die nicht zutreffen. Gestern Abend war ich in Los Llanos und habe den Überlauf der Lava, der spektakuläre Bilder lieferte, nur in Fernsehen mitbekommen und etwas von „Colapso del Cono" gehört, das dann so auf Twitter gestellt, obschon es nicht stimmte. Es handelte sich nicht um einen Kollaps, sondern um ein Überlaufen von Lava über die Westseite. Dann geisterten letzte Nacht Informationen über eine Evakuation von Tajuya herum und ich wurde gefragt, ob ich auch evakuieren musste. Finden konnte ich keine offizielle Information und habe dann nach einiger Recherche eine Mitteilung auf palmerus.es gefunden, die über eine Evakuation des Mirador Tajuya informierte. Es scheint, dass dieser Aussichtspunkt um 0:45 Uhr geschlossen wurde, weil die Luftqualität schlecht war. Daraus wurde dann eine Evakuation von Tajuya und einer legte noch drauf und sprach von „...auch umliegende Gebiete". Ich muss mich bei der Nase nehmen, andere auch. Wir tappen immer wieder in die Falle, schnell was weiterzuleiten, das dann nicht stimmt und vielleicht zu Unsicherheit führt.

Der nächtliche Regen lässt heute früh auf den Lavafeldern Wasserdampf aufsteigen. Erneut produziert der Vulkan damit noch nicht gesehene und etwas bizarre Bilder (Abb. 6.30; S. 272).

Kurz nach 1 Uhr früh ereignete sich ein Erdbeben mbLg 5,1 in einer Tiefe von 36 km, welches mich wachrüttelte. Ich gab ihm eine IV auf der Mercalli-Skala. Das Beben wurde auf allen Inseln der Provinz Teneriffa gespürt.

Die Station LP03 Jedey zeigt gegenüber gestern wieder eine vertikale Deformation von 2 cm, liegt aber immer noch in der Bandbreite der „normalen" Schwankungen seit dem Ausbruch. Wir müssen

6. Blog: November 2021

Abb. 6.30. Aufsteigender Wasserdampf über den Lavafeldern

schauen, ob das auch morgen so bleibt. Die Seismizität geht wieder zurück und ist nur noch leicht über dem Wochenschnitt und auch der vulkanische Tremor hat seit dem 5,1-Beben leicht abgenommen. Die Luftqualität ist im Moment recht gut. Der Regen konnte auch die PM10-Partikel etwas binden.

Heute gibt es wieder politischen Besuch. Der Präsident der spanischen Regierung, Pedro Sánchez, die Ministerin für den ökologischen Wandel, Teresa Ribera, und der EU-Kommissar für Umwelt, Virginijus Sinkevicius, besuchen uns, um sich über die Entwicklung des Vulkanausbruchs zu informieren.

Wetterprognose heute:

Wir befinden uns auch heute am südlichen Rand eines Tiefdruckgebietes bei Madeira und eines großen Kaltlufttropfens auf 5.500 m Höhe. Dieser führt auch heute dazu, dass sich die Luftmasse

6.3. - Woche 9 (15. - 21. November)

langsam anhebt. Die Luft ist feucht, eine Inversion fehlt gänzlich und es kann im Tagesverlauf wieder viel Wolken und lokal auch Regen geben. Der Wind weht schwach und auf der kritischen Höhe zum Beurteilen der Aschewolke aus Nordwest. Dies bläst Rauch und Asche eher nach Südost und kann am Flughafen zu Problemen führen.

Abb. 6.31. Vulkan 19.11.

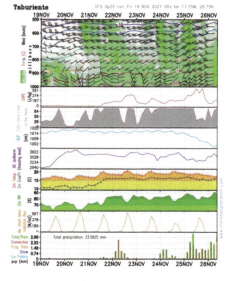

Abb. 6.32. Meteogramm

Samstag 20. November
Das für uns die letzten zwei Tage wetterbestimmende Tief verlagert seinen Kern vor Portugal. Ein weiteres Tief westlich der Azoren nimmt langsam Einfluss auf unser Wetter. Der Samstag ist ein Übergangstag. Der Tag beginnt noch überall recht sonnig, nur einige hohe Wolkenfelder beschatten ab und zu etwas. Diese nehmen dann am Nachmittag immer mehr zu. Der Wind dreht auf 1.500 m auf Süd, höher auf SW, weht in den Höhenlagen der Insel aber am Mittag noch schwach, unter 10 kn. Wenn der Vulkan weiter Asche produziert, wird diese direkt nach Norden, also ins Valle geblasen.

6. Blog: November 2021

Auch wenn sich keine Inversion gebildet hat, kann die Luftqualität infolge des schwachen Windes schlecht sein. Auf 2.000 m kommt im Tagesverlauf immer stärkerer SW-Wind auf, welcher Asche, die diese Höhe erreicht, in Richtung Sta. Cruz blasen wird. Probleme am Flughafen können nicht ausgeschlossen werden.

Sonntag 21. November
Der Wind weht nun in allen Höhenlagen aus SW. Auf der Westseite wird die Windstärke gebremst. Man wird aber an der Vulkanwolke sehen, dass diese in Richtung NO geblasen wird. Über der Cumbre Nueva verstärkt sich der Wind. Der SW-Wind scheint nicht bis nach Sta. Cruz runter zu blasen. Wird die Feuchtigkeit mit dem Wind aber die Hänge hoch geblasen, bilden sich auf rund 1.100 m Wolken. Da wir auch am Sonntag keine Inversion haben, können sich diese Wolken zu hohen Türmen aufbauen und lokal zu Regen führen. Dies vornehmlich bergnah und im Osten.

Montag 22. November
In der Nacht auf Montag hat die Bewölkung weiter zugenommen. Die Luft ist aufgemischt und der Temperaturgradient groß. Das heißt, dass Wolken aufgrund der Kondensationsenergie sehr weit aufsteigen können. Das ECMWF-Modell sagt sogar Gewitter voraus und auch das GFS-Modell zeigt sehr instabile Verhältnisse mit möglichen lokal starken Regenfällen. Der Wind weht in allen Höhenlagen aus SW bis West, also vom Vulkan in einer Linie nach Sta. Cruz. Probleme am Flughafen können nicht ausgeschlossen werden.
Die Lage mit Südwestwind, eingelagerter Feuchtigkeit und viel Regen für die Westseite wird bis am kommenden Freitag 26. Nov. anhalten.

Reaktivierter Lavafluss

11:30 Gerade erreicht mich Abb. 6.33 (S.278) von heute Morgen, welche zeigt, dass sich die Lava am Callejón Morera wieder reaktiviert hat und weitere Häuser und Kulturland zerstört. Dieser neue Vorstoß befindet sich zwischen den Coladen #7 und #4.

6.3. - Woche 9 (15. - 21. November)

Vulkaninformation Freitagabend

20:15 Ruhige Phasen wechseln sich mit explosiven ab. Heute wird einmal mehr das ganze Programm abgespielt. Zwischendurch gibt es auch Explosionen, welche durch in das System einfließendes Wasser hervorgerufen werden. Der Konus sieht etwas aus wie ein Schweizer Käse. Auf der Westseite fließt an mehreren Stellen Lava raus. Diese Lava fließt auch am Nachmittag hauptsächlich zwischen Colada #7 und #4, also zwischen der Montãna Todoque und La Laguna. Dieser weitere Vorstoß von Lava wird noch mehr Häuser und Kulturland verschlingen.

Weiter werden auch die Coladen, die das Delta bilden, mit Lava versorgt. Der SO_2-Ausstoß wurde heute mit 17-26.000 t/Tag angegeben, also leicht tiefer als gestern. Heute blies ab Mittag SW-Wind. Dieser hat die Asche auch auf die Ostseite geblasen. El Paso blieb praktisch verschont. Die Luftqualität war überall recht gut.

Es wurde heute in der Presse über einen erneuten Einfluss von Magma in die untere Kammer spekuliert. In der Pressekonferenz wurde dies nicht besprochen, auch fehlten einmal mehr die kritischen Fragen der Journalisten.

Das Tiefdruckgebiet nähert sich immer mehr und morgen wird der Wind wahrscheinlich den ganzen Tag aus südlichen Richtungen wehen. Ich sehe buchstäblich schwarz für El Paso und Los Llanos. Je nach Ascheproduktion kann das ein trüber Tag werden.
Vamos a ver...

Samstag 20. November

Vulkaninformation Samstagmorgen

10:05 Die Nacht war etwas bewegt. Zwei Erdbeben wurden von der Bevölkerung verspürt. Das erste um 03:07 Uhr mit mbLg 4,6 in 37 km Tiefe und das zweite, eigentlich zwei Beben zur gleichen Zeit, um 6:43 Uhr mit mbLg 3,6 in 12 km und mbLg 4,1 in 9 km Tiefe. Ich habe auch beide bemerkt. Die Vulkanologen sind sich nun offensichtlich einig darüber, dass erneut Magma ins System eingeflossen ist, was die Hoffnung auf ein Ende des Ausbruchs im November deutlich schmälert. Für diese Theorie spricht auch, dass die Station Jedey LP03 erneut einen vertikalen Anstieg verzeichnet. Es sind gegenüber gestern knapp 5 cm und gegenüber vorgestern rund 7 cm. Jedey hat sich immer sehr sensitiv für Druckaufbau gezeigt.

Am Morgen um 8 Uhr hat der Vulkan keine Asche produziert. Das hat sich nun um 9:45 Uhr wieder geändert, aber er ist im Moment noch nicht so aktiv. Das wäre gut, denn heute ist der Tag mit zuerst zunehmendem Südwind, was heißt, dass Asche und Gase dann in Richtung El Paso, Los Llanos geblasen werden. Dann kommt schwacher SW-Wind auf der die Wolke nach NO blasen wird. Diese SW-Komponente auf 1.500 m verstärkt sich bis Mitternacht auf 10 kn und bis Sonntag Mittag auf 14 kn. Der Tag beginnt für alle, die nicht im Einflussbereich der Vulkanwolke sind, noch recht sonnig. Ab Mittag ziehen dann aus SW hohe Wolkenfelder auf, die Vorboten des ersten Tiefdruckgebietes, das uns gegen Sonntagabend Regen bringen kann.

In der Nacht hat der gestern schon eingesetzte SW-Wind Asche auf die Ostseite geblasen und den Flughafen im Moment stillgelegt. Das wird in der nächsten Woche noch mehrere Male passieren. Entweder Asche oder Wind oder vielleicht sogar beides. Wer eine Flugreise plant, sollte sich vorher genau informieren und die Option Schiff / Teneriffa auch in Erwägung ziehen.

6.3. - Woche 9 (15. - 21. November)

Vulkaninformation Samstagabend

18:10 Das vom Vulkan ausgestoßene pyroklastische Sediment hat 10 Millionen Kubikmeter überschritten. Deshalb hat das wissenschaftliche Komitee heute bekannt gegeben, das der VEI auf 3 angehoben wurde. Der VEI (Volcan Explosivity Index) teilt verschiedene Eruptionen in Größenklassen ein. Die Seismizität, so wurde in der Pressekonferenz mitgeteilt, sei gleichbleibend, der Tremor auf einem tiefen Niveau. Die Deformationen bei der Station Jedey, welche heute einige cm aufzeigte, habe sich wieder zurückentwickelt. Der Schwefeldioxidausstoß ist auch etwas tiefer und wird mit 10.000 - 17.000 t/Tag angegeben.
Auch der Vulkan verhält sich heute wieder etwas verkatert und produziert nicht viel Asche und Gase. Zum Glück, denn heute war ja der Tag mit dem vorausgesagten Südwind und es ist aufgrund der verminderten Ascheproduktion nicht sehr viel in El Paso angekommen. Die Lava fließt immer noch sehr flüssig und schnell über Kanäle runter und alimentiert hauptsächlich das Gebiet, wie gestern, zwischen Colada #4 und #7. Dabei sind auch weitere Plantagen Opfer der Lava geworden. Gegenüber gestern kamen 8,5 ha dazu, was die gesamte betroffene Fläche auf 1.595 ha erhöht.

Der Flughafen meldet auch heute Abend noch Vulkanasche und außer der Maschine, die den Ministerpräsidenten Sánchez wieder ausflog, hat heute kein Flugzeug den Flughafen angeflogen.

Die Windrichtung dreht nun wieder langsam nach SW und der Wind nimmt stetig zu. Morgen Mittag soll er auf 1.500 m mit 17 kn wehen und dabei allfällige Asche und Gase über die Cumbre Nueva in Richtung Sta. Cruz wehen. Die Bewölkung nimmt auch langsam zu und morgen Nachmittag wird Regen erwartet.

6. Blog: November 2021

Abb. 6.33. Lage am Callejón Morera

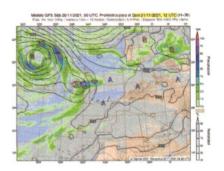
Abb. 6.34. Bodenwetterkarte Sonntag

Sonntag 21. November

Vulkaninformation Sonntagmorgen

09:10 Die letzte Nacht war wie in den ersten Tagen, unglaublich laute Explosionen haben mich aus dem Schlaf gerissen. Nach 4 Uhr wurde es dann etwas ruhiger. Es handelt sich dabei höchstwahrscheinlich um phreatomagmatische Explosionen, wenn sich Wasser in dem Magma aufgrund des sinkenden Druckes beim Aufsteigen plötzlich explosionsartig ausdehnt. Diese Annahme wird auch dadurch untermauert, dass viel weißer Rauch, also Wasserdampf aus den Schloten entwich. Es ist sehr viel Lava ausgetreten und über die Westflanke runtergeflossen. Soweit ich es beurteilen kann über die Colada #1 und den gestern vorgezeichneten Weg. Die Pressekonferenz muss das noch bestätigen.

Der Wind weht, wie vorausgesagt, aus SW und bläst die Asche und die Gase nun aus dem Valle über die Cumbre Nueva auf die Ostseite. Der Flughafen meldet Asche und wird im Moment nicht angeflogen. Heute Morgen konnte ich ein paar Cumulus Lenticularis fotografieren. Diese Linsenwolken entstehen, wenn der Wind über Bergen angehoben wird, die Luftmasse sich dabei abkühlt und kondensiert. Sie werden auch Föhnwolken genannt und gelten auf La Palma als Vor-

6.3. - Woche 9 (15. - 21. November)

boten von Regen: „Cada lluvia tiene sus propias nubes lenticulares" heißt es hier auf La Palma auch.

Heute wird es im Tagesverlauf immer bewölkter. Es wird keine richtige Front über uns ziehen. Wenn die Feuchtigkeit aber mit dem SW-Wind den Hang hoch geblasen wird, dann kondensiert es auf rund 800 m und kann lokal regnen. Dies vornehmlich im Westen nah an den Bergen und im Osten auch bis zur Küste. Bis zum Sonnenuntergang soll es laufend etwas feuchter werden.

Die Seismizität (Abb. 6.35; S.282) ist wieder deutlich zurückgegangen und auch die gestern gemeldete vertikale Deformation bei der Station Jedey LP03 zeigt einen Rückgang um 7 cm zu normalem, nach Beginn der Eruption gemessenen Werten.

Es geistert wieder das Gerücht einer weiteren Eruption über die Insel. Promotor dieser Theorie ist offensichtlich Enrique, ein Vulkanologe der, aus wessen Gründen auch immer, nicht bei einem anerkannten Institut arbeitet, sondern seine Einschätzungen privat in Facebook unter dem Titel „Vulkane und Wissenschaft heute" teilt. Dieser Enrique sang schon zwei Wochen das Lied des erlöschenden Vulkans (S.236) und hat diese Theorie auch mit viel wissenschaftlich anmutenden Texten und Grafiken untermauert. Da dieses Szenario nicht eingetreten ist, wird nun in andere Richtung scharf geschossen. Er kommt mir vor wie ein Roulettespieler der, nachdem er verloren hat, einfach mal auf alle Zahlen setzt um sicherzugehen, dass er gewinnt. Er schreibt nun von weiterer Eruption, von Zerfall des Vulkankonus und weiteren Lavaströmen nach La Laguna. Das ist zwar alles möglich, aber aufgrund der heutigen Datenlage verantwortungsloser, egozentrischer Unsinn, der nur die Leute verängstigt. Es gibt kein einziges offizielles Anzeichen dafür, dass so ein Szenario unmittelbar eintreten wird. Dass er zum Beleg seiner Theorie auch noch eine Grafik von mir nimmt und sie modifiziert, anstelle etwas Zeit zu investieren, macht es auch nicht besser. Ein wichtiger Pfeiler seiner Theorie, die Station LP03, ist nun auch, ein paar Stunden nach seiner Publikation, wieder auf normalem Niveau.

6. Blog: November 2021

Wenn sich Enrique nur die Zeit genommen hätte, gestern die Pressekonferenz (QR-Code S.357) anzuhören, dort hat Carmen López die Absenkung bereits angekündigt (2:39).

Auch wenn die Pressekonferenzen hölzern sind, die Fachleute den Stoff äußerst unattraktiv präsentieren und deshalb alles etwas hausbacken rüberkommt: Verlassen Sie sich auf offizielle Quellen und auf Ihren gesunden Menschenverstand.

Vulkaninformation Sonntagabend

20:05 Um es vorweg zu nehmen: Nach der Normalisierung der Werte der Station LP03 in Jedey ist es ruhig um unseren Enrique geworden. Er hat noch nichts weiteres publiziert.
Auch der Vulkan ist deutlich ruhiger. Die Pressekonferenz ergab nicht viel Neues, aber die Schwefeldioxid-Werte sind immer noch hoch und wurden mit 7.000 - 18.000 t/Tag angegeben. Der Tremor ist relativ tief und auch die Seismizität bleibt im Moment auf tiefem Niveau. Der Vulkan produziert nach wie vor viel Lava, welche auch heute über die Colada #1 und dann zwischen Colada #4 und #7 fließt. Dabei hat die Lava weitere 8 ha Kulturland zerstört. Die weiteren Coladen, welche noch alimentiert werden, sind die #2 und #9.

Obschon sich das Regenband bei uns mal wieder trennte und ein Teil nach Madeira und der andere nach El Hierro geblasen wurde, hat es doch auf beiden Inselseiten geregnet. In Tacande kamen 0,8 l/m² zusammen.
Auch morgen bleibt es bewölkt. Die Wolkenbasis ist unter dem Vulkan, welcher deshalb kaum zu sehen sein wird. Der Wind weht in den untersten Schichten bis auf 1.000 m aus Nordost, darüber aus West. Auch morgen besteht eine hohe Wahrscheinlichkeit, dass der Flughafen nicht angeflogen werden kann. Morgen, Montag, scheinen sich die größeren Regenzonen leicht südlich der Kanaren zu entwickeln. Bei uns kann es im Tagesverlauf im Osten vereinzelt zu leichtem Niederschlag kommen.

6.4. - Woche 10 (22. - 28. November)

Montag 22. November

Vulkaninormation zum Wochenbeginn

10:30 Die Nacht war recht ruhig. Damit meine ich nicht, was die Seismometer aufzeigten, sondern was ich gefühlt habe. Kein Erdbeben und auch der Vulkan war ruhiger als in der Nacht auf Sonntag. Dann heute Morgen kurz nach 8 Uhr wieder ein Rumpser, der Mobiliar und Geschirr im Haus in Schwingung brachte. Ein mbLg 4,8 in 36 km Tiefe. In der unteren Magmakammer finden im Moment die meisten Beben statt. Die Station LP03 Jedey hat sich gegenüber gestern wieder um 3 cm angehoben. Der Wert liegt aber im Band von +/- 2 cm, welches sich nach der Eruption etablierte. Was interessant ist und für was ich noch keine Erklärung oder Theorie habe, ist ein deutliches Absinken der Station LP06 und Mazo im Südosten der Insel. Mazo zeigt ein Absinken von 3 cm auf einen Wert unter dem im August, also vor der Eruption. Das Gleiche gilt für LP06 bei Monta de Luna, welche ein Absinken von ca. 5 cm gegenüber gestern zeigt. Leider sind die Journalisten in der Pressekonferenz jeweils schlecht vorbereitet und ich befürchte, dass hierzu keine Frage gestellt wird.

Der Wind weht auf 1.500 m heute Morgen mit 7 kn aus SW und bläst die Asche in Richtung Sta. Cruz. Der Flughafen wird im Moment auch nicht angeflogen, weil auch dort Asche runterfällt. Am Nachmittag dreht der Wind auf Vulkanhöhe auf NW, nimmt aber noch einmal an Stärke ab. Für das Valle könnte diese leichte Richtungsänderung gut sein. Schwacher Wind fördert ja die radiale Ausbreitung der Aschewolke. Mit einem leichten Nordeinschlag wird sie weiter in den Süden geblasen. Für den Flughafen bedeutet das nichts Gutes. Ich glaube kaum, dass heute eine Maschine landet. In El Paso stinkt es im Moment und in Richtung Los Llanos ist die Luft bläulich. Ich hoffe, dass die in Kürze einsetzende Thermik frische Atlantikluft einmischt und die Luftqualität verbessert.

6. Blog: November 2021

Jetzt sehe ich Wasserdampf hinter der Montaña La Laguna aufsteigen. Es scheint sicher, dass der Lavafluss, welcher seit ein paar Tagen südlich der Montaña La Laguna sehr aktiv ist (zwischen #4 und #7), das Meer nun erreicht hat.
10:44 Korrektur: Es sind zwei Wasserspeicherbecken, die den Dampf verursachen. Die Lava scheint noch ein paar hundert Meter vom Meer entfernt zu sein.

Die Woche wird wettermäßig sehr interessant. Ein Tiefdruckgebiet wird das Wetter beeinflussen und möglicherweise zu starken Regenfällen führen. Eine Wetterprognose mit etwas mehr Details werde ich später erarbeiten.

Lava fließt erneut ins Meer

12:11 Vor ein paar Minuten bestätigten es Videobilder von RTVE (Abb. 6.36; S.282): Erneut ist die Lava bis zum Meer vorgedrungen. Es handelt sich um eine Colada südlich der Montaña La Laguna welche nun ins Meer fließt und auch dort ein neues Delta bilden kann. So wie es aussieht, handelt es sich um die Colada #7.

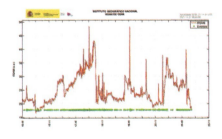

Abb. 6.35. Seismizität bis zum 21. November

Abb. 6.36. Lava beginnt das Norddelta zu formen

6.4. - Woche 10 (22. - 28. November)

Abb. 6.37. Wachstum des Vulkankonus in 64 Tagen

6. Blog: November 2021

Wetterprognose für die kommende Woche

Dienstag 23. November

Das Tiefdruckgebiet mit Kern leicht westlich der Azoren dehnt sich weiter aus (Abb. 6.39; S.284). Es ist noch weit weg, führt aber bei uns bereits zu zwei Effekten: Erstens die Inversion ist weg und zweitens ist der Wind ganz schwach. Auf Meereshöhe ist am Mittag fast Windstille, aber auch auf Höhe des Vulkans wehen nur 5 kn aus SW. Erst über 2.000 m dreht der Wind auf West und nimmt mit zunehmender Höhe zu. Asche und Gase können sich so fast radial um den Vulkankonus ausdehnen und auch der Flughafen bleibt bei entsprechender Ascheproduktion des Vulkans nicht verschont. Hohe Wolkenfelder ziehen auf und werden die Sonne verdecken. Regen scheint keiner zu fallen.

Abb. 6.38. Blick nach La Laguna 23. November 14 Uhr

Abb. 6.39. Bodenwetterkarte vom 23. November

Mittwoch 24. November

Das Tiefdruckgebiet verschiebt seinen Kern leicht nach Südwest. Über die Iberische Halbinsel ist Höhenkaltluft vorgestoßen. Die Temperaturen in Spanien sinken und in höheren Lagen der Iberischen Halbinsel kann es schneien. Wir bleiben in einem schwach windigen Gebiet mit entsprechendem Einfluss auf die Verteilung von Asche und Gase, welche auch am Mittwoch radial ist und den Flughafen betreffen kann. Der Wind weht auf Meereshöhe mit 6 kn aus Südost, dreht im Tagesverlauf auf Nordost und nimmt leicht zu. Auf 1.500 m noch schwache 3 kn SO, erst mit zunehmender Höhe über 2.000 m dreht der Wind auf West. Der Tag beginnt in weiten Teilen recht sonnig. Sobald die Thermik einsetzt können sich Wolken mit Basis auf rund 1.100 m bilden. Es fällt kaum Niederschlag.

Donnerstag 25. November
In der Nacht auf Donnerstag hat die Bewölkung rasch und intensiv zugenommen. Bereits in den frühen Morgenstunden kann es regnen. Die Feuchtigkeit ist sehr hoch und den ganzen Tag wird es immer wieder regnen. An einigen isolierten Stellen ist mit Starkregen zu rechnen. Die Wolkenbasis wird aufgrund der hohen Feuchtigkeit sehr tief sein. Wenn der Flughafen nicht Probleme mit Asche bekommt, könnten die Sichtminima nicht gegeben sein. Flugreisen am Donnerstag werden schwierig. Der Wind weht auf Meereshöhe am Mittag mit 17 kn aus Südost. Er dreht ab rund 1.000 m die Richtung auf Südwest mit 10 kn und ab 2.000 m Westwind um die 20 kn.

Freitag 26. November
Auch in der Nacht auf Freitag hat es zum Teil intensiv weiter geregnet. Die Niederschläge werden den ganzen Tag über anhalten und stellenweise intensiv sein. Der Wind weht auf Meereshöhe mit strammen 20 kn aus Nordost und dreht auf rund 1.000 m die Richtung nach Südwest, ab 2.000 steigt die Windgeschwindigkeit auf 20 kn an. Auch am Freitag scheint die Wolkenbasis für den Anflug am Flughafen sehr tief zu sein. Dazu kommt, dass in der kritischen Höhe von 1.500 m kaum Wind weht und auch am Freitag Gase und Asche zuerst radial verteilt werden.

Samstag 27. November
In der Nacht auf Samstag fließt langsam etwas trockenere Luft ein. Der Wind weht am Mittag auf Meereshöhe mit strammen 23 kn aus Nordost und auch auf 1.500 m wehen noch 20 kn Nordost. In El Paso kommt eine stramme Brisa auf, die bis nach Los Llanos und vielleicht sogar bis zum Meer runter blasen kann. Sie bringt frische Luft ins Valle und bläst Asche und Gase wieder über evakuiertes Gebiet und das Meer. Die Modelle sind sich nicht mehr so einig. Das Europäische rechnet weiterhin mit Regen, das Globale nicht.

> **Sonntag 28. November**
> Der Wind weht in allen Höhenlagen stark aus Nordost. Auf Meereshöhe 24 kn, auf 1.500 m 23 kn und auf Höhe des Muchacho noch 20 kn. Auch am Sonntag weht in El Paso und weiten Teilen des Valle die Brisa und bringt frische Luft ins Valle. Im Osten und Nordosten kann es ab Mittag wieder regnen. Dieser Niederschlag kann mit der Brisa auch in den Westen getragen werden und nah an den Bergen zu leichtem Niederschlag führen.
>
> Zusammenfassend: Einige Probleme mit der Operabilität des Flughafens stehen an. Ab Mittwochabend stetig ansteigende Regenwahrscheinlichkeit. An einigen Orten kann sehr intensiver Niederschlag fallen, der zusammen mit der Asche zu Problemen im Straßenverkehr führen kann. Steile Gebiete sind zu meiden. Die Erdbeben haben das Gelände schon geschwächt und es ist mit dem Regen davon auszugehen, dass weitere Steinschläge stattfinden.

Vulkaninformation Montagabend

18:10 Die Fajana wächst und wächst. Es ist eindrücklich wie viel Material pro Sekunde runterfließt. RTVE hat im Moment einen Videostream.

Heute wurde für das Gebiet im Radius von 2,5 km um die neue Fajana ein Lock-Down verhängt. Die Leute sollen daheim bleiben, Türen und Fenster geschlossen halten. Eine Neubeurteilung erfolgt gemäß Direktor Morcuende nach 24 Stunden. Den Text habe ich auf Twitter publiziert.

Die Colada #7 ist im Moment diejenige mit dem meisten Zulauf und auch die, welche nun die neue Fajana bildet. Weiter werden auch die # 1,2 und #9 über Lavaröhren versorgt.

Die Deformationen wurden als stabil angegeben. Die von mir festgestellte Absenkung bei Mazo und LP06 wurde nicht erwähnt und

6.4. - Woche 10 (22. - 28. November)

Journalisten haben, wie erwartet, auch nicht gefragt. Der Schwefeldioxidausstoß war gestern so tief wie noch nie und wurde mit 900 - 1.300 t/Tag angegeben. Erstmals, seitdem ich die Daten seit 15.10. erfasse, eine dreistellige Zahl. Die Seismizität ist unverändert, die meisten Beben ereignen sich in der unteren Magmakammer im Bereich von 30 km. Die Fläche, welche durch Lava zerstört wurde, ist noch einmal um 7 ha angewachsen und beträgt nun 1.060 ha. Auch die Anzahl der zerstörten Wohnhäuser hat sich noch einmal um 9 erhöht und steht nun bei der traurigen Bilanz von 1.193.

Dienstag 23. November

Allerlei am Dienstagmorgen

10:24 Straßenprojekte

Priorität erhalten folgende drei Projekte:

- Neue Verbindung Tazacorte - Puerto Naos.
- Küstenstraße El Remo - Fuencaliente.
- Umfahrungsstraße von El Paso.

Wo die Straßenführung Tazacorte - Puerto Naos durchgehen wird, ist noch nicht klar. Es wurde aber gesagt, dass die Trasse komplett anders als vorher sein werde.

Ostseite
Auch heute bläst ein schwacher SW-Wind Asche und auch Gase in den Osten. In Breña Alta und Sta. Cruz wurde zeitweise sehr schlechte Luftqualität gemeldet. Der Flughafen wird im Moment nicht angeflogen.

Vulkan
In der letzten Nacht wurden wir wieder durch Erdbeben geweckt. Der

6. Blog: November 2021

Vulkan ist trotzdem deutlich ruhiger als auch schon. Er produziert nach wie vor Asche und Gase und es fließt auch viel Lava aus. Im Gebiet südlich von La Laguna hat es in der Nacht gebrannt. Ein Bild von La Laguna um 14 Uhr in Abb. 6.38 (S.284). Ich gehe davon aus, dass dort weiteres Land und Häuser zerstört wurden. Mehr wissen wir, wenn erste Luftaufnahmen publiziert werden.

Die gestern gemeldeten Deformationen in Mazo und LP06 haben sich wieder normalisiert und auch die wichtige Station LP03 Jedey ist wieder knapp 2 cm abgesunken und zeigt im vertikalen Bereich Werte im Schwankungsbereich (+/- 2 cm) seit der Eruption.

Der Lock-Down von Puerto de Tazacorte wird am Mittag neu evaluiert. Die Luftqualität scheint gut zu sein, aber es gelten die manuellen Messungen vor Ort. Ich denke spätestens nach der Pressekonferenz wissen wir mehr.

Der Hafen von Puerto de Tazacorte wurde gestern in einer Verfügung geschlossen. Dies gilt nicht für Forschungsschiffe, das Militär und die Polizei. Inwieweit die Fischer betroffen sind, ist mir aus dem Befehl nicht ganz klar geworden.

Der Wind schläft im Tagesverlauf in der wichtigen Höhe fast gänzlich ein und erlaubt auch wieder eine radiale Ausdehnung von Asche und Gase rund um den Vulkan. Gut ist, dass die Temperatur im Bereich bis auf 1.500 m um 0,75°C/100 m abnimmt. Das fördert bei einem bisschen Sonne die Thermikentwicklung und ein Durchmischen der Luft.

Spendenkonten und GoFundMe

Aufgrund von Nachfragen hier noch einmal die Spendenkonten und die GoFundMe-Kampagnen die ich publiziert habe (plus eine neue von Playa de Los Guirres).

6.4. - Woche 10 (22. - 28. November)

GoFundMe Kampagnen: (nach aufsteigendem Spendenstand):

Kiosko Los Guirres, Grecia Motta
Pizzeria Evangelina, Rüdiger Singer
Solarmax, Max Deffner
Bar Timaba, Kirchplatz Todoque, Manuela Arduini
Valle Verde, Silvia Heckel

Offizielle Spendenkonten:

Cabildo de La Palma:
Bizum 03747
ES47 2100 9169 0122 0017 9456
BIC/Swift: CAIXESBBXXX
Concepto: Donación volcán
Destinatario: Cabildo de la Palma

Ayuntamiento de El Paso:
CAIXA: ES26 2100 7109 3122 0015 5652
Cajasiete: ES57 3076 0480 6710 0761 6723
Angabe der NIE, Name Vorname. Concepto Aportación Erupción Volcánica

Ayuntamiento de Los Llanos de Aridane:
Bizum: 03749
ES06 2100 1921 1902 0014 1752
CAIXESBBXXX
Concepto: Donación vulcán La Palma
Destinatario: Ayuntamiento de Los Llanos de Aridane

Tierschutzorganisationen:

UPA La Palma:
Bizum 654 344 916
Konto: ES05 0073 0100 5805 0610 7955

Benaware:
Bizum: 699 627 943
Konto: ES96 2100 7104 0002 0005 0887

Aanipal:
Bizum: 670 696 329
Konto: ES35 2038 7294 0460 0014 2897

Vulkaninformation Dienstagabend

18:25 Die Fajana der Colada #7 wächst weiter. Die betroffene Fläche hat sich auf 1.073 ha erhöht, das ist eine weitere Zunahme um 13 ha. Das Delta-Süd ist 43,5 ha groß. Die in der Presse erwähnten 9 ha der neuen Fajana wurden von Direktor Morcuende nicht bestätigt. Er habe noch keine Zahlen dazu, meinte er. Auch am Mittag floss am meisten Lava über die Colada #7. Die Coladen #1, 2, 3 und #4 erhalten auch Zulauf, aber deutlich weniger, und sie bewegen sich nicht vorwärts. Der Tremor ist tief, die Deflationen auch und auch der SO_2-Ausstoß ist mit 4.500 - 6.000 t/Tag eher tief. Der Abwärtstrend wird auch von Satellitenmessungen bestätigt. Diese Messungen zeigen seit 23. September bereits einen Rückgang im SO_2-Ausstoß.

Der Lock-Down Tazacorte wurde am Mittag aufgehoben, auch die Beschränkungen für den Hafen. Es gelten noch territoriale Zugangsbeschränkungen für Schiffe in der Nähe der Fajanas.

Mittwoch 24. November

Vulkaninformation am Mittwochmorgen

09:30 Die Seismizität ist im Moment sehr tief. Das sieht man auf Abb. 6.40 (S.294). Die blaue Linie zeigt die durch Erdbeben produzierte Energie pro Tag. Ein einziges Beben wurde heute von der Bevölkerung gespürt, ein mbLg 3,4 in 13 km Tiefe um 07:09 Uhr (Mercalli III). Ich habe es verpasst. Der Vulkan produziert im Moment viel Lava, wenig Asche und eine riesige weiße Wolke. Wahrscheinlich ist wieder viel Wasser im System. Explosionen stellen wir aber keine fest. Die neue Fajana hat schon gewaltige Ausmaße angenommen und die Küstenlinie einmal mehr verändert. Es gilt als fast sicher, dass sich auf der Südseite mit der Zeit ein neuer Strand bilden wird.

Die Luftqualität war heute Morgen in Puntallana miserabel, nun hat sich die Situation wieder verbessert und bis auf Los Llanos mit zu hohen CO-Werten zeigen alle Stationen in bewohntem Gebiet gute Qualität an. Bei Casas El Charco sind die SO_2-Werte deutlich zu hoch. Die Luft ist recht instabil, die Temperatur nimmt mit zunehmender Höhe deutlich ab und wir haben nirgendwo eine Inversion. Das heißt, in rund einer Stunde beginnt etwas Thermik, welche die Luft mit frischer Atlantikluft vermischt und die Qualität deutlich verbessert. Am Morgen wird die Sonne schon leicht von hohen Wolkenfeldern verdeckt. Die hohe Bewölkung verdichtet sich im Tagesverlauf. Gegen Abend kann es im Westen partiell schon regnen. Die richtigen Regenfälle mit eventuell eingelagerten Gewittern werden aber erst am Donnerstag erwartet. Der Wind weht auch heute in der für Gase und Ascheverteilung kritischen Höhe auf 1.500 m schwach. Die Ausbreitung wird radial sein und auch den Flughafen weiterhin lahmlegen. Gegen morgen Mittag nimmt der Wind auf 1.500 m, dann auf 15 kn zu und sorgt im Westen für deutlich bessere Verhältnisse. Der Osten wird indessen keine Freude haben.

Der Zugang zu der evakuierten Zone ist heute weder im Süden noch im Norden erlaubt, auch nicht über den Seeweg.

Vulkaninformation Mittwochabend

18:15 Entgegen meiner Wetterprognose regnet es im Osten bereits. Das wird höchstwahrscheinlich wieder der Vulkan sein, welcher viel Feuchtigkeit hochträgt, mit Asche vermischt und dann zu lokalen Niederschlägen führt.

Die Seismizität ist nach wie vor sehr gering. Heute Nachmittag ereignete sich noch ein Beben mit mbLg 3,4 in 13 km Tiefe, welches von der Bevölkerung verspürt wurde (IV). Die meisten Beben haben derzeit eine Magnitude unter 3,0 und finden in beiden Magmakammern statt. Der Tremor ist nach wie vor tief. Die SO_2-Werte haben sich wieder erhöht, aber der Fehlerbereich ist heute enorm, es wurde ein Wert von 1.300 - 18.000 t/Tag angegeben. Das neue Delta vor der Montaña La Laguna ist nun auf 5 ha angewachsen. Immer noch ist die Colada #7 aktiv, die ersten, Colada #1 und #2, werden mit Lava versorgt, stoßen aber nicht mehr vor.

Die Regenfront steht nun rund 300 km südwestlich von La Palma. Der Wind auf dem Muchacho hat aber noch nicht zugenommen. Wir sind also noch nicht unter dem Einflussbereich des Tiefs. Ich erwarte ein deutliches Ansteigen der Regenwahrscheinlichkeit im Westen ab Mitternacht. Wie viel fallen wird, kann ich kaum beurteilen. Das Gelände, der Windwinkel aber auch der Vulkan und dessen Gas und Ascheproduktion werden das Geschehen auf La Palma bestimmen.

Donnerstag 25. November

Vulkaninformation am Donnerstagmorgen

10:30 Black Thursday! Eine riesige Schweinerei haben wir heute Morgen angetroffen. In El Paso ist weiter Asche gefallen und dann hat es geregnet. Gerade genug, um eine einen Matsch herzustellen, und zu wenig, um ihn irgendwohin wegzuspülen. 1,6 l/m² regnete es bislang in Tacande. Auf der Ostseite regnete es deutlich mehr, bis fast 90 l/m² wurden bei Puntallana gemessen. Das Wetter spielt gerade verrückt. Wir haben ein Tiefdruckgebiet im Westen, welches normalerweise SW-Wind bringt und auf der Westseite Niederschläge. Aber im unteren Bereich bis auf rund 1.500 m wirkt noch Passat und dieser weht im Moment als Brisa bis zu 35 km/h in El Paso und bläst das bisschen Nass auch noch weg. Das GFS prognostiziert, dass sich der SW-Wind am Nachmittag auch auf 1.500 m durchset-

6.4. - Woche 10 (22. - 28. November)

zen wird. Der Wind würde dann in El Paso auch aus SW wehen, also um 180° drehen. Wo und wie viel es regnet, ist kaum zu bestimmen. Die Modelle spielen wie das Wetter verrückt und es ändert sich laufend. Die größte Wahrscheinlichkeit für noch stärkere Niederschläge gibt es morgen, Freitag, früh. Das ECMWF meldet auch ein paar eingelagerte Gewitter.

Die Seismizität ist immer noch auf tiefem Niveau, wenngleich auch in der Nacht ein paar Beben stattfanden, die von Teilen der Bevölkerung verspürt wurden. Ich gehöre nicht dazu. Auch unsere „Vorwarnstation" Jedey zeigt nach wie vor keine Deformationen an und auch der vulkanische Tremor ist auf eher tiefem Niveau.

Gesucht: Mietobjekte und Möbel

Immer noch werden Unterkünfte gesucht. Im Moment speziell auch Vermieter , die auch längerfristig für 1,5 bis 2 Jahre vermieten möchten. Personen, die ihr Haus verloren haben, suchen diese Möglichkeit. Wenn Sie ihr Haus länger vermieten können, dann melden Sie sich doch bitte bei Angel Immobilien, Herrn Bernd Blume.
Weiter fehlt es an Möbeln. Betten werden sehr stark nachgefragt, sowie weitere Kleinmöbel und Haushaltsgeräte. Herr Blume schreibt: *„Bei denen, die nicht versichert waren, ist die Situation natürlich besonders bitter, ich habe mit Menschen gesprochen, die seit Wochen auf dem Fußboden im Flur bei Verwandten und Bekannten schlafen und unglaublich glücklich waren, wenn wir ihnen wenigstens Betten und Matratzen mitgeben konnten. Insofern würde ich mich sehr freuen, wenn weiterhin liebenswerte Mitmenschen sich von Kleinmöbeln und Haushaltsgeräten trennen könnten und diese in der alten Tabakfabrik, Nave 6 abgeben würden. Dort ist täglich von 8.00 bis 20.00 Uhr jemand, der diese sehr gerne annimmt."*
Kontaktinformation Angel Immobilien SL: (S.196).

6. Blog: November 2021

Vulkaninformation Donnerstagmittag

12:50 Leider erreichen mich Bilder von einem neuen Schlund, südlich des Konus, aus welchem Lava in Richtung Corazoncillo fließt. Bereits werden an der südlichen Flanke beim Friedhof Las Manchas an der Montaña Cogote Feuer gesichtet. Dies ist eine außerordentlich schlechte Nachricht. Wenn aus diesem Schlund weiter Lava fließt, dann ergießt sich diese gänzlich über bisher verschontes Gebiet.

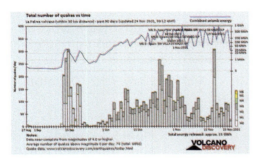

Abb. 6.40. Erdbebenserie vom Ausbruch bis zum 2. Nov.

Abb. 6.41. Der Friedhof von Las Manchas

Vulkaninformation Donnerstagabend

16:20 Verschiedenes:
Nicht immer sind die Nachrichten negativ. Heute konnten 12 Familien die Schlüssel für ihre neu fertiggestellten Wohnungen übernehmen. Diese können nun aus den doch etwas beengten Hotelzimmern ausziehen und einen Neustart beginnen. 35 Personen konnten vom Hotel in Fuencaliente zusätzlich in Hotels nach Sta. Cruz umziehen. Dort sind sie deutlich näher bei ihren Familien.
Weil der Flughafen zu ist, hat Naviera Armas nun auch eine Schnellfähre zwischen Los Cristianos und La Palma in Betrieb.

Vulkan: Die neue Colada, welche von der #10 ausgehend südlich der Montaña Cogote runterfließt und Teile des Friedhofs überfloss, sowie in das Krematorium eindrang, hat sich deutlich verlangsamt. In der Pressekonferenz wurden noch 25 m pro Stunde genannt. Das erhöht die Hoffnung, dass sie vielleicht zum Stillstand kommt, bevor sie noch mehr Schäden anrichtet. Die Wissenschaftler wussten in der Pressekonferenz noch nicht genau, aus welchem Schlund diese Lava ausfließt. Die hauptsächlich alimentierte Colada ist immer noch die #1, auch die #10 und die #7 (neue Fajana) bekommen noch Zulauf. Es wurden keine neuen Deformationen festgestellt, Seismizität und Tremor sind auf recht tiefem Niveau. Der Schwefeldioxidausstoß ist indessen auf hohem Niveau. Es wurde ein großer Bereich von 1.000 bis 29.999 t pro Tag angegeben. Das Messsystem scheint bei schlechtem Wetter rasch an die Grenzen zu kommen.

Wetter:
Der Wind hat nun seine Richtung auf Vulkanhöhe die Windrichtung auf SW gedreht. Die Windstärke wird nun auf dieser Höhe stetig zunehmen und erreicht mit rund 20 kn am Freitagmorgen um 3 Uhr das Maximum. Auch in tieferen Luftschichten dreht der Wind in der Nacht auf Freitag auf SW, was die Niederschläge auf der Westseite fördert. Aber schon um 9 Uhr soll wieder Passat aufkommen. Dieser wird morgen, Freitag, im Tagesverlauf immer stärker und im Verlauf des Nachmittags kommt in El Paso Brisa auf. Diese verstärkt sich gegen Abend auf 25 kn und wird somit höchstwahrscheinlich bis zum Meer runter wehen. Wie viel Regen es gibt und wo er genau fallen wird, kann ich nicht sagen. Nur soviel: Hauptsächlich wieder im Osten. Es kann aber auch sein, dass uns im Westen am Freitagmorgen noch ein isoliertes Gewitter trifft. Hoffen kann man ja...

Freitag 26. November

Vulkaninformation Freitagmorgen

10:35 Black Friday, im wahrsten Sinn des Wortes. Der Regen, welcher in El Paso gestern Abend fiel, hat zwar über 33 l/m² gebracht. Unsere Hoffnung, dass die kurz vorher gefallene Asche weggespült wird, hat sich nur auf steilen Flächen erfüllt. Plane Flächen sind nun mit einem schwarzen Matsch bedeckt, der zuerst trocknen muss, bis man ihn wegwischen kann.

Die neue Lavazunge, welche sich gestern beim Friedhof Las Manchas gebildet hat, scheint sich nach dem Bild von heute Morgen nicht mehr groß zu bewegen. Die Lava ist aber in das Krematorium und den Friedhof geflossen und wieweit das wieder ausgegraben werden kann, wird sich erst noch zeigen.

Die Seismizität ist nach wie vor gering und die Beben beschränken sich mehrheitlich auf die obere Magmakammer. Lässt der Zustrom in der unteren etwa nach? Auf jeden Fall sind viele Zeichen im Moment recht gut, keine Deformationen, wenig Erdbeben und die in der oberen Kammer. Aber der SO_2-Ausstoß muss sich deutlich mindern und ich mache erst eine Flasche auf, wenn das Biest eine ganze Woche lang ruhig war.

Nun hat in El Paso bereits Brisa eingesetzt. Auch beim Vulkan sieht man, dass die produzierten Gase und die Asche wieder in Richtung SW verblasen wird. Diese Windrichtung wird nun bis Ende des Monats anhalten. Der Passat wird recht stark wehen und in den meisten Teilen der Insel für frische Luft ohne Ascheregen sorgen. Die Asche - falls weitere produziert wird - fällt dann wieder über evakuiertes Gebiet. Auch für den Flughafen sind das gute Nachrichten. Ich gehe davon aus, dass dieser in Kürze wieder angeflogen wird.

Lavaflüsse

13:35 Die Bezeichnung der Lavaflüsse ist für manche Leser nicht genau nachvollziehbar, weshalb ich vor ein paar Tagen eine KMZ Datei für Google publiziert habe. Diese ist nicht mehr ganz aktuell, weil neue Lavaflüsse dazu kamen, ich orientiere mich aber daran und erkläre anhand dieser Karte, wo sich eventuell neue Lavaflüsse befinden. Laden Sie diese kmz. Datei runter (QR-Code S. 357) und installieren Sie diese in Google Earth und das Problem ist gelöst.

Vulkaninformation Freitagabend

18:30 Die heute publizierte Karte der Beben der letzten drei Tage, Abb. 6.45 (S.298), zeigt eine deutliche Abnahme der Aktivität in beiden Magmakammern. Der Tremor ist nach wie vor tief. In Bezug auf die Deformationen sehe ich eine leichte Anhebung der Station Jedey von etwa 2 cm, aber alles immer noch innerhalb der +/- 2 cm, die sich als Band nach der Eruption etabliert haben. María José Blanco erwähnte eine Deformation, welche aber noch eine Bestätigung brauche. Es wurde nicht nachgefragt, ob es sich um die Station LP03

6.4. - Woche 10 (22. - 28. November)

Abb. 6.42. Friedhof von Las Manchas

Abb. 6.43. Bezeichnung der Lavaflüße (auch auf S.12)

Jedey handelt. Die SO_2-Werte konnten aufgrund des schlechten Wetters nicht ermittelt werden. Sie sollen sich aber schätzungsweise im gleichen Band wie gestern befinden. Der neue Schlund, welcher sich gestern unter einem Haus auf rund 685 m aufmachte und dann den Friedhof von Las Manchas überfloss, produziert im Moment keine Lava mehr. Alimentiert werden heute die Coladen #4, #5 und die #7, dies sind die Lavaflüsse zwischen Montaña Todoque und Montaña La Laguna, und auch in die #9, die südlichste, fließt noch etwas Lava.

Weil sich durch die Überflutung mit Lava die gesamte Hydrologie geändert hat, wurde eine Analyse in Auftrag gegeben um rasch abzuklären, welche Maßnahmen getroffen werden müssen, damit es nicht zu lokalen Überschwemmungen kommt. Speziell La Laguna ist gefährdet, da sich am nördlichen Rand der Colada #8 Regenwasser ansammeln könnte, das dann in das Zentrum von La Laguna fließen kann.

Samstag 27. November

Vulkaninformation Samstagmittag

11:30 In der Abb. 6.46 (S.299) habe ich die Deformationen der LP03 Jedey eingetragen. Eine Woche alleine ist sicher nicht aussagekräftig, aber man sieht keine Korrelation zwischen Beben in einer Kammer und dem Anheben der Station. Diese hat gegenüber gestern

6. Blog: November 2021

Abb. 6.44. 26.11. 14 Uhr

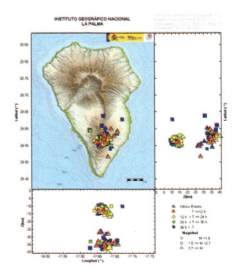

Abb. 6.45. Bebenkarte 26.11.

auch wieder um 3 cm zugelegt. Der gestrige Wert wurde nach meiner Kommunikation noch einmal korrigiert und die gesamte vertikale Erhöhung in Jedey ist wieder bei +6 cm gegenüber vorgestern. Das heißt einmal mehr: Es ist immer noch Druck im System.

Auch der Umstand, dass immer noch massenweise sehr flüssige Lava ausfließt, deutet auf Zufuhr von Magma aus der Tiefe, und das sind keine Zeichen eines schnellen Abklingens der Eruption. Aus El Paso sieht man auch heute Mittag das gewohnte Bild, aus dem obersten Schlot wird pyroklastisches Material, also Asche, ausgestoßen, aus dem westlichen Schlund Lava und viele Gase.

Obschon die Wetterbedingungen für den Flughafen gut sind, wurde der Flugbetrieb bis jetzt noch nicht aufgenommen. Es dauert offensichtlich, diesen seit Tagen stillgelegten Betrieb wieder hochzufahren. Viele Kunden haben aufgrund der Unsicherheit wahrscheinlich den Schiffsweg gewählt und damit fehlen auch die Kunden.

Der Wind weht auf der kritischen Höhe von 1.500 m bis Ende des

6.4. - Woche 10 (22. - 28. November)

Monats relativ stark aus Nordost. Damit ist der Flughafen auf der sicheren Seite und der Betrieb sollte gewährleistet sein.

Vulkaninformation Samstagabend

17:55 Der neue Schlund, welcher sich gestern unter einem Haus aufmachte, das rund 700 m südwestlich des Hauptkegels steht (Abb. 6.47; S.299), produziert keine Lava mehr. Der Lavafluss, welcher Teile des Friedhofs Las Manchas begrub und das Krematorium zerstörte, hat die Nummer #10 und hat sich weiter unten mit Nummer #11 verbunden.

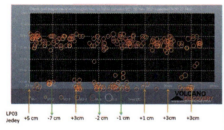

Abb. 6.46. LP03 und Beben

Abb. 6.47. Bild: Ruben López, IGN

Die Lava fließt nun wieder hauptsächlich über die Mitte nach Westen und teilt sich dann in Richtung Colada #4 und #1, #9 also in Richtung der bereits bestehenden zwei Deltas. Die Piste auf die Montaña La Laguna ist etwas gefährdet, da sich dort die Lava verbreitert. Der Berg wird von den Vulkanologen als Beobachtungsplatz und auch als Startplatz für die Drohnenflüge genutzt. Heute Abend befinden sich immer noch Autos oben. Der Zugang also noch offen. Die vertikale Deformation in Jedey wurde in der Pressekonferenz von María José Blanco kurz erwähnt, der Direktor der Pevolca, Morcuende, hat sie übersehen.

SO_2-Werte gibt es auch heute keine, die gestrigen Regenfälle haben einmal mehr Messungen verhindert. Das Gleiche gilt für den CO_2-Ausstoß des Cumbre Vieja Komplexes, der schätzungsweise den Normalwert immer noch um das 5-Fache übersteigt. Seismizität und Tremor sind relativ tief.

Der Flughafen konnte erst heute Abend angeflogen werden. Obschon die Wetterbedingungen schon den ganzen Tag gut sind, musste die Piste gereinigt werden. Es hat sich Asche abgelagert, die zusammen mit den Regenfällen zu einer Pampe führte. Bis Ende des Monats sehe ich keine Probleme für den Betrieb des Flughafens.

Am Mittwoch, 1. Dezember, findet um 12 Uhr vor dem Rathaus in Los Llanos eine Demonstration statt. Die Veranstalter wollen die Gemeindepräsidentin darauf aufmerksam machen, dass die finanzielle Unterstützung der vom Vulkan betroffenen Menschen nicht ein Wunsch ist, sondern eine Notwendigkeit.

In der Tat hat die Gemeinde Los Llanos noch nichts ausbezahlt und steht so deutlich hinter El Paso, das bereits vor zwei Wochen begann, hilfsbedürftige Familien aus dem Spendenpool finanziell zu unterstützen.

Sonntag 28. November, Tag 70

Tazacorte

09:10 Es stehen zwar immer Los Llanos und El Paso im Fokus der Eruption, aber auch die Gemeinde Tazacorte hat Bürger, welche ihr Haus verloren haben. Bei der Mitteilung über die Auszahlung der Hilfsgelder habe ich Tazacorte vergessen. Die Gemeinde hat ihre Bürger letzte Woche auch unterstützt. Es fehlt also die größte Gemeinde, Los Llanos, die es noch nicht auf die Reihe gebracht hat. Umso wichtiger ist die Protestkundgebung am 1. Dezember. Die Bürgermeisterin, Noelia Garcia Leal, denkt wahrscheinlich, bis zu den Gemeindewahlen im Jahr 2023 haben die Bürger das wieder vergessen. Ich bin da nicht so sicher.

Vulkaninformation Sonntagmorgen

09:40 Heute Nachmittag um 14:10 Uhr sind bereits 70 Tage seit Beginn der Eruption vorbei und der Vulkan verhält sich immer noch jeden Tag anders. Heute haben sich auf der Ostseite zwei Schlünde aufgemacht und die Lava fließt jetzt über die Nordflanke runter. Dies ist eine schlechte Nachricht, weil je nach Verlauf wieder neue Gebiete am Nordrand der Colada #8 betroffen werden können. Die Lava

6.4. - Woche 10 (22. - 28. November)

scheint etwas kühler und visköser, sie kommt aber voran. In der letzten Nacht hat die Seismizität wieder zugelegt und es haben sich auch Beben ereignet, die von der Bevölkerung gespürt wurden. Die Aktivität konzentriert sich im Moment hauptsächlich auf die obere Magmakammer. Auch der vulkanische Tremor hat in der Nacht zugelegt, der Vulkan selber erscheint indessen eher schlapp. Bei der Station LP05 in Sta. Cruz ist zwei Tage in Folge eine Absenkung registriert worden. Diese hat sich in zwei Tagen auf 8 cm erhöht und heute einen cm verloren, liegt aber mit diesen Werten tiefer als vor der Eruption. Die Station Jedey hat die gemeldete Erhöhung von 6 cm in zwei Tagen wieder auf nur noch 2 cm abgebaut.

In Dos Pinos (großer Wasserspeicher Los Llanos) werden im Moment leicht erhöhte Schwefeldioxidwerte von 308 $\mu g/m^3$ gemessen, was noch in der Norm liegt und als „Regular" bezeichnet wird.

Alarmierende SO_2-Werte

10:50 Im Norden weht ein sehr starker Passat. Dieser saugt im Moment die Luftmasse vom Valle in Richtung Puntagorda. Diese Situation bringt schlechte Luftqualität mit sich. Die Gase werden zuerst mit Passat nach unten geblasen und dann in Richtung Nord weiter transportiert.

Sehr hohe Werte werden im Moment aus Los Llanos, Tazacorte und speziell aus Tijarafe mit alarmierenden 830 $\mu g/m^3$ gemeldet. Die Situation wird sich mit Einsetzen der Thermik in der nächsten Stunde hoffentlich verbessern. Wenn es stinkt oder die Augen brennen, besser einen Moment im Haus bleiben.

Vulkaninformation Sonntagmittag

13:16 Wie man in den von mir auf Twitter publizierten Videos (QR-Code S.357) sehen kann, haben sich gleich mehrere neue Schlünde aufgemacht. Die Lava ist nicht mehr viskös, sondern extrem flüssig und fließt schnell auf der Nordseite runter. Nördlich am Callejón de La Gata sehe ich im Moment weder Rauch noch Lava. Ich hoffe, dass diese Menge an Material einen Weg zurück ins Zentrum findet.

6. Blog: November 2021

Vulkaninformation Sonntagabend

17:59 Wer sich Hoffnung auf ein schnelleres Ende gemacht hat, wurde heute einmal mehr enttäuscht. Es ist ein Tag, an dem fast alles in die falsche Richtung lief.
Zuerst die am Morgen gemeldete Entwicklung, welche immer noch anhält, und wobei sehr viel Lava nördlich des Vulkans runterfließt. Dann ein Ansteigen der Seismizität, dies aber praktisch ausschließlich in der oberen Magmakammer. Der SO_2-Ausstoß ist gestern auch auf extrem hohe Werte im Bereich von 30.000 bis 49.900 t/Tag hochgeklettert. Beim CO_2-Ausstoß der Cumbre Vieja sieht man auch keine Veränderung. Die Werte sind immer noch 5x höher als normal. Immerhin sind die Deformationen wieder zurückgegangen und andere wurden als Fehler durch meteorologischen Einfluss gemeldet. Die Absenkung in Sta. Cruz scheint dazuzugehören. Also von der dieser Seite wenigstens eine gute Nachricht.

Die Lava, welche aus den nördlichen Schloten fließt (ja Plural), die Nordseite, sah heute Nachmittag aus wie ein Schweizer Käse, sie floss während der Pressekonferenz bereits über die LP-213 in Richtung der Colada #8. Es wurden keine weiteren Daten bekanntgegeben. Ich sehe keine Lava nördlich des Callejón de La Gata fließen, kann den nördlichen Rand der Colada #8 aber von meiner Position aus nicht sehen, sondern nur einen Teil der Colada.

Es wurden auch bereits wieder Befürchtungen geäußert, die Lava könne beim Restaurant Sombrero den neuen Kreisel verschütten und die Hauptstraße unterbrechen. Da sehe ich noch keine unmittelbare Gefahr, was sich aber ändern kann, wenn dieser neue Zustand länger anhält. Der Kreisverkehr liegt 22 m höher als der Rand der Colada #8 und hat zur alten Colada einen Abstand von 470 m. Ich habe dies in der Abb. 6.49 (S.303) dargestellt.

Wir werden abwarten müssen, ob wir weitere Drohnenaufnahmen geliefert bekommen, die klären, wo die Lava von den neuen Kaminen hinfließt.

Abb. 6.48. 29.11. um 14 Uhr **Abb. 6.49.** Situation Sombrero

6.5. - Woche 11 (29.11. - 5. Dezember)

Montag 29. November

Vulkaninformation Montagmorgen

10:55 Nach wie vor ist es unglaublich schwer auch auf der Insel zuverlässige Informationen zu bekommen. Drohnenbilder werden wenn überhaupt erst spät publiziert und in den Pressekonferenzen ist man sehr zurückhaltend mit Informationen.
Nachtrag um 11:25 Uhr: Das Warten hat sich gelohnt, die Drohnenbilder von heute Morgen: QR-Code auf S.357.

Es ist nun aber klar, dass die Lava, welche weiterhin über die nördliche Flanke fließt, weiter unten noch mehr Häuser und Land zerstört. Wie auf meinem auf Twitter publizierten Video zu sehen ist, fließt immer noch viel sehr flüssige Lava über den Nordhang. Die Lava fließt weiter unten langsam, aber stetig an dem nördlichen Rand der Colada #8 runter in Richtung Cruz Chica. Bilder, die ich nun noch gesehen habe von 9 Uhr, lassen hoffen, dass ein Teil der Lava in der Colada #8 fließen. Dies Entwicklung ist trotzdem potenziell schlecht, da der weitere Verlauf unklar ist. Auch wenn die Seismizität eher gering ist, haben die spürbaren Beben zugenommen. Heute Morgen um 08:35 Uhr ereignete sich ein recht heftiges mbLg 5,0 Beben, das auf der ganzen Insel wahrgenommen wurde. Die Tiefe, 35 km.

6. Blog: November 2021

Vulkaninformation Montagabend

21:30 Hier noch paar abendliche Kurzinformationen. Auch heute Abend fließt noch immer Lava aus dem nach NO gerichteten Kamin über die NW-Flanke runter. Die Lavaströme trennen sich dann im Bereich der Straße Tacande - San Nicolas in einen Fluss, welcher in die Mitte zu der Colada #1 führt, und einen weiteren, der sich nördlich des Callejón de La Gata an die bestehende Colada #8 anfügt. Dieser Lavastrom hat sich sehr verlangsamt, aber auch heute weiteres Kulturland und einige Häuser zerstört. Es ist derzeit aus Tacande kein weiteres Vordringen bis zu Cruz Chica auszumachen. Der Schwefeldioxidausstoß ist gemäß PEVOLCA hoch. Sie geben dafür einen Bereich von 1.000 - 29.999 t/Tag an. Genauere Daten werden seit ein paar Tagen nicht mehr gemeldet. Keine weiteren Deformationen, und die Seismizität konzentriert sich hauptsächlich auf die obere Magmakammer, die Seismizität ist relativ tief, auch der vulkanische Tremor.

Es wurde in der Pressekonferenz darauf hingewiesen, dass das nächste Wochenende aufgrund des Feiertags am nächsten Montag ein langes ist und viele Besucher erwartet werden. Augenmerk soll auf die Sichtbarkeit im Straßenverkehr gelegt werden. Leuchtwesten werden empfohlen, um Unfälle in der Dunkelheit zu vermeiden.

Im Osten hat es heute teilweise stark geregnet. Die Tropfen haben auch ab und zu den Weg auf die Westseite gefunden, aber ohne zu nennenswerten, also messbaren Niederschlägen zu führen. Im Nordosten sind bis zu rund 30 l/m² gefallen. Das gleiche Wetter mit Nordost-Passat bis in große Höhen und feuchter Luft im Norden und Osten scheint bis zum 6. Dezember anzuhalten.

Dienstag 30. November

Vulkaninformation Dienstagmorgen

09:35 Die Produktion von Lava über die nördliche Flanke ist deutlich zurückgegangen. Wenn sie oben am Vulkan noch sehr flüssig ist, wird sie auf dem Weg nach unten deutlich kühler und visköser. Dies führt dazu, dass sie nur langsam fließt, sich aber in die Höhe aufstockt. Man sieht diesen Effekt deutlich an dem Bildervergleich,

6.5. - Woche 11 (29.11. - 5. Dezember)

Abb. 6.50 (S.306). Dies ist gut, denn wenn das nicht so wäre, hätten wir die Lava bereits in La Laguna.

Heute Morgen ist der Vulkan etwas ruhiger wie auch schon. Impulsartig wird Asche produziert, aber nicht mehr kontinuierlich. Der vulkanische Tremor hat heute Morgen etwas zugelegt, auch haben sich die Beben in der oberen Magmakammer leicht erhöht. Deformationen werden keine gemessen. Es scheint, dass der Druck einmal mehr abgelassen wurde. Videos, um die Lage der nördlichen Colada besser zu beschreiben, gibt es noch keine.

Die Demonstration vor dem Rathaus in Los Llanos von morgen 1. Dezember wurde offensichtlich abgesagt. Los Llanos hätte gestern mit der Auszahlung von Unterstützungsgeldern begonnen. Vielleicht weiß ja jemand mehr...?

Wetterprognose

Mittwoch 1. Dezember
Ein schwaches Tief hat sich bei Madeira gebildet. Es beeinflusst unser Wetter marginal. Speziell sieht man, dass sich keine Inversion gebildet hat. In der Nacht auf Mittwoch hat der Passatwind noch einmal deutlich abgenommen. Es wird feuchtere Luft zu uns geführt und im Nordosten kann es zeitweise regnen. Ab 500 m werden bis über den Muchacho nur noch Werte unter 10 kn prognostiziert. Dies führt einmal mehr zu einer radialen Ausdehnung der Emissionen vom Vulkan und wenn er viel Asche produziert, kann diese auch auf der Ostseite niedergehen. Im Tagesverlauf nimmt der Nordostwind wieder zu und in El Paso weht erneut die Brisa.

Donnerstag 2. Dezember
Ein starkes Azorenhoch hat sich gebildet. Der Passatwind hat in allen Höhenlagen deutlich zugelegt und führt kühle und feuchte Luft zu den Kanaren. Im Nordosten und Osten kann es immer wieder regnen. Der Wind weht mit über 20 kn und über die Cumbre Nueva wird eine starke Brisa runter ins Valle und wahrscheinlich bis zum Meer wehen. Eine Inversion, die sich auf rund 1.000 m gebildet hat, kann daran wahrscheinlich nichts ändern. Sie führt aber mit dem

6. Blog: November 2021

Abb. 6.50. Schrotthändler beim Callejón de La Gata

6.5. - Woche 11 (29.11. - 5. Dezember)

starken Passat dazu, dass im evakuierten Gebiet Nordwind aufkommt, der dieses belüften kann. Im Bereich Tijarafe / Puntagorda passiert das Gleiche mit Südwind. Die Luftqualität scheint sich in weiten Gebieten zu verbessern. Ausnahme sind Staubwolken mit kleinen Ascheteilchen, die der Wind aufbläst. FFP2 Masken sind im Westen ein Muss. Am Nachmittag verstärkt sich der Wind auf 1.500 m auf fast 30 kn, da liegen Sturmböen von +70 km/h in einigen Bereichen des Valle durchaus drin.

Freitag 3. Dezember
Auch am Freitag ist das Hoch bei den Azoren aktiv und beeinflusst unser Wetter. Der Wind weht in vielen Höhenlagen immer noch mit fast 30 kn. Es stürmt in El Paso und die Brisa fällt weiterhin bis auf das Meer runter. Die Inversion hat sich auf 1.500 m angehoben, was vielfach die Luftqualität verschlechtert. Der Wind weht aber so stark, dass dies wahrscheinlich keine Rolle spielen wird. Auch am Freitag können wir im evakuierten Gebiet einen Wirbel von Nordwind beobachten, im Nordwesten Südwind. Auch am Freitag besteht die Regenwahrscheinlichkeit für den Osten und Nordosten weiter.

Samstag 4. Dezember
Der Kern des Hochdruckgebietes der Azoren hat sich in Richtung Portugal ausgedehnt. Das führt bei uns ab 1.500 m zu einem Drehen der Windrichtung nach Ost oder am Nachmittag sogar Südost. Dies kann durchaus wieder Asche und Gase in Richtung Valle blasen. Die Windgeschwindigkeit beträgt immer noch über 20 kn, die Vermischung und damit Verdünnung der Gase wird allfällige Emissionen verdünnen. In den unteren Lagen des evakuierten Gebietes weht immer noch tendenziell ein Nordwind mit einem positiven Effekt auf die Luftqualität.

Sonntag 5. Dezember
Das Azorenhoch bleibt bestehen. Die Windrichtung dreht wieder in allen Höhenlagen auf Nordostwind. Er weht am Mittag noch mit 18 kn über die Cumbre Nueva, nun also schwächer, aber er wird trotzdem bis El Paso Brisa verursachen. Wahrscheinlich fällt diese nicht mehr bis zum Meer runter. Die Inversion wird auf 1.500 m vorausgesagt. Die Luftqualität könnte sich wieder verschlechtern.

6. Blog: November 2021

> **Zusammenfassung:**
> Bis am Sonntag weht mehrheitlich Passat, welcher ab Donnerstag im Westen auch stürmisch werden kann. Die Schwachwindphase am Mittwoch ist wohl zu kurz, um Probleme am Flughafen zu verursachen. Für die restlichen Tage bis am Sonntag, werden keine Beeinträchtigungen am Flughafen prognostiziert.
> Im Nordosten und Osten kann es immer wieder regnen. In El Paso weht mehrheitlich Brisa, die zeitweise auch mit >70 km/h blasen kann.

Abb. 6.51. Bild: Javier González Taño

7. Blog: Dezember 2021

Mittwoch 1. Dezember

Vulkaninformation am Mittwochmorgen

09:45 Die Anzahl Erdbeben hat gestern stark zugenommen. Fast alle finden in der oberen Magmakammer statt. Nach einer kurzen Ruhephase gestern hat die Eruption wieder Fahrt aufgenommen und den Hauptschlund auf der Spitze des Konus aktiviert. In der Nacht und auch jetzt noch finden regelmäßig Explosionen statt, welche die Fensterscheiben erzittern lassen. Ein ähnliches Bild hatten wir auch schon, speziell nach der ersten Woche, als sogar Tacande evakuiert wurde.

In der Nacht hat sich am Nordwesthang auf etwa 900 m AMSL ein erneuter Schlund aufgemacht, aus welchem auch weiterhin Lava über die Nordwestflanke runterfließt. Der gestrige, sehr aktive Schlund auf der NO-Seite, war heute Morgen fast inaktiv. Wohin die Lava genau fließt, kann ich nicht sagen. Ich sehe zum Glück in La Laguna und auch beim Callejón de La Gata im Moment keine Veränderung. Es kann sein, dass die Lava in Röhren unterirdisch in Richtung des nördlichen Deltas fließt. Weiter scheint Lava vom Hauptschlund in eine südliche Richtung zu fließen. Diese kann ich von meiner Position nicht einsehen. Eine Bestätigung erwarten wir von der Pressekonferenz.

Die kumulierte Energie der gestrigen Beben hat 500 MWh überschritten, der höchste Wert während der Eruption lag Anfang November doppelt so hoch, bei rund 1 GWh an einem Tag.

Die auf Druck empfindliche Station LP03 in Jedey bewegt sich auch heute in dem sich seit der Eruption entwickelten Normalbereich.

7. Blog: Dezember 2021

Vulkaninformation Mittwochabend

16:30 Heute etwas früher als sonst: Die Vermutung von heute Morgen hat sich bestätigt, die Lava fließt zum großen Teil in den zentralen Bereich der Colada #6, ein weiterer Strom hat sich neben und dann wieder über der Colada #8 gebildet. Die Lava hat am Cabeza de Vaca, unterhalb der Ziegenstallung Tajogaite, das ganze Gelände aufgefüllt. Die Häuser der Stallungen stehen noch. Die Anzahl der Erdbeben hat deutlich zugenommen, die Beben finden nach wie vor praktisch ausschließlich in der oberen Magmakammer statt. Wir hatten gestern mit 371 Beben einen neuen Rekordtag. Wie ich aber immer wieder betone, ist nicht die Anzahl Beben aussagekräftig, sondern die damit freigegebene Energie. Die Beben waren alle um mbLg 3, und erst 1.024 Beben der Stärke 3 ergeben die gleiche Energie eines einzigen Bebens der Stärke 5.
Der Vulkan war auch heute tagsüber zeitweise sehr laut und produzierte Explosionen mit Druckwellen, die bei mir Türen, die nicht ganz verriegelt waren, öffneten. Der Tremor ist von schwach auf mittel angestiegen und produziert zeitweise Peaks, die ob der Explosionsstärke nicht erstaunen.

Wenn man ihn anschaut, den bisher so strammen, starken Vulkan, dann macht er heute einen schwächlichen Eindruck, wie ein alter Mann, der zwischendurch mit lautem Schimpfen auf sich aufmerksam machen will. Aber wir wissen es, ihm ist nicht zu trauen. Das kann auch Verkleidung sein.

Donnerstag 2. Dezember

Vulkaninformation am Donnerstagmorgen

10:15 *** Ein großer Steinschlag versperrte heute Morgen am Roque de los Muchachos den Zugang aus Sta. Cruz.***

Das Biest hat uns heute wieder früh aus dem Schlaf gerissen. Ein Beben mit mbLg 4,2 in 11 km Tiefe hat um 5:15 Uhr den Schlaf für viele vorerst beendet. Es wurde auf der Mercalli-Skala mit IV bewertet. Der Passat hat in El Paso seit gestern Abend auch zugelegt und weht nun mit bis zu 35 km/h. Zum Glück haben sich die Explosionen wieder abgeschwächt. Einen Moment wussten wir vor lauter

Geräuschkulisse nicht mehr ob Beben, Explosion oder Wind die Ursache war. Ich glaube, ich brauche nach der Eruption eine Psychotherapie. Schon wenn jemand die Haustür öffnet, vermute ich ein Erdbeben und ich bin offensichtlich nicht der einzige. Vor der Eruption hatte ich ein einziges Erdbeben erlebt. Nun kann ich sie nicht mehr zählen.

Auch heute werden keine nennenswerten Deformationen an den Messstationen gemeldet und der SO_2-Ausstoß ist gemäß den Satellitenmessungen weiter zurück gegangen. Diese maßen am 30.11. etwa 1.400 t SO_2/Tag. Die Messungen von PEVOLCA /IGN, welche letzte Woche nur noch Bereiche von 1.000 - 29.999 t/Tag angaben, sind einfach nicht mehr zu gebrauchen.

Die gesamte Erdbebenserie hat sich nun in die obere Magmakammer verlagert, wie man im Vergleich in der Abb. 7.1 (S.311) sehen kann.

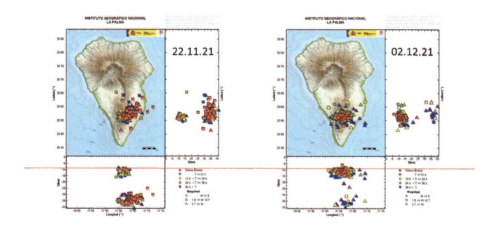

Abb. 7.1. Bebenkarten im Vergleich

Der Zugang in die evakuierten Gebiete scheint im Moment möglich zu sein. Es muss nach wie vor das Formular ausgefüllt werden.

OndaCero meldete einen Systemwechsel auf QR-Code für das Mobiltelefon. Dazu habe ich aber noch nichts weiteres gefunden. Für den Zugang über das Meer muss ein anderes Formular ausgefüllt werden.

Freitag 3. Dezember

Vulkaninformation Freitagmorgen

9:30 Nach einem heftigen Erdstoß gestern Abend um 21:11 Uhr mit mbLg 4,2 in 11 km Tiefe, haben sich keine Beben mehr ereignet, die von der Bevölkerung verspürt wurden. Der Vulkan zeigt sich heute Morgen schlapp. Die unteren Schlote an der Nordflanke sind praktisch versiegt und es scheint, dass die Restaktivität nach Südosten verlagert wurde. Die untere Magmakammer produziert seit drei Tagen kaum mehr Beben und in der oberen Kammer hat sich die Ausdehnung der Beben deutlich vermindert. Auch die freigegebene Energie hat deutlich abgenommen. Da müsste man eigentlich meinen, jetzt ist das Ende nah. Leider zeigen andere Parameter, dass immer noch Druck im System ist, welcher derzeit nicht über den Vulkan abgebaut wird. Die LP03 Jedey hat sich seit gestern wieder um 8 cm angehoben und auch die LP04 Casas El Charco zeigt eine Deformation um 2 cm nach Osten hin, eine Bewegung, die erst einmal seit der Eruption stattgefunden hat. Manchmal werden diese Daten nachträglich korrigiert. Im Moment zeigen sie einfach, dass wir uns nicht zu früh freuen sollten, denn auch die Messungen des SO_2-Ausstoßes über Satellit sind erstmals seit Ende September wieder angestiegen.

Information am Freitagabend

17:50 Heute einige Zusatzinformationen: Das Wochenende wird ein langes, am Montag ist Feiertag. Es werden sehr viele Vulkantouristen erwartet. Wie ich bereits an der Calle San Nicolas erfahren habe, scheren die sich ob des Anblicks eines Vulkans kaum um Sicherheit, tragen vielfach schwarze Kleider und stellen schwarze Dreibeine auf den schwarzen Asphalt. Speziell in Bereichen, wo Touristenansammlungen erwartet werden, wie Echedey / San Nicolas, Aussichtspunkte Tajuya und El Time, muss mit äußerster Vorsicht gefahren werden!

Diebstahl
Auf Teneriffa hat einer drei Container mit Hilfsgütern für La Palma entwendet. Er gab an, den Transport nach La Palma zu organisieren, hat das aber nie getan. Er wurde verhaftet. Teile der Güter wurden bereits über einen Second-Hand-Laden weiter verkauft. Die Presse scheint nicht sehr erfreut über den Fall. Sie nannten den vollen Namen des „mutmaßlichen" Täters. Es muss aber er sein, die Beweise sind erdrückend. Der Mann führt schon länger ein „Hilfswerk" und seine Aktivitäten werden jetzt auch zurückverfolgt.

Calima
Morgen, Samstag, erwarten wir etwas Calima. Die Luftqualität kann deshalb in Bezug auf PM10-Partikel noch schlechter werden.

Vulkaninformation
Ein alter Schlund wurde auf der Südostseite aktiviert. Die Lava floss heute Nachmittag während der Pressekonferenz noch über alte Coladen. Der aktuelle Stand ist nicht bekannt. Im Norden wurde die Cra. Tacande noch weiter verschüttet, wahrscheinlich ist der Wasserspeicher für El Paraíso und Corazoncillo, welcher direkt bei der Hochspannungsleitung stand, nun auch weg. Die Seismizität ist gleichbleibend, stärkstes Beben war das mbLg 4,2 um 21:11 Uhr in einer Tiefe von 11 km gestern Abend. Der Tremor ist im Mittelfeld mit recht starken Variationen.

Die Anzahl zerstörter Wohnhäuser beträgt nun 1.250, auch 70,3 km Straßen wurden zerstört. Der von Lava überdeckte Bereich hat eine Fläche von 1.144 ha angenommen.

Der Vulkan verlangt viel von uns, auch Geduld. Wir tun gut daran, diese zu haben, denn laufende Frustration wegen falschen Hoffnungen zerrt extrem.

Samstag 4. Dezember

Vulkaninformationen Samstagmorgen

09:55 Die gestern gemeldete Deformation bei der Messstation Jedey LP03 hat sich bereits wieder in das seit Eruption etablierte Band zurückgebildet. Das war eigentlich zu erwarten, denn der Rückgang der Seismizität deutete eine Beruhigung an. In der Tat ist die Anzahl

7. Blog: Dezember 2021

Abb. 7.2. Der Vulkan am 4. Dezember

und auch Intensität der Beben deutlich zurückgegangen und sie konzentrieren sich mit ein paar Ausnahmen immer noch auf die obere Magmakammer. Es fällt auch auf, dass die Beben in der Mitte dieser stattfinden. Wie gestern ist der SO-Kamin immer noch aktiv. Auf der Nordseite sieht man einige Felder von abgelagertem elementarem Schwefel. Dieser kann bei tieferen Temperaturen und Feuchtigkeit entstehen. Aus dem tiefen Kamin, aus welchem vor paar Tagen noch viel Lava in die Region der Colada #8 und die Mitte floss, fließt nur noch wenig Material, das dann aber offensichtlich in Lavakanälen unterirdisch weiterfließt. Die Aktivität findet im Süden des Konus statt und ist von Tacande aus nicht einsehbar. Das Video des Cabildo, welches etwas Klärung bringt, ist noch nicht publiziert worden.

Ist das der Anfang vom Ende? Wir tun gut daran, nicht zu früh zu feiern. Böse Zungen auf La Palma sagen auch, der „Cabrón" würde nur über das Wochenende ruhig sein, um die vielen angereisten Vulkantouristen zu ärgern.

Das Azorenhoch ist immer noch aktiv und bringt uns generell kühlere und feuchte Luftmassen aus Nordosten und mit zunehmender Höhe Ostwind und etwas Calima, Sand aus der Sahara. Der Wind bläst heute immer noch stark aus Nordost und mit zunehmender Höhe aus Ost. Die Brisa wird zumindest in El Paso den ganzen Tag über wehen. Die Temperatur der Luft nimmt mit zunehmender Höhe rasch ab, was die Durchmischung fördert. Die am Morgen teilweise noch schlechte Luftqualität in Los Llanos wird sich gegen Mittag schnell bessern. Im Osten und Nordosten sind Niederschläge möglich. Die Feuchtigkeit kann mit dem Wind auch über die Cumbre in den Westen getragen werden.

Vulkaninformation Samstagnachmittag

17:15 Heute Mittag muss sich im Gebiet irgendwo oberhalb Corazoncillo ein neuer Kamin aufgemacht haben. Nach langem Suchen habe ich mehrere Videos gefunden die das bestätigen. Es fließt viel und extrem flüssige Lava aus. Der neue Kamin scheint sehr weit unten zu liegen, im Bereich von 600 m (muss bestätigt werden) und hat deshalb das Potenzial sehr viel Material nachzuliefern. Das große Problem liegt darin, dass erneut Gebiet betroffen ist, welches bisher verschont war. Leider sind die Informationen von offizieller Stelle im Moment spärlich. Obschon die Lava bereits um 13:15 Uhr die Hauptstraße beim Camino de Marta überfloss, wurde in der Pressekonferenz kein Wort dazu verloren. Die einzige, die ein Drohnenvideo publizierten, ist die Gemeinde El Paso Abb.7.3 (S.317).

Dies ist eine weitere wahrhafte Katastrophe für das Gebiet Las Norias und die Stille von offizieller Seite ist extrem störend.

Sonntag 5. Dezember

Vulkaninformation Sonntagmorgen

09:30 Es gibt eine breite Diskussion darüber, ob sich ein neuer Kamin geöffnet hat oder ob gestern in Las Manchas einfach eine bestehende Lavaröhre geplatzt sei. Diese Diskussion ist im Kommunikationsvakuum entstanden, welches von der Direktion der PEVOLCA gepflegt wird. Gestern war ich von einem neuen Kamin überzeugt, die INVOLCAN hat dies in einem Tweet auch bestätigt (QR-Code S.357). Heute Morgen bin ich nicht mehr so überzeugt, denn der „Schlot" liegt nördlicher, als ich gestern dachte. Warten wir die Wissenschaftler ab, die haben die Instrumente, um das aufzulösen.

Die Diskussion ändert aber nichts daran, dass nun ein relativ schmaler, aber zerstörerischer Lavastrom in Richtung Las Norias fließt, in ein Gebiet mit sehr vielen Häusern, und nicht nur die Hausbesitzer bangen, was genau geschieht. Private Drohnenflüge wurden verboten. Die PEVOLCA hat damit die Verantwortung übernommen, zeitnah und ehrlich zu informieren, und sollte nun auch abliefern. Das macht sie aber mit der Gemächlichkeit einer Verwaltung, nicht der einer Notfallorganisation.

Die Seismizität ist nach wie vor gering. Sie hat den tiefsten Stand seit Anfang Oktober erreicht. Auch der Tremor ist tief und regelmäßig. Der Vulkan stößt heute neben der Lava, die von Nord aus nicht sichtbar ist, hauptsächlich weißen Rauch aus. Ein Zeichen dafür, dass Wasser in das System gelangte. Es kann also auch wieder lauter werden, denn Wasser fördert die Explosivität. Deformationen wurden heute keine gemessen und der starke Passat fördert die Luftqualität in den bewohnten Gebieten, kann aber die schlechte Luft bis nach Puerto Naos runter blasen.

Las Norias

12:32 TicomSoluciones hat zusammen mit dem Cabildo Bilder der Region Las Norias publiziert, mit welchen Sie sich einen örtlichen Überblick schaffen können.

Die Lava ist heute morgen zwischen den Restaurants Las Norias und Mariposa über die LP-213 geflossen und zerstörte weitere Häuser, darunter offensichtlich auch das bekannte Musicasa.

Vulkaninformation Sonntagabend

18:30 Der neue Lavafluss von gestern, welcher sich mit hoher Geschwindigkeit nach Westen bewegte und leider wieder viele Häuser, Plantagen und Land unter sich begrub, scheint sich nun mit der Colada #9 (die südlichste) verbunden zu haben.

Es gab heute auf Twitter hitzige Diskussionen, ob sich nun neue Schlunde (Fissuren) aufmachten, welche die Lava ausfließen ließen,

oder ob nur Lavaröhren gebrochen sind. Ich halte mich an den genauen Wortlaut in der Pressekonferenz von heute und da ist klar von Fissuren die Rede, also von neuen Kaminen, die sich aufmachten. Im Bericht steht „...ayer al mediodía se abrieron varios Centros de emisión asociadas a fisuras E-O de Montaña de Cogote."
Der Vulkan selbst scheint von Nord her eher weniger aktiv. Heute lärmte er ab und zu, aber das waren wahrscheinlich wieder Explosionen aufgrund von Wasser, welches eindrang. Der weiße Rauch hat auf jeden Fall den ganzen Tag über angehalten. Es wurden nun 1.250 zerstörte Wohnhäuser gemeldet (+8) und 126 sind in Gefahr. Die neuen Zahlen werden ernüchternd sein, leider!

Mit dem Calima und den starken Wind zusammen sind die Grenzwerte für PM10-Partikel fast überall überschritten worden. Das Tragen von FFP2 Masken wird sehr empfohlen. Ein Wetterbericht folgt morgen. Habe das heute nicht mehr geschafft.

Abb. 7.3. Lavafluß 4.12.

Abb. 7.4. Las Norias

7.1. - Woche 12 (6. - 12. Dezember)

Montag 6. Dezember

Information

11:27 In der Zwischenzeit sind so viele Informationen für alle über das Internet verfügbar, dass ich mich nun etwas zurücknehmen und etwas weniger häufig schreiben werde. Ich melde mich am Morgen, wenn etwas Spezielles passiert, sonst warte ich die Pressekonferenz ab und berichte dann. Sonst wird das Ganze unfreiwillig zum Ganztagsjob.

Die gestrige Information über Fissuren hat einen riesigen Wirbel ausgelöst. Ich halte mich an die offizielle Information des wissenschaftlichen Komitees, in welchem klar von Fissuren die Rede ist. Ob das eine falsche Verwendung des Wortes war und es doch nur Lavaröhren sind, das kann ich nicht beantworten, wahrscheinlich auch die hunderte von Möchtegern-Vulkanologen nicht. Ich hoffe, dass das Thema heute in der Pressekonferenz geklärt wird, hoffen kann man ja. Der Unterschied ist wichtig. Wenn es sich um Fissuren handelt, dann hat Magma unterirdisch einen neuen Weg beschritten und ist an der Fissur erstmals ausgetreten. Handelt es sich um Lavaröhren, dann stammt das Material aus einem Schlot des eigentlichen Vulkans und fließt unterirdisch weiter, bis es irgendwo austritt.

Vulkaninformation Montag

14:35 Der Vulkan produziert heute wenig Asche, dafür viel weißen Rauch, was wieder auf Wassereinfall hinweist. Auch ist er deutlich lauter als gestern. An der Spitze des Konus hat sich ein Riss gebildet, welcher von der Shell-Tankstelle in El Paso, nicht aber von Tacande aus sichtbar ist. Dieser Riss befindet sich am sekundären Kamin zusammen mit anderen Rissen. Wenn der Konus instabil wird, so würde das Material in den Krater fallen, wurde in der Pressekonferenz erklärt. Die Seismizität ist nach wie vor tief, sie konzentriert sich immer noch auf die obere Magmakammer, obschon sich heute auch zwei Beben in der unteren Kammer ereignet haben. Es wurden keine Deformationen festgestellt. Das stärkste Beben in den letzten 24 Stunden war ein mbLg 3,9 gestern um 23:57 Uhr in einer Tiefe von 14 km. Es wurde von der Bevölkerung mit II - IV auf der Mercalli-Skala bewertet. Der SO_2-Ausstoß wird vom wissenschaftlichen Komitee nach wie vor als hoch angegeben und auch die CO_2-Werte des gesamten Cumbre Vieja Komplexes sind noch 6,1 x über Normalwert.

Die Lava fließt über Lavaröhren fast unsichtbar weiter, haupt-

7.1. - Woche 12 (6. - 12. Dezember)

sächlich in die Mitte der Colada #6. Die neue Colada im Süden wo gestern viel Lava bei der Colada #11 westlich des Friedhofs ausfloss, hat die Steilküste erreicht und fällt südlich an die Colada #9 angelehnt über die Steilküste runter. Nach Angaben von Direktor Morcuende hat sie weniger Potenz als gestern.

Die in der Presse entstandene Polemik um die Fissuren bei der Montaña Cogote wurde weder von Carmen López (IGN) noch von Morcuende (PEVOLCA) angesprochen. Fragen von Journalisten gab es keine.

Wetterbericht

Dienstag 7. Dezember

Das bisher sehr aktive Azorenhoch verschiebt seinen Kern nach Nordwesten und entfernt sich so von den Kanaren. Der Wind schwächt sich deshalb ab. Er weht auf Meereshöhe noch mit 18 kn aus Nordost, auf 1.500 m nur noch mit 9 kn aus Ost. Die Brisa wird in El Paso langsam einschlafen. Auch in der Höhe weht kein starker Wind, auf dem Muchacho sind nur 4 kn vorausgesagt. Hohe Wolkenfelder werden die Sonne die meiste Zeit verdecken. Im Nordosten wird feuchte Luft die Hänge hochgeschoben, es kann deshalb regnen. Auch im Westen ist am Mittag etwas Niederschlag möglich.

Anders als in den letzten Tagen werden Asche und Gase, die der Vulkan produziert, nicht einfach nach SW verblasen, sie können nun wieder länger vertikal hochsteigen. Die Inversion beginnt ab 1.000 m, je nach deren Ausprägung könnte das gut für die Luftqualität sein, da die Gase über die Inversion steigen.

Mittwoch 8. Dezember

Das Azorenhoch ist wieder zurück bei den Azoren und der Passatwind wieder bei uns. Auf Meereshöhe weht er mit 23 kn und auch über die Cumbre Nueva bläst er bereits am Mittag mit 12 kn. In El Paso kommt spätestens im Verlauf des Nachmittags wieder die Brisa auf. Die Inversion befindet sich auf 1.000 m. Das Valle scheint gut belüftet zu werden und Probleme mit Gaswerten wird es - je nach Menge, die der Vulkan produziert - kaum geben.

Donnerstag 9. Dezember
In der Nacht auf Donnerstag nehmen die Windwerte laufend zu. Am Morgen überzieht eine Front die Insel von Nordwest und es kann überall regnen, speziell aber im Osten und Nordosten. Die Inversion ist auf 1.500 m, die Luft von 1.000-1.500 m sehr feucht und es wird deshalb vielerorts auf 1.000 m eine Stratuswolke entstehen. In El Paso scheint noch am ehesten die Sonne, da der Wind die Wolken wegschieben kann. Das Valle und auch Puerto Naos werden bei solcher Wetterlage gut belüftet. In Puerto Naos könnte ein Nordwind aufkommen.

Freitag 10. Dezember
Das Azorenhoch hat sich noch weiter verstärkt. Der Wind erreicht am Freitagmittag mit über 30 kn auf Meereshöhe und knapp 30 kn auf 1.500 m das Maximum. In El Paso bläst eine starke Brisa, welche bis zum Meer runterfallen kann. Die Inversion befindet sich auf 1.000 m. Der Wind weht in allen Höhenlagen so stark, dass die Durchlüftung im Tag gut sein wird und kaum Probleme mit Luftqualität auftreten werden.

Samstag 11. Dezember
Am Samstag weht auf Meereshöhe immer noch starker Nordostwind mit 24 kn. Er dreht dann auf Höhe der Cumbre Nueva auf 17 kn SO und auch auf dem Muchacho wird SO vorausgesagt. Diese Windlage ist schlecht für das Valle. Falls Gase und Asche produziert werden, gelangen diese wieder nach El Paso und Los Llanos. Diese Windlage soll nur am Nachmittag anhalten, bis 21 Uhr sollte wieder Nordostwind wehen.

Sonntag 12. Dezember
Der Luftdruck im Azorenhoch ist gesunken, es verliert etwas an Energie, hat sich nach Nordost verschoben und damit einhergehend nimmt auch die Windstärke ab. Der Wind weht am Samstag auf Meereshöhe mit 14 kn, auf Höhe der Cumbre Nueva hat er auf Ost gedreht und weht nur noch sehr schwach. Auch auf Höhe Muchacho weht kaum Wind. Die Luft ist zwischen 1.000 m und 2.000 m isotherm geschichtet. Asche und Gase, die der Vulkan produziert, werden wieder vertikal aufsteigen können und sich radial ausbreiten. Wenn der Vulkan wieder viel Asche produziert, sind Probleme am Flughafen möglich.

7.1. - Woche 12 (6. - 12. Dezember)

> ***Montag 13. Dezember***
> Das Azorenhoch nimmt eine flache Form an, auf den Kanaren kommt ab 1.000 m eine Südwestlage auf. Auf Meereshöhe bläst noch 14 kn Nordost-Passat, auf 1.000 m hat der Wind bereits auf 8 kn SW gedreht. Auch mit zunehmender Höhe weht eher schwacher SW-Wind. Dieser hat das Potenzial Asche und Gase wieder in Richtung Sta. Cruz zu transportieren und eventuell auch den Flugbetrieb zu beeinträchtigen.

Dienstag 7. Dezember

Luft und Asche

08:53 Schwacher Wind, dazu leicht aus SO, und schon haben wir, die nahe am Kegel wohnen, wieder die Bescherung. Einmal mehr Ascheregen. Heute Morgen nur eine schwache Schicht, aber es ist einmal mehr alles schwarz. Das bleibt leider im Valle bis zum Sonnenuntergang so. Erst dann soll die Windrichtung auf der kritischen Höhe wieder nach Ost und später Nordost drehen.

Die Luftqualität ist in einigen Regionen, speziell auch in Los Llanos, im Moment schlecht. Die Luft unter der Inversion, welche sich auf rund 1.000 m befindet, ist instabil und mit wenig Wärmestrahlung von der Sonne wird sie sich ab 11 Uhr aufmischen und die Luftqualität verbessern.

Informationen zur Luftqualität beim Cabildo La Palma und auch bei MITECO (QR-Code S.358).

Wasser im Vulkan

Auch heute sind die Wolken aus dem Vulkan weiß, was erneut auf Wasser hindeutet. Viele wundern sich, wo denn das Wasser im Vulkan herkommt. Ich habe da ein bisschen Recherche betrieben. In der Tat sind die Vorgänge in einem Vulkan hochkomplex und die Vulkanologen unter meinen Lesern werden wahrscheinlich sagen, dass man das Ganze nicht so vereinfachen kann. Ich versuche es trotzdem.

Es ist schwer, sich die unglaublichen Druckverhältnisse vorzustellen, die bereits in „unserer" oberen Magmakammer in einer Tiefe von rund 15 km herrschen. Eine Gesteinssäule von mehr als 15 km (die Tiefe der Kammer wird unter Meeresspiegel gerechnet) drückt darauf und das mit fast 3 Tonnen Gewicht pro m^3. Das heißt, in einer Tiefe von 15 km sind 15 km Gestein darüber, die runterdrücken, oder pro m^2 15.000 m*3 t = 45.000 t auf einem Quadratmeter. Das entspricht einem Druck von 4.400 bar. Bei einer Metallwasserleitung liegt der maximal zulässige Druck meist bei 10 bar, etwas darüber knallt es.

In großer Tiefe ist das Gestein sehr heiß, meist nicht flüssig, aber an einigen Stellen nahe seines Schmelzbereichs. Gelangt nun z.B. Meereswasser in dieses Gestein, dann sinkt der Schmelzbereich und es kann sich partiell verflüssigen.

Diese Gesteinsschmelze, mit Wasser angereichert, ist nun leichter als das solide Gestein in dessen Umgebung und drückt aus diesem Grund nach oben. Ähnlich eines Heißluftballons, dessen Luft auch leichter als die Umgebungsluft ist. Beim Aufsteigen dieses mit Wasser angereicherten Magmas sinkt der Druck, denn mit dem Aufstieg verringert sich dieser wieder um rund 0,3 bar pro Meter.

Wird der Druck genügend klein, kann sich das Wasser (und weitere Gase wie CO_2) aus dem Magma befreien und ausgasen, ähnlich wie dem Öffnen einer geschüttelten Flasche Cola. Es kommt zu starken Ausdehnungen des Materials und zu explosiven Auswürfen am Vulkankegel.

Bei der Explosivität ist der Wassergehalt entscheidend, die Explosivität nimmt aber bei einem höheren Wassergehalt wieder ab, wie eine kürzliche publizierte Studie von Bachmann et al. der ETH Zürich ergab (QR-Code S.357). Demnach ist ein Vulkan mit 3,5 % Wasser in der Mama am explosivsten, bei 5,5 % Wasseranteil sinkt die Explosivität wieder, weil sich damit bereits in der Magmakammer Prozesse verändern.

Magma entsteht aber nicht nur durch partielles Schmelzen. Es kann auch durch „Mantel-Plumes" aufsteigen. Diese Plumes haben ihren Ursprung an der Grenze zwischen Erdkern und dem Erdmantel.

7.1. - Woche 12 (6. - 12. Dezember)

Vulkaninformation Dienstagabend

18:25 Der Vulkan war heute ruhiger, aber in El Paso ist wieder Asche gefallen und zwar die ganz feine, schwere. Da am Donnerstag eventuell Regen kommt (sicher im Osten und Nordosten), müssen Dächer und Abflüsse bis morgen Abend wieder sauber sein. Die Luftqualität war heute den ganzen Tag über variabel, in Los Llanos zeitweise eher schlecht. Heute Nachmittag um 13:29 Uhr ereignete sich wieder ein Beben, welches ich auch spürte, mbLg 4,0 in 14 km Tiefe. Später um 16:56 Uhr noch eines mit mbLg 3,6 in 12 km, von dem ich nichts mitbekam, das aber als III von der Bevölkerung verspürt wurde. Es ereigneten sich seit längerer Zeit wieder Beben in der unteren Magmakammer, aber insgesamt ist die Seismizität eher tief. Auch der Tremor ist tief und regelmäßig.

In Bezug auf Schwefeldioxid und Kohlendioxid sind noch keine guten Nachrichten zu vermelden. Beide Gase werden immer noch als hoch bezeichnet. Das SO_2 ist zwar seit langer Zeit am Zurückgehen, scheint aber nach Satellitenmessungen immer noch um die 1.000 t/Tag zu betragen. Der CO_2-Ausstoß des gesamten Cumbre Vieja Komplexes ist immer noch 6,5 x über Normalwert.

Die Lava, welche auf ihrem Weg wieder Häuser in Las Norias vernichtete, fließt über die Steilklippe in das südliche Delta.

Der Wind hat nun wieder leicht gedreht und in El Paso weht erneut Brisa die für bessere Luft sorgt.

Mittwoch 8. Dezember

Vulkaninformation Mittwochabend

18:30 Den ganzen Tag hat der Vulkan am Kegel mehr Wasserdampf ausgestoßen als was anderes. Es scheint, dass die Lava bereits seit ein paar Tagen den Kegel etwas weiter unten durch Lavaröhren verlässt, denn immer noch fließt viel sehr flüssige Lava über die Mitte des großen Feldes (Coladen #1 und #6) und dann hinunter zum südlichsten Spitz der Coladen. Dort sind heute wieder Massen hinunter zum alten Delta des San Juan geflossen. Am Vulkankegel sah man fast nichts. Dies führt mich wieder zur Diskussion um Lavaröhren und Fissuren. Eine Lavaröhre bildet sich unter Umständen unter der an der Oberfläche bereits erstarrten Lava. Dort ist die Gesteinsschmelze vor dem Auskühlen geschützt und kann weiter fließen. Wenn der Vulkan keine Lava mehr produziert, dann leeren sich diese Röhren und zurück bleibt eben so ein Tubo Volcanico. La Palma ist voll von solchen Systemen, die man mit Guide auch besuchen kann. Es ist gut möglich, dass die Lava am letzten Samstag bei der Montaña Cogote durch eine solche, in dem Fall prähistorische Lavaröhre floss, bevor sie als Fissur wieder zur Oberfläche gelangte.

In der Abb. 7.7 (S.327) sieht man, wie Lava aus der Montaña Cogote ausfloss. Diese scheint aber von der oberen Colada zu stammen und einfach durch einen Riss weitergeflossen zu sein. Bei dem Hauptschlund vom Samstag, wo entgaste, sehr flüssige Lava fast wie Wasser ausfloss, könnte es sich um ein ähnliches Phänomen gehandelt haben. Das wissenschaftliche Komitee will das nicht bestätigen, es will alles zuerst untersuchen. Diese südlichste Colada hat dann wieder 54 Häuser zerstört und wir stehen nun bei 1.304 zerstörten Wohnhäusern und gesamt 1.628 zerstörten Konstruktionen.

Die Seismizität ist nach wie vor tief, aber heute hat in der unteren Magmakammer nach einigen Tagen Ruhe wieder Bewegung eingesetzt. Deformationen gab es keine, die Messungen an den verschiedenen Stationen sind stabil. Das SO_2 wird als hoch angegeben, die Satellitenmessungen vom 5. Dez. zeigen aber einen Wert unter 1.000 t/Tag. Das CO_2 der gesamten Cumbre Vieja ist auch etwas tiefer, beträgt aber immer noch das 5,5-Fache des Normalwertes.

Für morgen ist ein gelber Wetteralarm ausgegeben worden. Es kommt starker Wind auf und auch das Meer wird sehr rau werden.

Donnerstag 9. Dezember

Vulkaninformation Donnerstagmorgen

10:05 Viele Parameter zeigen in die richtige Richtung. Das zarte Pflänzchen Hoffnung beginnt langsam zu keimen, aber ich kann es kaum genug oft sagen, ich traue dem Biest nicht.

Die Seismizität ist auf tiefem Niveau, keine Deformationen, aber auch die Aufhebung einer Evakuationszone lässt etwas Hoffnung aufkommen. Nicht eine riesige Zone, aber immerhin können einige

7.1. - Woche 12 (6. - 12. Dezember)

Abb. 7.5. Vulkan am 8.12.   **Abb. 7.6.** Bebenkarte 9.12.

Anwohner des Camino Nicolás Brito País (Cruz Chica Nord) ab heute wieder zurück in ihre Häuser.

Den Bescheid mit entsprechendem Plan finden Sie mit QR-Code auf S.357.

Vulkaninformation Donnerstagabend

18:20 Der starke Passat bläst die gesamte Gaswolke in Richtung Puerto Naos. Dann wird das Gas vom Passat, der auch auf Meereshöhe stark weht, in den Süden und Norden gesaugt. Das führt immer wieder zu schlechter bis sehr schlechter Luftqualität in den unteren Schichten des Valle, aber auch bis hoch nach Puntagorda. Der starke Passat und damit die Problematik werden auch morgen den ganzen Tag über anhalten. Auch wenn der Vulkan keine Lava mehr produziert, ist es gut möglich, dass die Ausgasungen noch lange anhalten und immer wieder zu Problemen der Luftqualität führen können, wurde heute in der Pressekonferenz erläutert.

7. Blog: Dezember 2021

Am Vulkankegel war heute nur selten Ascheproduktion zu sehen. Meist zeigte er nur Ausgasung. Die Lava fließt offensichtlich etwas tiefer aus dem Kegel, ist damit schon weitgehend ausgegast und nicht sehr sprudelnd. Sie fließt über Lavaröhren in die Mitte der großen Fläche und dann weiter am Südrand der Colada #3 zum südlichsten Delta am Meer und birgt im Moment keine Gefahr für weitere Häuser. Tremor und Seismizität sind tief und auch Deformationen hat man keine messen können. Das sind alles gute Zeichen, aber es ist weiterhin Geduld gefragt.

Freitag 10. Dezember
Vulkaninformation Freitagabend

17:15 Heute ereigneten sich mal wieder zwei Erdbeben, welche von der Bevölkerung verspürt wurden. Eines am Morgen in 39 km Tiefe mit mbLg 3,4 und eines um 11 Uhr in 10 km Tiefe mit mbLg 3,6. Gesamt sind aber die Erdbeben deutlich zurückgegangen und auch in der unteren Kammer ereigneten sich gerade mal zwei Beben. Die Lava fließt wie gestern über Lavaröhren und das gleiche Kanalsystem zur Colada #9 und dann zur Isla Baja, die sich in der Nähe des Leuchtturms bildete. Der Vulkan emittiert immer noch sehr viel Gas und war auch heute mehrheitlich weiß mit ab und zu Phasen der Ascheproduktion. Die Gaswolke wird auch heute mit sehr starken Passatwinden am Gelände nach unten geblasen und hat auch heute wieder dazu geführt, dass die Leute in Puerto Naos und Las Manchas ab 13 Uhr den Bereich wieder verlassen mussten. Dies führt auch zu Verzögerungen beim Bau der neuen Entlastungsstraße. Direktor Morcuende sagte, dass sie noch maximal 14 Arbeitstage benötigen würden. Das Cabildo hat immer noch 547 Personen in drei Hotels untergebracht, 8 Personen weniger als gestern.

Die Käufer der großen Landparzelle südlich von Jedey, auf welcher mal ein Golfplatz hätte entstehen sollen, geben nicht auf mit dem Projekt eines „neuen Todoque".
Ich persönlich finde das Projekt totalen Unsinn angesichts dessen, was wir im Moment gerade erleben, aber die Landbesitzer versuchen alles, um ihr Grundstück doch noch zu versilbern. Interessant auch die Interessen, es fällt auf, dass eltime.es periodisch darüber

7.1. - Woche 12 (6. - 12. Dezember)

Abb. 7.7. Lava Montaña Cogote

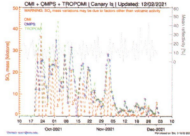

Abb. 7.8. SO_2-Verlauf

berichtet und elapuron.com das Projekt nicht erwähnt.
Und noch was ganz anderes: Heute Abend um 18:48 Uhr überfliegt die internationale Raumstation ISS wieder einmal die Kanaren und zwar von NW nach SO. Das ganze Spektakel dauert gute 6 Minuten.

Samstag 11. Dezember

Wetterprognose

Samstag 11. Dezember
Das Hochdruckgebiet hat seinen Kern zwischen den Azoren und Portugal. In den unteren Schichten bis etwa 1.200 m wird immer noch recht feuchte Luft nach La Palma verfrachtet. Es kann im Osten und Nordosten zeitweise regnen. Über 1.200 m dreht der Wind auf Ost und bringt trockene Luft afrikanischen Ursprungs zu uns. Es kann leichten Calima geben. Der Wind weht auf Meereshöhe mit 26 kn aus Nordost, dreht dann über 1.500 m auf Ost. Auf 1.000 m befindet sich eine Inversion. Die Brisa nimmt in El Paso im Tagesverlauf nur leicht ab. Asche und Gase werden in Richtung evakuierte Gebiete geblasen, kommen aber durch den Ostwind auch wieder nah an Los Llanos und Tazacorte. Wenn der Vulkan weiterhin viel SO_2 produziert, wird das Gebiet wahrscheinlich nicht, oder erst am Nachmittag zugänglich sein.

Sonntag 12. Dezember
Das Hochdruckgebiet hat sich aufgelöst. Der Passat hat auf Meereshöhe etwas abgenommen und weht noch mit 17 kn. Auf 1.500 m hat die Windrichtung wieder nach Nordost gedreht. Die Inversion steigt leider wieder auf 1.500 m an, das heißt über den Konus des Vulkans und darunter können sich die Gase wieder verteilen und in weiten Teilen des Westens zu zeitweise schlechter Luft führen, falls Asche produziert wird, dann wird diese aber weitgehend über evakuiertes Gebiet fallen. Die Luft ist immer noch feucht und es bildet sich wahrscheinlich auf 1.000 m eine verbreitete Stratuswolke.

Montag 13. Dezember
Über die Azoren ist eine Front gezogen, bei uns kommt etwas trockenere Luft an. Der Wind nimmt noch einmal leicht ab und weht auf Meereshöhe um 15 kn aus Nordost, auf 1.500 m nur noch mit deren 7 kn und auch auf der Höhe des Muchacho weht nur ein schwacher Ostwind. Die Inversion sinkt wahrscheinlich auf 900 m ab. Diese Konstellation ist gut für die Luftqualität, aber schlecht für die Ascheverteilung, da diese wiederum weit hochsteigen kann, sich dabei radial ausdehnen und auch auf der Ostseite ankommen kann. Nur wenn viel Asche produziert wird, könnte es zu Problemen am Flughafen kommen.

Dienstag 14. Dezember
Es hat sich ein erneutes Azorenhoch gebildet. Die Front steht über Madeira und kommt langsam voran. In der Höhe hat sich Kaltluft abgeschnürt und einen Kaltlufttropfen (Höhentief) gebildet. Diese folgen meist dem Wind am Boden, sind aber sehr schwierig zu prognostizieren. Dieses Tief bringt im Norden und Nordwesten im Tagesverlauf viel Bewölkung und auch etwas Regen. Der Wind weht immer noch recht schwach in allen Höhenlagen. Im Bereich bis 1.000 m aus Nordost, darüber aus Nord. Die Inversion steht immer noch auf rund 900 m, was eher gut für die Luftqualität ist, der aber recht schwache Passat auf Meereshöhe von 9 kn kann das Valle dann doch nicht sehr gut belüften. Steigt die Asche über 2.000 m hoch, wird sie in Richtung Mazo und zum Flughafen geblasen.

7.1. - Woche 12 (6. - 12. Dezember)

Mittwoch 15. Dezember
Die Wettermodelle weichen stark voneinander ab. Das ECMWF prognostiziert ein lokales Tiefdruckgebiet über Madeira, das GFS sieht dieses deutlich nördlicher und schwächer. Je nach Position hat dies einen großen Einfluss auf die Windrichtung. Gemäß ECMWF wird diese auf 1.500 m NW sein, was dann zu Problemen am Flughafen führen kann, nach GFS eher Nord, dann kämen wir mit einem blauen Auge davon. Je nach Ascheproduktion wird der Mittwoch nicht der beste Tag für Flugreisen.

Donnerstag 16. Dezember
Das Höhentief beginnt sich aufzulösen. Der Wind schwächt sich nochmal ab und weht auf Meereshöhe mit nur noch 4 kn aus NW und auch in der Höhe bis zum Muchacho weht kaum Wind, leichte Nordtendenz. Die Inversion ist auf 1.500 m angestiegen. In dieser Konstellation können produzierte Asche und Gase auch wieder aufsteigen und sich auf der Insel verteilen. Schwach windige Lagen sind mit dem Vulkan ein Risiko für den normalen Betrieb des Flughafens.

Freitag 12. Dezember
Über die Azoren zieht ein weiteres Herbst-Tiefdruckgebiet. Dieses hat das Potenzial uns ab Sonntag 19. Dezember eine Regenfront aus SW zu bringen. Am Freitag ist es schwach windig um die 5 kn mit leichter Südtendenz. Die Luft ist eher trocken, die Inversion auf 1.000 m. Produziert der Vulkan auch am Freitag noch Asche und Gase, werden die wiederum fast vertikal aufsteigen können, um dann langsam nach Norden zu driften.

Vulkaninformation Samstagabend

16:58 Es gibt gegenüber gestern nicht viel zu berichten. Der Vulkan gast immer noch stark aus und hat einen großen Wasseranteil, das sieht man daran, dass die Wolke sehr weiß ist. Deformationen wurden keine gemessen und auch die Seismizität ist gering. Aber SO_2 und CO_2 sind immer noch sehr hoch. Die CO_2-Produktion des gesamten Cumbre Vieja Komplexes beträgt noch immer das 6,8-Fache des Normalwertes. Der Tremor ist zwar tief und regelmäßig, in der Abb.

7. Blog: Dezember 2021

7.9 (S.330) habe ich links eine von La Palma ohne Tremor und rechts die von gestern hineinkopiert. Es muss so aussehen wie links und bevor die Gase und der Tremor nicht weg sind, kann man nicht von einem Aufhören der Eruption sprechen. Das hat uns heute wieder María José Blanco, die Direktorin des wissenschaftlichen Komitees, bestätigt.

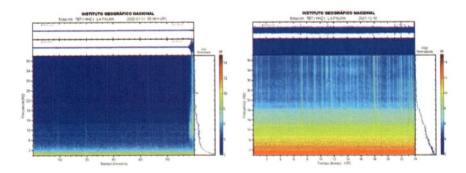

Abb. 7.9. Tremorvergleich 2020 zu 2021

Morgen sind es dann 84 Tage, die Presse rechnete schon heute 84 Tage, aber der erste Geburtstag ist auch nicht an der Geburt, sondern wenn das erste Jahr vorbei ist. Somit ist auch der erste Tag am 20. September um 15:11 Uhr LT vorbei gewesen. Also morgen sind es 84 Tage, was heißt, dass diese Eruption nun die am längsten andauernde historische Eruption auf La Palma darstellt. Die mit 83 Tagen war die Eruption vom Vulkan Tajuya / Jedey, welche vom 19. Mai bis zum 10. August 1585 dauerte. Über die vorherigen Eruptionen gibt es keine Aufzeichnungen, sie sind also prähistorisch. Die längste Eruption der letzten 436 Jahre zu erleben, war wohl auf keiner Bingo-Karte von uns und ich hätte auch lieber den 6-er im Lotto genommen.

Wir müssen wohl oder übel damit leben und freuen uns jeden Tag, wenn das Biest wieder etwas mehr an Energie verliert, vielleicht könnte unser Schutzpatron, der San Miguel, mal seinen Speer in seine Seite rammen. Es wäre langsam Zeit: Auf ihn, San Miguel!

Sonntag 12. Dezember
Vulkaninformation Sonntagabend

18:15 Heute morgen habe ich noch gelästert, wir hätten ja mit dem Erzengel San Miguel einen Schutzheiligen mit einem Speer und der sollte endlich mal zur Arbeit gehen und den Vulkan bezwingen. Als der Vulkan dann am Mittag wieder laut wurde und Gas und Asche ausstieß, war mir mit meiner Blasphemie nicht mehr so wohl. Die Aschewolke ist auch kurzfristig bis auf rund 6.000 m aufgestiegen.

Der Tremor ist am Mittag stark angestiegen, das sieht man in der Abb. 7.10 (S.332). Dann war plötzlich Ruhe, als ob der Vulkan eingeschlafen wäre und nun reaktiviert er sich erneut und wird wieder laut. Man sieht auch bereits jetzt vor Sonnenuntergang, dass am SO-Kamin wieder Lava ausgestoßen wird. Beben gibt es nur noch wenige und diese konzentrieren sich wie in den letzten Tagen auf die obere Magmakammer. Auch Deformationen gibt es keine. Es scheint nach wie vor so, dass alles auf dem absteigenden Weg ist, aber sporadisches Aufbäumen immer wieder möglich ist.

Für die Pressekonferenz hatte ich heute keine Zeit. Ich versuche das morgen nachzuholen.

7.2. - Woche 13 (13. - 19. Dezember)
Montag 13. Dezember, Tag 85
Lock-Down El Paso / Los Llanos

09:40 Aufgrund extrem hoher Schwefeldioxidwerte in El Paso, Los Llanos und Tazacorte wurde die Alarmstufe zwei ausgelöst und ein sofortiger Lock-Down über die drei Ortschaften gelegt. Bleiben Sie zuhause, schließen Sie alle Türen und Fenster und warten Sie ab. Ich denke, dass sich die Situation mit Einsetzen der Thermik gegen 11 Uhr wieder verbessern kann. Der Wind bläst leider schwach.

12:05 Der Lock-Down für El Paso, Los Llanos und Tazacorte geht weiter. Heute morgen um 9 Uhr wurden in El Paso SO_2-Werte von

2.600 µg/m³ gemessen. Jetzt sinken diese Werte langsam und betragen noch 755 µg/m³, was immer noch als alarmierend eingestuft wird. Bleiben Sie daheim. FFP2 Masken schützen nicht, nur Gasmasken mit entsprechenden Filtern (grau/gelb).

Sobald die Situation aufgelöst wird, melde ich mich auf dem Blog wieder.

12:35 Die SO_2-Werte verbessern sich laufend, da die Thermik eingesetzt hat und nun frische Atlantikluft einmischt. In Los Llanos sind sie schon fast gut, in El Paso braucht es noch einen Moment. Es scheint aber so, dass in einer Stunde im Valle wieder normale Luftqualität vorherrscht. Der Lock-Down ist noch in Kraft.

Aufhebung Lock-Down

13:24 Der Lock-Down im Valle ist mit sofortiger Wirkung aufgehoben.

Vulkaninformation Montagabend

18:10 Er führt uns mal wieder an der Nase herum, der Vulkan. Nachdem er uns mit lautem Brummen die Nacht und dann mit schlechter Luft den Morgen versaut hat, war er etwas milder gestimmt und der Tremor hat deutlich abgenommen. Seit etwa 17:30 Uhr ein erneuter „Sinneswandel" der Tremor und auch die Lautstärke haben wieder deutlich zugenommen.

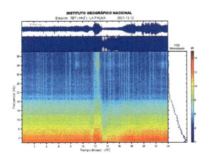

Abb. 7.10. Tremor 12. Dez.

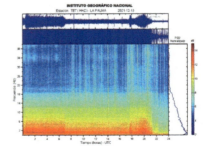

Abb. 7.11. Tremor 13. Dez.

Gestern Mittag war die Reaktivierung schon heftig und IGN berichtete, dass Lavabomben bis 500 m weg vom Krater geflogen sind. Das könnte die komischen dumpfen Geräusche erklären, die ich zwar hörte, aber keine Einschläge von Material sah. Der SO_2-Ausstoß wurde in der Pressekonferenz immer noch als hoch angegeben und der zweite Gasparameter, welcher kommuniziert wird, das CO_2 der gesamten Cumbre Vieja, ist mit 6,9 mal dem Normalwert immer noch hoch und nicht am Abnehmen. Die Lava fließt nun auf langen Strecken durch Vulkanröhren. Sie ist nach wie vor sehr heiß und auf Drohnenaufnahmen sieht man, dass sie sehr schnell fließt. Sie fließt mehrheitlich in der Mitte, Direktor Morcuende hat aber auch von einem Überlaufen (desborde) auf neues Gebiet bei Las Norias gesprochen. Leider wurden weder Bilder noch Videos publiziert. Die offiziellen Videos sind von gestern, Sonntag.

Dienstag 14. Dezember
Vulkaninformation Dienstagmorgen

08:15 Am gestrigen Tag wurde vom Vulkan noch einmal alles gegeben. Phasen der Ruhe lösten sich ab mit heftigen Explosionen, dann der Lock-Down infolge schlechter Luft und am Abend wieder Ascheregen in El Paso, sodass hier erneut alles von einer schwarzen, etwa 3 mm hohen Schicht bedeckt ist. Plötzlich etwas vor Mitternacht ist der Tremor auf einen Schlag verschwunden und heute Morgen zeigt sich der Vulkan erloschen. Kaum Gasproduktion. Er steht einfach da in seiner eindrücklichen Größe. Ist das nun das Ende? Auf jeden Fall sehen wir eine klare Veränderung, die wir während der ganzen Eruption nie sahen. Es war auch noch nie über 9 Stunden ruhig und der Tremor war durchgehend da. Aber von Ende würde ich noch nicht sprechen. Wenn nun in der nächsten Zeit die Gasemissionen, auch die des CO_2 der Cumbre Vieja, stetig abnehmen, sich keine Deformationen mehr bilden, dann würde ich nach einer Woche eine erste Flasche öffnen. Feiern vielleicht in drei Monaten. Ich traue dem Biest nicht, er hat uns bis gestern schon 85 Tage an der Nase herum geführt und es ist auch noch möglich, dass er sich nur erholt. Wir beobachten also weiter und lassen uns von den Wissenschaftlern, die sich damit doch besser auskennen, neue Informationen geben.

7. Blog: Dezember 2021

Flughafen

08:45 Der Flughafen von La Palma wird im Moment nicht angeflogen, die Maschine aus Madrid ist annulliert. Eine Wolke von Vulkanasche zieht sich bis nach Teneriffa und schließt auch La Gomera mit ein, Abb. 7.13 (S.334). Es wird Asche von 0 ft bis maximal 24.000 ft gemeldet, das sind bis rund 7.300 m AMSL.

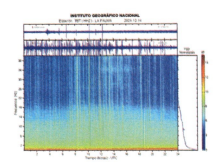

Abb. 7.12. Tremor 14. Dez. **Abb. 7.13.** Aschewolke 14.12.

Schwache Erdbeben

09:35 Viele sind erstaunt, warum jetzt plötzlich wieder schwache Erdbeben bis 2,0 auftauchen, die seit Beginn der Eruption nicht mehr gemessen wurden (rote Kreise in Abb. 7.17; S.343).

Die Antwort ist hierzu diesmal nicht so komplex. Das permanente Schwingen des vulkanischen Tremors, welcher durch das aufsteigende Magma verursacht wird, hat diese einfach überdeckt. Sie konnten infolge dieses stärkeren Signals weder gemessen noch lokalisiert werden.

Vulkaninformation Dienstagabend

19:10 Heute nur in Kurzform: Bin gerade aus dem evakuierten Gebiet zurückgekommen. Heute war der Vulkan den ganzen Tag über ruhig, nur aus Fumarolen ist etwas Rauch aufgestiegen. Auch die Erdbebenintensität und Frequenz haben drastisch abgenommen. Damit ist auch der Ausfluss von Lava sehr stark zurückgegangen.

7.2. - Woche 13 (13. - 19. Dezember)

Diese Lava floss über bereits betroffenes Gebiet im Zentrum und dann zur Colada #9, der südlichsten.

Die Gaskonzentrationen von Schwefeldioxid und Kohlendioxid sind immer noch sehr hoch. Die Cumbre Vieja stößt immer noch viel CO_2 aus, sogar noch mehr als vorgestern, nämlich das 7,9-Fache der Norm. Der kaum existente Tremor ist ein sehr gutes Zeichen, die immer noch hohen Gaswerte noch nicht. Es bleibt uns nicht viel mehr als abzuwarten ob sich alles weiter verbessert oder ob es eventuell zu einer erneuten Reaktivierung des Vulkans kommt.

Mittwoch 15. Dezember

Wetterstation

08:50 Auch in der letzten Nacht war der Tremor weg. Die zweite ruhige Nacht seit 19. September, kaum zu glauben.

Heute steht die Reparatur, Reinigung und Neuanbindung der Wetterstation in Puerto Naos auf dem Programm. Ich hoffe, dass das klappt, denn erstens bekommen die Bananenbauern wertvolle Informationen über die kommenden Regenfälle und zweitens sende ich so ein Zeichen des Wiederaufbaus in die Welt. Haltet die Daumen, die Reise wird wieder lang und es wäre schade, wenn etwas dann doch nicht klappen würde!

Vulkaninformation am Mittwochabend

17:45 Als erstes: Das Daumenhalten hat geklappt, die Wetterstation in Puerto Naos ist geputzt, gewartet und über ein Mobiltelefon wieder am Netz angeschlossen. Ich verstehe das auch als Zeichen für den Wiederaufbau. Hoffen wir mal, dass die Stromversorgung nicht einen Strich durch die Rechnung macht :-), die Anreise hat pro Weg fast 1:45 Stunden gedauert.

Der vulkanische Tremor ist nun den zweiten Tag sehr tief. Heute wurde an der Pressekonferenz erstmals ein Zeithorizont angegeben. Wenn der Tremor 10 Tage nicht mehr vorhanden sei, könne man die Eruption als beendet erklären, sagte die Direktorin, María José Blanco. Die 10 Tage fallen auf den 23./24. Dezember, das wäre doch ein schönes Weihnachtsgeschenk.

Dann ist aber der Zustand der „Emergencía" noch nicht vorbei. Auch wenn wir diese 10 Tage ohne Reaktivierung überstehen, werden einige Beschränkungen noch weiter andauern. Die Gebiete werden nur langsam wieder besiedelt werden können, als erstes wird man die Evakuationen nördlich der Colada aufheben. Im Süden braucht es eh noch Infrastrukturmaßnahmen, die Wasserversorgung ist in vielen Häusern noch nicht sichergestellt und der Zugang schwer, überall südlich der Coladen liegt noch massenweise Asche und auch die Zufahrt nach Puerto Naos über die Piste durch die Bananenplantagen, wo an vielen Stellen nicht gekreuzt werden kann, ist nicht zumutbar.

Donnerstag 16. Dezember
Vulkaninformation Donnerstag

09:05 So steht er heute Morgen vor meiner Haustüre. Mächtig, eindrucksvoll, aber nur noch schwer atmend. Etwas Rauch steigt aus ein paar Fumarolen auf. Alle Menschen, mit denen ich spreche, sind müde und es wäre wirklich für uns ein Geschenk, wenn es dabei bleibt und die Eruption an Weihnachten als beendet erklärt werden könnte. Der Wiederaufbau wird auch Kräfte kosten, dann aber mit Zuversicht und Hoffnung, nicht mit Unsicherheit und Angst. Die Eruption hat hier das Gegenteil der Pandemie bewirkt. Menschen gehen wieder aufeinander zu, es wird miteinander gesprochen, das Schicksal wird geteilt und es wird auch Anteil genommen. Jeden, der hier die drei Monate hautnah erlebte, hat es verändert.

Auch heute Morgen ist der Tremor tief und es erscheinen deshalb auch die ganz schwachen Beben auf der Karte. Es haben sich heute bisher 20 Beben ereignet, 10 davon hätte man infolge des Tremors gar nicht messen können. Gemäß der Vulkanologen werden die Beben auch ohne Reaktivierung noch anhalten. Die ganze Insel muss sich von der Eruption erholen und stabilisieren.

Die Luftqualität ist in Bezug auf Gase gut, aber der feine Staub, welcher beim letzten Aufbäumen noch ausgeworfen wurde, bereitet in einigen Gebieten Sorge. Diese Staubpartikel sind direkt beim Auswurf entstanden, also erst ein paar Tage alt. Sie sind nicht verwit-

7.2. - Woche 13 (13. - 19. Dezember)

Abb. 7.14. Der Vulkan am 16. Dezember 2021

tert und wenn man sie unter dem Mikroskop anschauen würde, sind sie messerscharf, dazu sehr klein. Der Staub ist zwar nicht giftig, kann aber Lungenzellen schädigen und auch zu Entzündungen führen. Deshalb ist es sinnvoll, draußen eine gut sitzende FFP2 Maske zu tragen und diese regelmäßig zu erneuern.

Wachstum des Kegels

09:50 Da ich den gesamten Vulkanausbruch von der ersten Minute beobachtet und fotografiert habe, fällt es nicht schwer vom selben Punkt aus Fotovergleiche anzustellen, Abb. 7.15 (S.338). Es ist gewaltig, was in den 85 Tagen gewachsen ist. Die Eruption ereignete sich auf 900 m über Meer, der Kegel misst heute 1.123 m und die Westflanke zieht sich bis auf 600 m runter, bevor sie sich dann in den Lavaflüssen verliert.

Abb. 7.15. Vergleich Eruptionstag zum 16. Dezember 2021

Vulkaninformation am Donnerstagmittag

10:55 Es bebt wieder mehr in der unteren Magmakammer, seit heute Morgen 06:30 Uhr haben sich bereits 19 Beben ereignet. Diese sind mehrheitlich unter mbLg 3,0. Ob das eine Reaktivierung des Vulkans ankündigt oder ob der nachlassende Druck zu solchen Beben führt, kann ich im Moment nicht beurteilen. Die für Druckaufbau empfindliche Station LP03 in Jedey zeigt gar keine Veränderungen. Es heißt einmal mehr, die Situation zu beobachten.

7.2. - Woche 13 (13. - 19. Dezember)

Vulkaninformation am Donnerstagabend

17:50 Die Pressekonferenz war kurz heute. Die Situation muss noch 9 Tage so anhalten, damit die Eruption als beendet bezeichnet wird. Es haben sich im Tagesverlauf wieder vermehrt Beben in der unteren Magmakammer ereignet. Die Cumbre Vieja produziert immer noch Unmengen an CO_2. Die Werte haben sich in den letzten Tagen sogar erhöht und entsprechen nun dem 9,3-Fachen des Basiswertes (gestern 9x, vorgestern 7,9x, Montag 6,9x). Der Tremor ist immer noch im nicht mehr feststellbaren Bereich. Die letzte Zählung ergibt nun die unglaubliche Zahl von 1.345 zerstörten Wohnhäusern. Kopernikus hat fast 3.000 zerstörte Objekte gezählt (Häuser, Pajeros, Pools, Tanks, Garagen etc.). Gesamthaft sind nun über 73 km Straße vernichtet worden.

Gleitschirmflugschule

Infolge der anhaltenden Luftraumsperrung wegen der Vulkaneruption und der damit einhergehenden Stornierung von Reservierungen mussten wir uns schweren Herzens entscheiden, in diesem Winterhalbjahr keine Weiterbildungskurse mehr anzubieten. Unser Guide-Service kann deshalb erst ab 1. November 2022 wieder gebucht werden.

Wie sich die Situation mit dem Tandemfliegen entwickelt, können wir auch noch nicht sagen. Javier López bleibt da dran und wir informieren, wenn dieser Geschäftsteil wieder die Arbeit aufnehmen kann.

Freitag 17. Dezember

Vulkaninformation am Freitagmorgen

10:25 Der Tremor ist nach wie vor nicht mehr vorhanden. In der Abb. 7.16 (S.340) habe ich den Ausbruch, das Tremorende, gestern und heute eingefügt und man sieht deutlich, dass der Tremor der Schwingungen von 2 - 6 Hz (rot) gänzlich verschwunden ist. In der Nacht auf heute haben auch die Erdbeben wieder deutlich abgenommen. Deformationen sind immer noch keine auszumachen. Das sind doch alles gute Zeichen. Trotzdem tun wir gut daran, den Count-

7. Blog: Dezember 2021

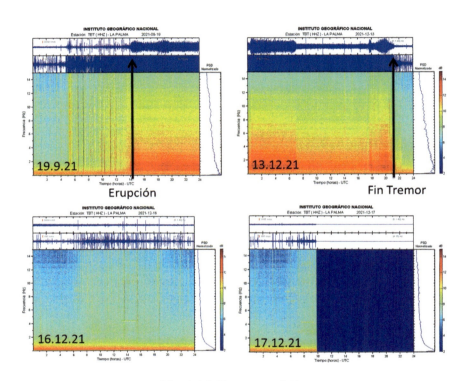

Abb. 7.16. Tremorentwicklung

down der PEVOLCA zu befolgen. Der San Juan ist zum Beispiel nach drei Tagen Ruhe noch einmal ausgebrochen. PEVOLCA hat 10 Tage Ruhe verordnet, bevor sie die Eruption als beendet erklärt. Heute Abend zählen wir die 6 an. Der Countdown wäre dann am 23.12. um 21 Uhr vorbei.

Definitiv erloschen?

19:45 Verschiedene Vulkanologen erklärten heute den Vulkan als erloschen. Die Wartezeit von 10 Tagen nach Ende des Tremors sei nur eine Bürokratie, sagte zum Beispiel der Vulkanologe Juan Carlos Carracedo. In der Tat haben auch heute den ganzen Tag über keine speziellen Ereignisse stattgefunden, welche einen Hinweis auf eine Aktivierung des Vulkans geben würden. Alles ist ruhig, nur an dessen Hang haben sich heute mehrere Male Dust Devils gebildet. Diese bilden sich, weil die Luft instabil geschichtet ist und der Vulkankonus und die Lavafelder noch sehr heiß sind.

Samstag 18. Dezember

Verschiedenes am Samstagmorgen

08:50 Alle Zeichen deuten darauf hin, dass der Vulkan erloschen ist. Die Vulkanologen haben Hinweise auf ein Aushärten des Magmas im Konus gefunden, die Beben sind in Anzahl und Intensität stark zurückgegangen. Dazu muss ich noch einmal erwähnen, dass vor Ende des Tremors am Montag 13. Dezember 22:21 Uhr keine Beben mit Stärke unter 2,0 angezeigt wurden, weil diese durch den Tremor überdeckt waren. Sowohl Vulkan als auch die großen Lavafelder sind immer noch am Ausgasen und heute Morgen stinkt es auch wieder in El Paso. Die Zufahrt in das evakuierte Gebiet ist möglich. Nur La Bombilla ist heute infolge derzeit hoher Gaswerte gesperrt. Man muss die Regeln beachten, heute Samstag ist wieder Las Manchas dran, Sonntag dann Puerto Naos und Montag ist Ruhetag.

Wasserversorgung

Mit Hochdruck wird an der Wasserversorgung gearbeitet. Um die Gebiete Las Manchas / Puerto Naos wieder zu versorgen, musste die Ringleitung aus dem Süden geschlossen werden. Dazu hat man

7. Blog: Dezember 2021

20 km Rohrleitungen verlegt. Die Trinkwasserversorgung wird über die beiden Sammelbecken in San Nicolas (Fatima) und Hoyo de Verdungo sichergestellt.

Wetter

Die Modelle sagen ab Sonntagabend Regen voraus. Ein Tiefdruckgebiet steht bereits über den Azoren und wird unser Wetter in den nächsten Tagen beeinflussen. Eine detailliertere Wetterprognose versuche ich später noch zu erarbeiten. Noch sind nicht alle Dächer geputzt, und das hat Vorrang.

Vulkaninformation am Samstagabend

16:55 Die Pressekonferenz war so kurz wie noch nie. Es fließe noch Lava, wurde erwähnt, diese aus den Lavaröhren in Richtung Delta Süd. Das ist ganz normal, es braucht noch einige Zeit, bis sich diese zum Teil mehrere Kilometer langen Röhren entleeren. Es wurde noch einmal erwähnt, dass die Gasmessungen am Konus darauf hinweisen, dass das Magma am Aushärten sei. Dieser Ausgasungsprozess findet auch immer noch über den Lavafeldern statt. In den Berichten des Wissenschaftsrates wird ab heute das SO_2 in kg/s ausgewiesen. Dieser Gasausstoß wird heute im Bereich von 0,5 - 4,9 Kilogramm pro Sekunde angegeben, was pro Tag 43 bis 423 Tonnen entsprechen würde. Warum auch immer so kompliziert? Der CO_2-Ausstoß des Cumbre Vieja Komplexes entspricht immer noch dem 8,9-Fachen des Normwertes (vorgestern 9,3x).

Die Bebenserie ist deutlich zurückgegangen. Sie sehen dies in der Abb. 7.18 (S.343), in welcher die roten Punkte Ereignisse der letzten 12 Stunden darstellen, die roten und gelben zusammen die der letzten 24 Stunden.

Sonntag 19. Dezember

Vulkan und weiteres

17:20 Nach 5 Jahren Bauzeit und einer Investition von 6 Millionen Euro ist das Besucherzentrum auf dem Roque de los Muchachos endlich eingeweiht worden. Es ist täglich von 10 - 16 Uhr geöffnet.

7.2. - Woche 13 (13. - 19. Dezember)

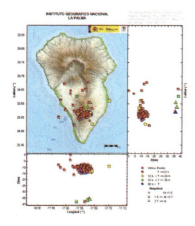 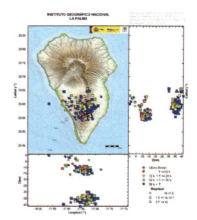

Abb. 7.17. Bebenkarte 14.12.   **Abb. 7.18.** Bebenkarte 18.12.

Einmal mehr wurde heute der Zugang nach El Remo, Puerto Naos und La Bombilla nicht erlaubt. Es seien zu hohe Gaswerte festgestellt worden. Leider wird immer darauf verzichtet, zu informieren, um welches Gas es sich handelt und welcher Wert gemessen wurde. Diese unbeholfene Strategie der Kommunikation hinterlässt bei den Palmeros Ärger und manch einer traut den Behörden einfach nicht mehr. Das ist insofern schlecht, als dass die Geschichte einfach frei nach Team A plötzlich wieder in die eigene Hand genommen wird.

Der Vulkan selbst zeigt immer noch Zeichen, dass er erloschen ist, aber der Wissenschaftsrat will noch 6 Tage zuwarten. Derweil sind alle Werte tief, mit Ausnahme des CO_2 der gesamten Cumbre Vieja, das immer noch dem 8,9-Fachen des Normwertes entspricht. Auch die Beben haben an Stärke und Anzahl noch einmal deutlich abgenommen. Weiter wurde gemeldet, dass es nun bereits seit 5 Tagen in den bewohnten Gebieten nicht mehr zu Überschreitungen der Luftqualität gekommen sei.

7.3. - Woche 14 (20. - 25. Dezember)

Montag 20. Dezember

Information zum Wochenbeginn

09:30 In der Nacht hat es etwas geregnet, in El Paso 1,2 l/m². Weitere Regenfälle sind in der Nacht auf morgen, Dienstag, angekündigt. Das schürt auch einige Ängste bei Anwohnern von La Laguna. Das gesamte Entwässerungssystem der Cumbre Vieja im Bereich Cabeza de Vaca ist von Lava bedeckt und der Regen wird sich oben am Vulkan nach Süden und Norden aufteilen. Die Bürgervereinigung von La Laguna hat sich darüber sehr besorgt gezeigt und hingewiesen, dass es nach der Eruption des San Juan im Winter danach zu starken Verwüstungen durch Regen gekommen sei. Konkret fragen sie auch welche Maßnahmen geplant sind, um Überschwemmungen im Zentrum von La Laguna zu vermeiden, welche Mittel eingesetzt werden und welche Zeiträume für die Umsetzung vorgesehen seien. In der Tat hat die PEVOLCA schon Ende November in einer Pressekonferenz auf die Problematik hingewiesen.
Auch im Süden ist noch lange nicht alles in Ordnung. Der Barranco de los Hombres ist voll Asche und wenn es zu Starkregen kommt, kann diese wie ein Lahar über die Klippe nach Puerto Naos gelangen und unter Umständen den Durchfluss unter dem Ort verstopfen.

Trotz all dieser Herausforderungen, die noch bevorstehen, dürfen wir nicht vergessen, dass das Biest vor einer Woche ruhig wurde. Letzten Montag um 21 Uhr ist der Tremor plötzlich und abrupt verstummt. Auch in der letzten Nacht gab es kaum mehr Erdbeben. Alle Zeichen gehen immer noch in eine gute Richtung und wir hoffen, dass der Vulkan an Weihnachten als erloschen deklariert werden kann.

Wieder Deformation

11:11 In dem Update von heute Morgen der verschiedenen GPS-Stationen wird wieder eine Anhebung des Geländes der Station Jedey 03 aufgezeichnet. Dort hat sich das Gelände um ca. 6 cm angehoben. Auch die Station in Fuencaliente, die LP01, zeigt eine vertikale Deformation. Die näher gelegene LP04, bei den Casas El Charco, hingegen nicht. Ob das eine Reaktivierung ankündigt, kann ich nicht sagen, es zeigt aber, dass sich im Kanal zwischen Vulkan und oberer Magmakammer Druck auf- und nicht abbaut. Hoffen wir, dass es sich um seinen letzten Atemzug handelt!

Entwarnung?

15:16 Die festgestellte Deformation der Station LP03 in Jedey, welche gestern Nachmittag begann, scheint am Zurückgehen zu sein. So äußerte sich Carmen López heute in der Pressekonferenz. Sie beruhigte auch und sagte, das sei innerhalb von vielen Parametern der einzige, welche im Moment in eine andere Richtung zeige. Solche „Ausreißer" habe man auch bei der Eruption in El Hierro festgestellt. Die zweite Station in Fuencaliente wurde gar nicht erwähnt. Es ist deshalb wahrscheinlich, dass es sich dabei um Fehlmessungen handelt. Dies kam bei dieser Station (LP01) schon einmal vor.

Dienstag 21. Dezember

Vulkaninformationen am Dienstagmorgen

10:10 Die gestern gemeldete vertikale Deformation bei der Station LP03 Jedey von +8 cm hat sich um 5 cm zurückgebildet und ist nur noch +3 cm über dem Wert vom letzten Sonntag. Druckauf- und Abbau geschieht jetzt offensichtlich im geschlossenen System und es wird wahrscheinlich nicht das letzte Mal sein, dass uns solche Deformationen erschrecken.

Die Werte der Station Fuencaliente LP01 sind heute auch wieder normal. Meine Annahme, dass dieser Anstieg völlig unplausibel war, hat sich bestätigt. Einmal mehr: Vor Einschalten des Panikmodus empfiehlt es sich, die Plausibilität der Information zu prüfen. Schade, dass solche Daten überhaupt unkommentiert der Öffentlichkeit zur Verfügung gestellt werden.

Heute Morgen ab 6 Uhr hat die Schwingungsfrequenz im Bereich 4-15 Hz wieder etwas zugenommen. Der vulkanische Tremor ist aber, wie die Abb. 7.19 (S.346) zeigt, immer noch auf der Basislinie. Auch solche Veränderungen werden wir in der nächsten Zeit wahrscheinlich vermehrt sehen.

7. Blog: Dezember 2021

Nach drei Monaten Vulkanausbruch sind wir alle ein bisschen am Limit und lassen uns schnell erschrecken. Dazu tummeln sich im Netz viele Trolle, die aus jeder Mücke einen Elefanten zimmern. Meist sitzen sie weit weg vom Geschehen und freuen sich daran, Panik zu verbreiten. Gerade in USA ist die Anzahl derjenigen, die am liebsten einen Tsunami sehen würden, groß. Lassen Sie sich nicht beirren. Wir halten uns am Besten an das, was Carmen López gestern sagte: „Es handelt sich innerhalb aller Parameter um einen einzigen Ausreißer". Damit hat sie das LP03-Ereignis in den Gesamtzusammenhang gestellt und relativiert.

Bevor wir Schlüsse ziehen, sollten wir alle Daten analysieren. Gleich einer Wetterprognose, wo nicht nur die Windrichtung beurteilt wird, sondern Stärke, Höhe und viele weitere Parameter.

Tremor

17:40 Die Abb. 7.20 hat auch schon wieder Leute erschreckt und einige Internet-„Experten" mit Youtube-Abschluss sehen schon wieder Magma in Bewegung. Da alle anderen Anzeichen fehlen, muss man sich überlegen, woher dieses Signal mit tiefer Frequenz noch herkommen könnte.

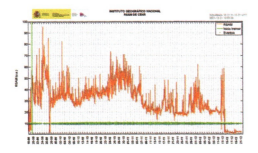
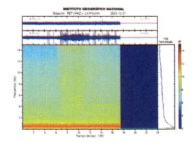

Abb. 7.19. Tremor hasta el 21.12.   **Abb. 7.20.** Tremor 21.12.

Eine mögliche Erklärung: Diese Station steht in der Caldera de Taburiente relativ nah am Fluss. In der Nacht hat es stark geregnet und es fließt viel Wasser in den Atlantik. Das Signal ist etwa gleichzeitig mit dem Ansteigen des Wassers aufgetreten. Wenn es wieder langsam mit dem Wasser abklingt, wäre dieses Rätsel auch gelöst. Mal sehen, wie es morgen aussieht.

Die Pressekonferenz konnte ich heute nicht ansehen, somit hierzu keine Details. Aber alle Parameter, die uns zur Verfügung stehen, sind immer noch gut in Richtung Erlöschen des Biests.

Mittwoch 22. Dezember
Vulkaninformationen am Mittwochmorgen

09:27 In der gestrigen Pressekonferenz wurde einmal mehr mitgeteilt, dass alle Parameter in Richtung des Erlöschens des Vulkans zeigen und dass, wenn sich diese gleich wie jetzt verhalten, dieses am 25. Dezember bekanntgegeben werden kann. Damit wird aber der Zivilschutznotfall nicht aufgehoben!

Die derzeitige Gasproduktion kommt aus dem Magma, welches sich noch im Konus befindet und sich langsam verfestigt, und aus Lava in den Röhren, welche dem gleichen Prozess unterliegt. Der CO_2-Ausstoß der Cumbre Vieja beträgt immer noch 8,5-Fache des Normalwertes. Der SO_2-Ausstoß wird als „sehr tief" angegeben.

Die Messstationen bestätigen im Valle gute Luft. Bei mir in El Paso stinkt es aber draußen beachtlich nach Schwefel. Die SO_2-Werte sind gemäß einer Station von MITECO heute Morgen in El Paso angestiegen und haben nun 15 $\mu g/m^3$ erreicht. Das wird noch als sehr gute Luft eingestuft. Sehr gute Luft, die offensichtlich aber stinkt. Der Wind weht nur schwach aus West und scheint deshalb im Moment die Gase im Gebiet von El Paso, Llano de las Cuevas zu konzentrieren. Dazu hat sich auf rund 1.000 m AMSL eine Inversion gebildet, die die schlechte Luft nicht nach oben weglässt. Somit müssen wir einmal mehr auf die Sonne warten, die dann den Boden erwärmt und zu Thermik führt, welche für eine Vermischung mit frischer Atlantikluft sorgt. Das ist ab etwa 11 Uhr der Fall.

Die gestern gemeldete Episode der Zunahme von Schwingungen im tiefen Hz-Bereich der Station HHZ in der Caldera hat sich wieder normalisiert. Die Erdbeben sind nach wie vor stark zurückgegangen und der Tremor ist immer noch auf der Basislinie. Bei den Deformationen ist mir heute Morgen aufgefallen, dass LP03 Jedey wieder auf das Niveau von vorgestern angestiegen ist, die Absenkung von 5 cm also wieder nach oben wett gemacht hat. Im Osten senkt sich an einigen Stationen der Boden leicht ab. Da weder über Erdbeben noch über Tremor ein Einfließen von Magma festgestellt werden kann, scheint es sich bei diesen Bewegungen um eine Umverteilung der Druckverhältnisse zu handeln. Wir dürfen nicht vergessen, dass die Ausmaße der beiden Magmakammern mit einigen Kilometern Breite wie Höhe gewaltig sind und solche Bewegungen wahrscheinlich auch noch in Wochen festgestellt werden. Ereignen sich diese Bewegungen isoliert und weitere Parameter wie Seismizität und Tremor sind nicht erhöht, kann man weiterhin beruhigt bleiben.

Donnerstag 23. Dezember
Vulkaninformation am Donnerstagmorgen

09:30 Guten Morgen. Wir sind nun bereits bei Tag 10, seitdem der Vulkan nach letztem Getöse, einfach abstellte. Nur die Station Jedey behält auch heute ihre vertikale Deformation. Alle anderen Parameter sind gut. Der Tremor ist immer noch praktisch auf der Basislinie, die Anzahl und Intensität der Erdbeben haben noch einmal abgenommen. Wenn das so bleibt, dann wird die Bestie übermorgen, am 25. Dezember offiziell als tot erklärt.
Heute bilden sich über dem Vulkan Wolken. Dies sieht aus, als ob er wieder aktiv wäre. Diese Wolken bestehen aber aus Wasserdampf und sind kein Grund zur Besorgnis. Der Vulkan und die Lavafelder sind noch sehr heiß. Darüber bildet sich Thermik. Die Luft ist heute sehr feucht, 92 %,rLF in El Paso. Diese feuchte Luft steigt über der Lava und dem Vulkan auf, kühlt sich dabei ab und das Wasser darin kondensiert.

Das noch gemessene Schwefeldioxid stammt vom Aushärteprozess des Magmas im Konus und der Lava in den Röhren. Im Vulkankonus haben sich weitere kleinere Steinschläge ereignet, die Höhe hat sich aber nicht verändert und der neue Vulkan misst 1.122 m, 9 m weniger als am 10. November. Die genaue Menge an Material, welches ausgestoßen wurde, wird in den nächsten Tagen berechnet. Es soll sich im Bereich von 160 Millionen m^3 Lava und 20 Millionen m^3 Asche bewegen.

7.3. - Woche 14 (20. - 25. Dezember)

Weil die Lava in einigen Gebieten über 50 m hoch ist, wird die Hitze auch noch sehr lange darin konserviert. Trotzdem will man in der nächsten Woche damit beginnen, erste Versuche mit dem Bewegen / Wegräumen der Lava zu machen.

Carmen López, die wissenschaftliche Direktorin der IGN, sagte auf Nachfrage eines Journalisten, dass die Vulkanologen von der enormen Lavaproduktion, dem Ausstoß von Mengen an SO_2, der Explosivität und Variabilität sowie der Länge der Eruption überrascht wurden. Das ist in der Tat so. In den Pressemitteilungen vor der Eruption sprachen sie von einer „kleinen Magmakammer". Diese Aussage ist übrigens plötzlich verschwunden ;-)

Freitag 24. Dezember
Vulkaninformation am Freitag

09:35 Alle Parameter sehen gut aus. Die Seismizität ist tief, der Tremor immer noch auf der Basislinie und sogar das Gebiet Jedey (LP03) hat sich entschieden, die Aufblähung sein zu lassen und ist zu den seit der Eruption als normal etablierten Werten zurückgekehrt. Mit diesen Daten bin ich sehr sicher, dass das wissenschaftliche Komitee die Beerdigung des Biestes morgen am Weihnachtstag beschließen wird. Der Zivilschutznotfall wäre aber damit noch nicht aufgehoben und es wird immer wieder erwähnt, dass Gasentwicklungen vor allem im Süden der Lavafelder problematisch sind. Einmal mehr muss die immer noch hohe Ausgasung von CO_2 durch den Boden erwähnt werden. Der Wert der gesamten Cumbre Vieja ist immer noch 8,4 x höher als der Normalwert. Dieses geruchlose Gas, welches im Wasser gelöst die Kohlensäure bildet, ist schwerer als Luft und sammelt sich in Kellern, Tiefgaragen, Bodegas etc. an. Ohne es zu riechen oder sonst zu bemerken, kann man in Vertiefungen, wo sich das Gas ansammeln kann und wo mangelhaft gelüftet wird ohnmächtig werden und an Sauerstoffmangel sterben!

Am Montag wird im Zentrum von La Laguna unter großen Sicherheitsauflagen damit begonnen, Lava wegzuräumen. Man will sehen, wie heiß die Masse ist und vor allem auch messen, ob bei den Arbeiten vermehrt Gase freigesetzt werden. Ein erstes, zuversichtlich stimmendes Zeichen des Wiederaufbaus wird es alleweil werden!

7. Blog: Dezember 2021

Ab heute gilt in ganz Spanien auch im Freien wieder Maskenpflicht. Auf La Palma wird das völlig unspektakulär werden, da wir draußen wegen der Feinstaubbelastung eh FFP2 Masken tragen.

Info zum Freitagabend

17:30 Morgen ist der Countdown auf Null und wenn nichts Außergewöhnliches mehr passiert, was sehr unwahrscheinlich ist, dann wird der Vulkanausbruch als beendet erklärt. Das wäre doch ein wunderbares Weihnachtsgeschenk. Der Tremor ist immer noch auf der Basislinie, die Seismizität sehr tief, die Deformationen haben sich zurückgebildet. Der Ausstoß an Schwefeldioxid wird mit dem Aushärten des Magmas begründet. Der CO_2-Ausstoß der Cumbre Vieja ist von gestern dem 8,5 auf das 7,3-Fache des Normalwertes zurückgefallen. Alles entwickelt sich die richtige Richtung.

Die Problematik mit den Gasen vor allem südlich der Lavaflüsse, also in Las Manchas / Puerto Naos / La Bombilla, wird uns wohl noch länger beschäftigen. Auch bestehen in wenig Tiefe der Lavaflüsse noch heiße Zonen, deren Temperatur mit über 180°C angegeben wird. Vielleicht erfahren wir morgen noch einige Details des Planes, wie es weitergeht. Auf jeden Fall werden ab morgen die täglichen Pressekonferenzen nicht mehr abgehalten. Es wird zu einem lockereren Rhythmus übergegangen.

Samstag 25. Dezember

Vulkaninformation am Weihnachtstag

09:40 Alle Parameter sehen gut aus. Kaum mehr Erdbeben, der Tremor ist auch heute auf der Basislinie und alle Messstationen verzeichnen keine Deformationen. Auch die berühmte LP03 Jedey, welche sich in der Nähe des Gleitschirmstartplatzes Campanarios befindet, zeichnet nach einer unerklärlichen Aufwölbung den zweiten Tag in Folge wieder normale Werte auf. Damit gilt es sicher, dass die Eruption heute in der Pressekonferenz als beendet erklärt wird. Ich werde am Nachmittag noch einmal über dieses Weihnachtsgeschenk und die unmittelbaren Folgen berichten.

7.3. - Woche 14 (20. - 25. Dezember)

Eruption als beendet erklärt

17:35 Was erwartet wurde, ist eingetroffen. Heute Nachmittag wurde die Eruption als beendet erklärt.

Die Eruption dauerte vom 19. September 14:11 Uhr UTC bis zum 19. Dezember um 22:21 Uhr und ist mit ihren 85 Tagen und 8 Stunden die längste Eruption in der Historie von La Palma. Die Geschichtsschreibung begann mit der Aufzeichnung des Vulkans Jedey im Jahr 1585, welcher mit 83 Tagen Dauer nun auf den zweiten Platz verdrängt wurde.

Die Zahlen, die heute genannt wurden, sind leider in allem etwas im Superlativ, auch mit einem Vulkan Explosivity Index (VEI) von 3 hat diese Eruption alles in den Schatten gestellt. Total wurden über 200 Millionen m^3 an Material ausgeworfen. Eine Lavabombe schlug sogar 1,5 km vom Vulkankrater entfernt ein. Er formte mit der Zeit 6 verschiedene Krater. Die Lava floss mit bis zu 1.140°C aus und bildete Höhen von bis zu 70 m. Im Durchschnitt türmt sich die Lava auf 12 m Höhe auf. Weitere Daten werde ich später noch publizieren (Tab. 7.1; S.353).

Mit dem Erklären des Endes der Eruption ist der Zivilschutznotfall noch nicht beendet. Nach wie vor werden aus den Lavafeldern Gase freigesetzt. Die Ampel bleib noch auf Rot. Die Seismizität kann auch trotz des Endes der Eruption wieder ansteigen und auch Deformationen sind noch nicht auszuschließen. Der Prozess dauert sehr lange, um völlig zum Stillstand zu kommen.

Nun kann aber mit Aktion und Planung für den Wiederaufbau begonnen werden. Sukzessive sollen im Januar evakuierte Gebiete wieder frei gegeben werden, wobei die ersten sicherlich im nördlichen Bereich der Lavafelder sein werden. Wie bereits berichtet, wird am nächsten Montag im Zentrum von La Laguna mit dem überwachten Wegräumen der Lava begonnen.

7. Blog: Dezember 2021

Abb. 7.21. Dust Devil am Vulkan nach der Eruption (17.12.)

7.3. - Woche 14 (20. - 25. Dezember)

Parameter	
Eruptionsbeginn	19. September 2021 um 14:11 UTC
Eruptionsende	13. Dezember 2021 um 22:21 UTC
Dauer	85 Tage und 8 Stunden
Lava und Pyroklasten	Anfang Tephrit
	ab Ende September Basanit
Maximale Höhe des Konus	1.131 m (am Eruptionsende 1.121 m)
Anzahl Krater	6
Größter Krater	172 m x 106 m
Volumen des Konus	~ 34 Millionen m^3
Ausgeworfenes Material	> 200 Millionen m^3
Höhe der Lava	70 m maximal. Durchschnittlich 12 m
Maximal gemessene Temperatur	1.140°C
Maximale Aschesäule	8.500 m AMSL (13. Dez. 2021)
Lokalisierte Erdbeben	9.090
Freigegebene Energie	6,3 10^{13} J (175 Millionen MWh)
Stärkstes Beben	5,1 mbLg (19. Nov. 2021)
	01:09 UTC in 36 km Tiefe
Maximum Mercalli-Skala	IV-V (EMS)
Größte Deformation	+ 33 cm (24. Okt. 2021)
	bei LP03 Jedey
Ausgestoßenes SO$_2$	2 Tg (2x10^{12} Gramm)
	= 2 Millionen Tonnen
Zerstörte Gebäude	> 1.345 Wohnhäuser, 2.980 Konstruktionen
Zerstörte Landfläche	> 1.200 ha
Größe der Lava-Deltas	48 ha
Zerstörte Kulturen	370 ha, davon 229 ha Bananen, 68 ha Wein
	27 ha Avocado

Tab. 7.1. Kennzahlen der Vulkaneruption

8. QR Codes

Fernández et. al.

Bürger-Info 18.9.

Lavfluss 20.09.

Vulkan 21.9. 00h

Vulkan 21.9. 07h

Kirche Todoque

Dronenflug 27.9.

Open Streetmap

Interview "Welt"

ESKP Naturgewalten

Twitter Video 2.10.

Tier Meldestelle

Manuelas GoFundMe

Silvias GoFundMe

Open Data Karten

Luftaufnahme 7.10.

Wetterbüchlein

Video 9.10. 5 Uhr

Video 9.10. 8 Uhr

Riesiger Felssturz

Cruz Chica Evak.

8. QR Codes

Involcan 14.10.

Luftbild 15.10.

Vergleichskarte Cabildo

RTVC 16.11.

Max GoFundMe

ElTime.com Team A

Rüdiger GoFundMe

USGS Artikel Tsunami

J.L. Moss et al.

Lavafluss 2.11.

Vulkan 4.11.

Video 9.11.

Podz Glidz Podcast

Coladen # .kmz

Broschüre Gasfilter

Video 18.11.

Presseinfo 21.11.

Video1 28.11.

Video2 28.11.

Video3 28.11.

Dronenflug 29.11.

Involcan 4.12.

ETH Bachmann et al.

Evakuationende Brito

8. QR Codes

Video 1.10. IGME

MITECO

Stichwortverzeichnis

Symbols
1.000 ha überschritten 249
1.060 ha 287
1.144 ha 313
1.198 ha 351
808 ha 161
85 Tage 16

A
Aerocamaras 173
Alarmstufe Rot 44
Alcalá Straße 43
Allerheiligen 197
Almacén Covalle **194**
Amseln 215
Angel Inmobiliaria ... 193, **196**
Anlegestelle 241
Antani Lagerhalle **120**
Anzahl Krater 351
Apotheke Todoque ... 121, **125**
Armageddon 267
Aufhebung Lock-Down 332
Ausbruch **43**
Ausbruch Mazo 145
Ausgestoßenes SO_2 351

B
Bachmann et al. 322
Backsteinfabrik **127**
Bar Timaba **67**, 112

Barranco de los Hombres . 344
Bebenzentrum El Paraíso ... 40
Bejenado 187
Benefield Hazard
 Research Centre .. 186
Bernd Blume 193
Bewässerungsleitung zerstört 93
Biest 59, 233
Birigoyo 17
Bodegón Tamanca ... 147, 252
Bodenverformung 164
Bombilla 259
Boulevard 24

C
César Bravo 217
Cabeza de Vaca 57
Cabeza Vaca Vulkan 17
Cabrejas, Callejón 135
Cadena Ser 180
Caldera de Taburiente 16
Calle Echedey 50
Callejón de Cabrejas **138**
Callejón de La Gata ...50, 119, 120, 125
Callejón Morera **274**
Camino Alcalá **43**
Camino Aniseto 196
Camino Calvario 190

Stichwortverzeichnis

Camino Campitos ... **121**, 161
Camino Chá Carmen 192
Camino Chano Carmona .. 240
Camino Cumplido ... 142, 145, 153, **158**, 164
Camino La Gata **121**
Camino Lucia 191, 192
Camino Majada 212, 226
Camino Marta .. 196, 212, 226, **315**
Camino Nicolás Brito País . 325
Camino Pampillo 75
Camino Pastelero **46**
Camino Real de Todoque .. 212
Camino Vinagrera 64, 65, **121**
Carmen López . 227, 236, 237, 280, 319, 345, 346, 349
Casa Chicho 156
Casas El Charco . 72, 132, 181, 229
CECOPIN 36
Charco Verde 241
Checkliste 28
Clínica Veterinaria 145
Colin Powell 158
Confinamiento 62
Corazoncillo 294, 315
Cruz Chica 303, 304
Cruz Chica Nord 325
Cuatro Caminos 196
Cubo de la Galga 111
Cumbre Nueva 16, **25**
Cumbre Vieja 16
Cumulus Lenticularis 278

D
DANA 265

Delft 24
Delta 80, 270
Der Tag Null 39
Desaster Man 186
Die Welt 79, 81
Donnergrollen 199
Dos Pinos 76, 216
Drohnenflug verboten 60
Druckverhältnisse 321
Dust Devils 341

E
El Charcón 259
El Charco Vulkan 17
El Corazoncillo 252
El Hierro 15
El Hoyo Todoque 192, 211
El Pampillo 107
El Pedregal 135
El Retamar 178
Endesa Rabatt 104
Energiemenge 264
Enrique 279
Entsalzungsanlage ... 133, 268
Erdrutsch 177, 181
Eremita Sta. Cecilia 69
Erhebliche Bodenverformungen 30
Erloschen? 341
Erste Evakuationen 42
Erste Geländeanhebung 25
Erstes Todesopfer 252
Eruption beendet 351
Eruptionsbeginn 351
Eruptionsdauer 351
Eruptionsende 351
Eruptionswahrscheinlichkeit 25, 27

Stichwortverzeichnis

ETH Zürich 322
Evakuation Cruz. Chica.... 131
Evakuation von Touristen... 47
Evakuationsplan 36
Evakuationszentren 35
Explosionsindex 142
Explosivität 322

F
Facebook down 104
Fajana **80**, 270
Fake Evakuation 49
Fernández J. et al 11
FFP2 .... **109**
Fissuren 318
Freigegebene Energie 351
Friedhof Las Manchas 56, 208, 213, 294, **294**
Fußballfeld La Laguna 135, 136, **146**
Fuego 17
Fuerteventura 15

G
Gasfilterfarben 258
Gefundene Haustiere 96
Gelber Alarm 23
Geologischer Wanderführer 186
Geringe Bebentiefe 24
Gesteinssäule 322
Glasfaserlinie getrennt 77
Gleitschirmfliegen verboten 40
GNSS-Netz 42
Größte Deformation 351
Großfeuer in Todoque 74
Grundausrüstung kontrollieren 23

GuideService 339

H
Hawaiiano Typ 104
HDMeteo 164
Helium-3 23
Hermosilla 225, 227
Historische Eruptionen 17
Hot-Spot 15
Hydrologie 297

I
Infernale Nacht 101
Informationsveranstaltung 34, 36
InSAR 42
Interview „Die Welt" 79
Interview Podz-Glids 249
Interview RTVC 145
INVOLCAN 29
Isla Baja 259, 270
issuu 176

J
J. L. Moss et al 176
Jack-Wolfskin-Laden 112
Jedey Vulkan 17
José Fernández et al 11
Juan Capote 216
Juan Carlos Carracedo 341

K
König Felipe VI 52, 58
Küste erreicht 77
Küstenstraße 145
Kaltlufttropfen 265
Kanarengirlitz 215
Kaserne El Fuerte 42

Stichwortverzeichnis

Kennzahlen 351
Kirche Sta. Cecilia 81
Kirche Todoque **66**
Kleintierjagd ausgesetzt 40
Kohlenmonoxid 213
Korrektorat 4
Krematorium 299

L
La Condensa 153, 163
La Fajana 17
La Gomera 61
La Laguna Dorfmitte **161**
La Palma 15
La Palma 24 .... 121, **125**
Lahar 344
Lanzarote 15
Las Hoyas 198
Las Marteles 131
Las Norias **315**
Lautsprecherwagen 149
Lavabomben 333
Lavaflüsse 255
Lavatunnel 111
Leonardo Anselmi 218
Letzter Bergsturz 25
Linsenwolken 278
Liste aufzustellen 35
Lock-Down Celta 92
Lock-Down Dos Pinos 127
Lock-Down El Paso 92, 331
Lock-Down El Paso abajo ... 94
Lock-Down Los Llanos 331
Lock-Down Tacade 127
Lock-Down Tajuya 127
Lock-Down Tazacorte .. 68, 92, 290, 331
Lock-Down, Radius 2,5 km 286

Lokalisierte Beben 351
LP01 Fuencaliente 228
LP03 Jedey 137, 184, **184**, 190, 191, 216, 228, 254, 258, 269, 276, 279, 281, 288, 297, 312, 344
LP04 Casas El Charco 312, 344
LP05 in Sta. Cruz 301
LP06 Monta de Luna . 281, 288
Lucha Canaria Halle 34
Lucha-Halle 233
Lucian Haas 249
Luftraumsperrung 58

M
Magmaintrusion 23
Mantel-Plumes 322
María José Blanco ... 106, 144, 193, 203, 258, 296, 299, 330, 335
Mariano Hernández Zapata 42, 98, 226
Mariposa 226
Martín Vulkan 17
Max Deffner 164
Maximale Temperatur 351
mbLg 3,8 .... 40, 268
mbLg 3,9 .... 24, 318
mbLg 4,0 .... 228, 323
mbLg 4,1 276
mbLg 4,2 .. 168, 310, 312, 313
mbLg 4,3 .... 146, 177, 247
mbLg 4,4 .... 168, 258
mbLg 4,5 . 136, 139, 143, 227, 254
mbLg 4,6 .. 149, 152, 214, 276
mbLg 4,7 254

mbLg 4,8 . 158, 190, 233, 242, 281
mbLg 4,9 .... 174, 216
mbLg 5,0 . 198, 205, 242, 251, 303
mbLg 5,1 .... **271**
mbLg Magnitude **33**
Mendo 21
Mercalli Skala IV 216, 247
Mercalli-Skala **162**
Mercalli-Skala III . 32, 258, 291
Mercalli-Skala IV 136, 146, 152, 168, 233, 242, 251, 271, 310, 318
Mercalli-Skala V 177, 198, 242, 269
Mercalli-Skala VI 251
Meteo-Club-Bodega 65
Meteogramm 5.10 107
Miguel Ángel Morcuende . 172, 180, 193, 208, 252, 259, 260, 286, 290, 299, 319, 326, 333
Mirador Tajuya 271
Montaña Cogote 143, 210, **210**, 294
Montaña Negra ... 69, 81, 105, 184
Montaña Quemada 17
Montaña Rajada ... 46, 56, 210
Montaña Tenisca 208
Montaña Todoque 264
Montarent 145, **158**, 164
Musicasa **316**

N
Nambroque 17, 251
Nationalpark 16

Nemesio Pérez 25
Neues Todoque 326
Noelia Garcia Leal 300
Notfallkoffer 29
Notstraße 212, 214
Notstromzentralen 242
Nummerierung der Coladen **13**, 255
Nummerierung der Lavaflüsse **13**, 255

O
Orographie 16

P
Pedro Sánchez ... 98, 226, 272
PEVOLCA gelb 22
Phreatomagmatische Explosionen 278
Pizzeria Evangelina 171
Planung Evakuation 35
Playa de Los Guirres . 239, 243
Playa de los Guirres . 114, **244**
Playa Nueva 80, 101, 113, 114
Plaza de Tajuya 225
Plaza Glorietta ... 30, 212, 226
Podcast auf Podz-Glidz 249
Podenco-Hunde 156
Präeruptiv 21, 42
Prähistorische Eruptionen .. 17
Produzierte Energie 264
Prof. Bill McGuire 176, **186**, 220
Psychohygiene 107
Puerto de Tazacorte geschlossen 288
Punto Limpio 50, 122
Pyroklasten 64

Stichwortverzeichnis

Q
QR Codes 354–358

R
Rüdiger Singer 171
Raúl Camacho 47
Rainer Olzem 186
Raumstation ISS 327
Rebenque 218
Restaurant Altamira 54, **55**
Restaurant Canguro . 194, **203**
Restaurant Kiko 131
Restaurant Las Norias 316
Restaurant los Guirres 243, **244**
Restaurant Mariposa 203, 316
Restaurant Sombrero 180
Reventón 16
Riachuelo 107, 260
Richterskala 33, 203
Rock'n roll 24
Roque de los Muchachos ... 16
RTL 140
RTVC 145

S
Salzsäure 79
Sammelstellen 43
San Antonio 17
San Antonio Vulkan 17
San. Juan Vulkan 17
Schaulustige 51
Schichtvulkane 25
Schiffverbindung 215
Schildbürgerstreich 166
Schule in La Laguna 158
Secadero 214
Seismische Schwärme 22

Sentinel-1 42
Simon Day 174
SO$_2$ Grenzwerte 229
Solaranlage Las Manchas .. 56
Solarmax 164
Spar La Laguna 130, 136, **138**
Spenden Tierschutz 68
Spendenaufrufe, private 68
Spendenkonten und GoFundMe 288
Spendenkonto Los Llanos .. 49
Stärkstes Beben 351
Stefan Scheller 164
Steinschläge 31
Steven N. Ward 174
Stichwortverzeichnis 359
Strand verschüttet 101
Stromboliano 16
Stromboliano Typ 104
Strommasten knicken 153
Superpuma 208
Susanne Broos 4

T
Tabelle historische Eruptionen 17
Tabelle prähistorische Eruptionen 17
Tacande 66
Tacande wird evakuiert 61
Tajogaite 57, 73, **78**
Tajogaite Vulkan 17
Tajogaite Ziegenstallung .. 310
Tajuya 66
Tajuya Vulkan 17
Tandemfliegen 339
Tankschiff 178
Tankstelle La Laguna 156, **161**

Tapas & Trekking 96
Tazacorte 72, 75
Team A 165, 173
Technische Universität
    Delft NL 24
Tejas Bar **125**
Teneguía 16
Teneguía Vulkan 17
Tephrit 100
Tera-Wattstunden 264
Teresa Ribera 272
Threema 104
TicomSoluciones 316
Tierklinik Terravita 124
Tierschutzorganisationen ... 68
Tigalate Vulkan 17
Tim Reisinger 186
Todesopfer 252
Todoque 74
Todoque bedroht 48
Todoque Kreisverkehr 53
Tornado 260
Trafostation Callejón 135
Treffpunkte 35
Treffpunkte ohne Fahrzeug . 36
Tsunami-Theorie 24, 174
Tubo Volcanico 324
Typ Stromboliano 25

U
Überschallgeschwindigkeit . 59
Überschwemmungen 297, 344
UME 208
Unfall 123
ungünstige Entwicklung 39
Universität Delft 186
USGS 176
UTC 200

V
Valle Verde Läden 112
VCVA 127, 129
VEI 2 142
VEI 3 .... 277, 351
VEI Index 111
Verlorene Haustiere 96
Victor Torres 98, 226
Virginijus Sinkevicius 272
Vogelfutter 215
Volcan Explosivity Index .. 277
Volcanes y Ciencia Hoy ... 236
Volcano Discovery 254
Vorausschauende Planung . 35
Vorbereiten kostet nichts ... 28
Vulkan Jedey 330, 351
Vulkan Taburiente 16
Vulkan Tacande 17
Vulkan Tajuya 330
Vulkanismus 16
Vulkankonus kollabiert 100

W
Wärmebildkamera 34
Wanderwegnetz
    geschlossen 39
Ward et al. 32
Wassergehalt 322
Wasserversorgung 341
Wetterbüchlein 117
WhatsApp down 104

Z
Zerstörte Gebäude 351
Zerstörte Kulturen 351
Zerstörte Landfläche 351

Vom gleichen Autor ist auch ein Wetterbuch über La Palma erschienen und im Buchhandel als Paperback oder E-Book erhältlich:

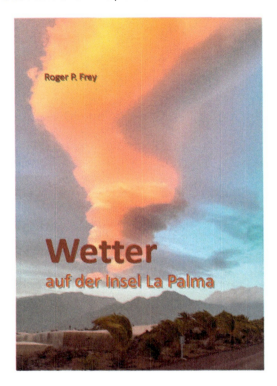

Buchbestellung über www.idafe.com oder „Books on Demand" bod.de

ISBN 978-3-738-63451-8   www.idafe.com/

Wetterbüchlein